ILLUSTRIERTE WELTGESCHICHTE
DIE NEUE CHRONIK

ILLUSTRIERTE

WELTGESCHICHTE

DIE NEUE CHRONIK

NAUMANN & GÖBEL

Illustrierte Weltgeschichte
Die neue Chronik

Konzeption, Layout, Texte und Bildredaktion: Album Verlag, Berlin
Covergestaltung: Blumenberg Werbekonzept und Design, Bergisch Gladbach
Gesamtherstellung: Naumann & Göbel Verlagsgesellschaft, Köln

ISBN 3-625-10437-7
605601/106506

Vorwort

Die Geschichte ist das Gedächtnis der Völker, und ohne seine Geschichte zu kennen, kann kein Volk seine Identität finden. Aus der Geschichte entwickeln sich verschiedene Traditionen. Ohne eine über Jahrtausende gepflegte schriftliche Überlieferung wären viele, auch brandaktuelle, Vorgänge für uns unerklärbar.

Als Journalist habe ich – seit meinen ersten Gehversuchen in diesem Beruf – politische, gesellschaftliche und auch kulturelle Ereignisse mit dem Blick auf historische Vorgänge immer wieder besser verstanden und dem Leser, Hörer oder Zuschauer erklären können. Alle meine Film-Dokumentationen, Aufsätze, Bücher, Essays usw. – ja auch die Moderation in den Tagesthemen – wären ohne Kenntnisse der Menschheitsgeschichte nicht vollständig.

Dank der neuen Technologien werden wir heute durch das Fernsehen über jedes Ereignis auf unserem Globus, egal wie weit es von uns entfernt ist, innerhalb von Stunden, ja Minuten, unterrichtet. So erfahren wir, daß im geographisch fernen – aber durch das Fernsehen nahen – Ruanda Tutsis und Hutus bis zum Völkermord aufeinander einschlagen, und dieses Geschehen verfolgt uns bis ins Wohnzimmer. Sie fragen sich häufig, warum? – und meine Aufgabe und diejenige der mit mir arbeitenden Kolleginnen und Kollegen ist es, eine genaue, verständliche Antwort dafür zu finden. Die beste Erklärung fand schon vor Jahrzehnten der berühmte französische Sozialhistoriker Fernand Braudel mit der Feststellung »l'afrique noire est mal partie«, also Schwarzafrika hatte einen schlechten Anfang, denn seine Länder sind schlecht aufgeteilt. Das liegt daran, daß die europäischen Mächte, die den afrikanischen Kontinent über Jahrhunderte als Kolonien ausplünderten, ganz willkürlich mit dem Lineal Grenzen gezogen haben, ohne dabei irgendwelche Rücksichten auf Stammesgebiete und geschichtlich Gewachsenes zu nehmen. Diese Mißachtung der Geschichte führt noch heute zu blutigen Auseinandersetzungen.

Ein anderes Beispiel: Es ist gar nicht so lange her, da spielte Partizan Belgrad, der jugoslawische Fußballmeister, gegen das spanische Meisterteam Real Madrid im Europapokal. In der Mannschaft kämpften Kroaten, Serben, Bosnier und Kossovo-Albaner gemeinsam ums Weiterkommen. Auf den ausverkauften Rängen jubelten die Anhänger aus eben diesen Volksgruppen ihren gemeinsamen Stars zu. Fast jeder von uns erinnert sich an die überaus friedliche, harmonische Winterolympiade in Sarajewo. Warum aber entsteht dort plötzlich ein blutiger Bürgerkrieg, in dem jeder gegen jeden kämpft, wo alle Parteien kaum vorstellbare Brutalitäten begehen? Die Vereinten Nationen, Europa und die Politiker der Führungsmächte dieser Welt stehen ohnmächtig diesem Konflikt gegenüber. Zahlreiche verschiedene Ursachen finden sich in den Geschichtsbüchern und liegen zeitlich lange vor der Ermordung des österreichischen Thronfolgers in eben diesem Sarajewo im Jahr 1914 (siehe Seite 168 dieses Werkes).

Diese Chronik soll zwei Dinge leisten: Durch ihre großartige, vom Bild getragene und an den Sehgewohnheiten des Lesers im Medienzeitalter ausgerichtete Gestaltung soll das Buch erst einmal Spaß bereiten, sich wieder mit Geschichte zu befassen. Die Chronik soll aber auch als genaues und umfassendes Nachschlagewerk dienen, das sich auf die wesentlichen Weltereignisse konzentriert. Bitte glauben Sie mir, daß die Auswahl der Themenschwerpunkte für dieses Werk nicht leicht war. Wir haben uns hierbei zunächst am Leseverhalten des deutschsprachigen Publikums orientiert und die wesentlichen Daten der deutschen, österreichischen und Schweizer Geschichte nach vorne gerückt – die Geschichte dreier Völker, die ja über ein Jahrtausend in einem Reich zusammenlebten oder zumindest von einer gemeinsamen Kultur geprägt sind. Dies bedingt auch eine gewisse Konzentration des Werkes auf unser hoffentlich immer enger zusammenwachsendes Europa. Trotzdem kommt die Weltgeschichte nicht zu kurz. Aber auch sie ist aus dem Blickwinkel des europäischen Lesers gesehen. Denn weltgeschichtliche Vorgänge betreffen häufig verschiedene Kulturen und Erdteile, und sie werden aus der jeweiligen Perspektive anders dargestellt. Früher hat man die Geschichte häufig an Herrschern und Feldherren, an großen Frauen und Männern erklärt, doch das findet in dieser Chronik nicht statt. Wo immer es möglich ist, zeigt sie – und das ist moderne Geschichtsschreibung – die Folgen welthistorischer Ereignisse und Vorkommnisse für die einfachen Leute, und sie bemüht sich stets um eine objektive Bewertung der Tatsachen.

Wäre ein Römer aus der Zeit des Kaisers Augustus in der Lage gewesen, London zu Beginn des 19. Jahrhunderts zu besuchen, so hätte er sich über den Schmutz, über die hygienischen Mißstände gewundert. Als neue Erfindung wäre ihm allein die Straßenbeleuchtung durch Gaslaternen aufgefallen, so wenig hat sich technisch in den dazwischen liegenden tausendachthundert Jahren verändert. Doch seit der ersten Industriellen Revolution vermehrt sich das Wissen der Menschheit mit immer schnellerer Geschwindigkeit. Wir haben die Aufgabe, all dieses neue Wissen zu nutzen, um das Antlitz unseres kleinen Globus in der Unendlichkeit des Weltalls zu bewahren. Das Wissen ermöglicht uns, durch neue Technologien und Erfindungen Veränderungen herbeizuführen, wie sie bisher nur in Traumvorstellungen und Utopien möglich waren. Deshalb haben wir eine unendlich größere Verantwortung für heute und für die Zukunft. Doch die Zukunft benötigt die Kenntnis der Geschichte als Fundament.

Inhalt

Hellas und Rom: die Welt der Antike

1184 v. Chr. – 325 n. Chr.

1184 v. Chr.	Der Kampf um Troja: Die griechischen Belagerer siegen durch eine List.
490 v. Chr.	Marathon: Die Griechen wehren persische Eroberungsfeldzüge erfolgreich ab.
333 v. Chr.	Issos: Alexander der Große erobert das persische Reich.
216 v. Chr.	Cannae: Trotz Hannibals Sieg gelingt es Karthago nicht, Rom zu unterwerfen.
44 v. Chr.	Cäsars Ermordung: Das Attentat kann den Verfall republikanischer Traditionen nicht aufhalten.
9 n. Chr.	Die Varusschlacht: Germanien wird keine römische Provinz.
325 n. Chr.	Das Konzil von Nicaea: Die Glaubenslehre des Arianismus wird verdammt.

„Römisches Leben auf dem Forum Romanum zu Beginn des 3. Jahrhunderts", Farbdruck, 1901.

Der Kampf um Troja

Die sogenannte „Maske des Agamemnon", eine griechische Totenmaske, von Heinrich Schliemann bei seinen Grabungen in Mykene gefunden.

„Trojakämpfer", Ausschnitt aus einer attischen Schale aus Vulci (Italien) aus dem letzten Viertel des 6. Jahrhunderts v. Chr.

Schlaftrunken reibt sich einer der Wächter, die auf den Mauern Trojas Wache halten sollen, seine Augen. Träumt er, oder klettern da wirklich auf dem Marktplatz aus dem Bauch des riesigen hölzernen Pferdes, das die Griechen bei ihrem Abzug zurückgelassen hatten, merkwürdige Gestalten? Nein, seine noch vom reichlich genossenem Wein benebelten Sinne täuschen ihn nicht. Die Schatten huschen zum Tor, schieben die Balken zurück und öffnen die Torflügel weit. Herein quillt eine Flut von griechischen Kämpfern, die sich im Dunkeln an die Mauer herangeschlichen hatte und nun durch die Straßen und Gassen wogt. Die Eindringlinge töten jeden Einwohner, der ihnen in den Weg kommt. Die Trojaner sind durch den Angriff völlig überrumpelt und wehren sich mit allem, was ihnen in die Hände fällt: mit Beilen, Bratspießen, Holzscheiten, Keramikkrügen und Steinen, denn Waffen haben die meisten nicht bei sich, weil sie gerade – in dem irrigen Glauben, der Krieg sei endlich vorbei – eine großes Fest gefeiert haben.

Nach zehn Jahren vergeblicher Belagerung schienen die Griechen eingesehen zu haben, daß das gut befestigte Troja nicht zu erobern sei, und zogen aus der weiten Ebene zwischen Troja und dem Hellespont ab. Zurück ließen sie

1184 v. Chr.

„Das brennende Troja", Gemälde von Jan Brueghel d.Ä., um 1595.

ein riesiges hölzernes Pferd, angeblich eine Weihgabe der Griechen an die Göttin Pallas Athene, das die Trojaner als Siegeszeichen in ihre Stadt schafften. Rings um die Trophäe tobte dann ein Siegesfest, in dessen trunkener Freude die Warnrufe der Seherin Kassandra – einer der Töchter des greisen trojanischen Königs Priamos – vor drohendem Unheil ungehört blieben. Dabei hatte Kassandra recht, denn der ganze Abzug des Griechenheeres war nur ein raffiniertes Täuschungsmanöver. Odysseus, König der Insel Ithaka, hatte den Plan entworfen, ein großes Pferd aus Holz zu bauen und in seinem hohlen Leib einige mutige Krieger zu verstecken. Die sollten, nachdem die Trojaner die vermeintliche Siegestrophäe in die Stadt gebracht hätten, nachts ihren Streitgefährten die Tore öffnen. Die List gelang. Der heraufdämmernde Morgen sieht die siegesberauschten Griechen inmitten der niederbrennenden Stadt bereits beim Verteilen der Beute, während die wenigen überlebenden Trojaner die Flucht ergreifen.

„Das trojanische Pferd", französische Buchmalerei aus dem „Recueil des Hystoirs troyennes" von Raoul le Febvre, 1464.

Die Nachwelt weiß von diesen Ereignissen, die sich 1194–1184 v. Chr. auf dem schmalen Landstreifen zwischen der Ägäis, der Dardanellenstraße und dem Hügel des heutigen Hissarlik in der Türkei zugetragen haben sollen, allein aus mündlich tradierten Heldengesängen, die erst im 8. Jahrhundert v. Chr. schriftlich aufgezeichnet wurden. Der Ilias zufolge, wie das vom Kampf um Troja berichtende Epos von Homer heißt, wurde der Krieg durch den Raub der Helena, der Gattin des Königs Menelaos von Sparta, ausgelöst, die von dem trojanischen Prinz Alexandros – mit Beinamen Paris – nach Troja gebracht wurde. Um dies Verbrechen zu sühnen, stellten die griechischen Stämme gemeinsam eine gewaltige Flotte mit hunderten von Schiffen und tausenden von Kämpfern auf, die von Menelaos' Bruder Agamemnon, dem Herrscher von Mykene, geführt wurden. Das auslösende Moment für den Trojanischen Krieg dürfte jedoch weniger die Entführung der schönen Helena gewesen sein, sondern handfeste ökonomische Interessen. Troja beherrschte durch seine geographische Lage die Zufahrt zu Propontis und Pontus (Marmarameer und Schwarzes Meer) und schröpfte den Seehandel durch hohe Zölle, so daß es sich allein schon deshalb lohnte, Trojas Macht zu brechen. Darüber hinaus war das Land am Hellespont berühmt für seine Pferdezucht. Damals wurden Pferde noch nicht als Reit- oder Lasttiere, sondern allein als Zugtiere der Kampfwagen eingesetzt, welche die einzige schwere Waffe der Bronzezeit darstellten. Das Trojanische Pferd der Sage könnte als Hinweis auf die tatsächliche Ursache dieses militärischen Unternehmens interpretiert werden.

Daß der durch die Ilias überlieferte Trojanische Krieg wirklich stattgefunden hat, ist durch archäologische Forschungen so gut wie nachgewiesen. Auf Grund der – auf Initiative von Heinrich Schliemann – seit 1870 durchgeführten Grabungen am Trojahügel bei Hissarlik und auf der Peloponnes steht fest, daß etwa um 1200 v. Chr. Troja (und zwar das der archäologischen Schicht VII A) durch eine mögliche Kombination von Erdbeben und kriegerischer Eroberung einen abrupten Einschnitt in seiner Entwicklung erlebte. Das geschah zu einer Zeit, als auf der griechischen Seite der Ägäis Mykene eine unbestrittene Vormachtstellung innehatte.

Marathon

Korinthischer Bronzehelm aus dem 6. Jahrhundert v. Chr

An einem Sommertag des Jahres 490 v. Chr. ruft ein Läufer den Wachen am Athener Stadttor schon von weitem zu, ihn sofort passieren zu lassen. Er eilt auf die Agora, den Marktplatz des Stadtstaates, und schwenkt dort mit letzter Kraft einen Lorbeerzweig – das allbekannte Zeichen für „Sieg!". Sterbend meldet er, das athenische Militäraufgebot habe bei Marathon über das persische Heer gesiegt. Um die Siegesbotschaft in die Stadt zu tragen, ist der Mann ohne Unterbrechung 42 915 Meter von Marathon nach Athen gelaufen.

Angefangen hatte der Konflikt mit einem Aufstand der griechischen Städte in Kleinasien im Jahre 500 v. Chr. gegen die erst wenige Jahrzehnte alte Herrschaft der Perser. Athen, das mit den ionischen Städten in Kleinasien gute Wirtschaftsbeziehungen unterhielt, hatte 50 Schiffe zur Unterstützung ihrer Flotte gesandt. Der Aufstand wurde zwar 494/93 von den Persern niedergeschlagen, aber der Perserkönig Dareios I. gelangte auf Grund der athenischen Einmischung zu der Überzeugung, daß eine dauerhafte Herrschaft über die ionischen Griechen nur möglich sei, wenn auch die Griechen an der Westseite der Ägais seiner Machtsphäre unterworfen würden. Daher begann er 492 mit einem Feldzug gegen Griechenland, der aber abgebrochen wurde, als die persische Flotte einem furchtbaren Orkan zum Opfer fiel.

490 v. Chr. lief das Unternehmen erneut an, aber jetzt mit diplomatischem Vorspiel: Persische Gesandte sprachen in den griechischen Stadtstaaten vor und verlangten Erde und Wasser als Zeichen der Unterwerfung, wofür sie persischen Verzicht auf militärische Strafaktionen versprachen. Bei den meisten hatten sie damit Erfolg, aber Sparta und Athen brüskierten den persi-

„Die Seeschlacht von Salamis 480 v.Chr.", Gemälde von Wilhelm von Kaulbach, 1862/64.

schen Monarchen durch einen völkerrechtlichen Eklat: Sie töteten die Gesandten. Da ließ Dareios die Waffen sprechen. Um den beschwerlichen Landweg über Thrakien und Thessalien zu vermeiden, transportierte die persische Flotte das Landheer direkt über die Ägäis und setzte es in der Bucht von Marathon – 42 km nordöstlich von Athen – ab. Unter dem athenischen Feldherrn Miltiades, einem hervorragenden Kenner persischer Strategie und Taktik, wagte das nur ca. 11 000 Krieger zählende Griechenheer den Angriff auf die Perserstellung. Den disziplinier-

Hoplit in Chiton und Panzer mit attischem Helm und Beinschienen, Relief auf der Grabstele des Aristion, um 500 v.Chr, Farblithographie nach dem Original im Athener Nationalmuseum.

ten, mit Angriffs- und Verteidigungswaffen gleichermaßen gut ausgerüsteten und in geschlossener Formation anstürmenden Hopliten – der griechischen Fußtruppe – hatten die Perser keine gleichwertigen Kräfte entgegenzusetzen. Sie mußten sich unter dem Verlust etlicher tausend Mann auf ihre Flotte zurückziehen.

Im Frühjahr 480 v. Chr. fallen die Perser erneut, nun unter Führung von Xerxes, dem Sohn und Nachfolger des Dareios, mit einem gewaltigen Heer und einer imposanten Flotte in Griechenland ein. Anders als zehn Jahre zuvor finden sich diesmal die Griechen in einem breiten Bündnis unter der Führung Spartas, des militärisch stärksten Stadtstaats, zusammen. Ein gemeinsames Heer stellt sich den Persern und ihren Hilfstruppen am Thermopylen-Paß entgegen, der Nord- und Mittelgriechenland trennt. Die Perser gelangen jedoch über Gebirgswege in den Rücken der Verteidiger. Nach dem Opfertod des Spartanerkönigs Leonidas und seiner Krieger, die den Paß noch so lange halten, bis das griechische Heer sich zurückgezogen hat, strömen die Perser nach Mittelgriechenland. Das persische Hauptquartier schlägt in Athen seine Zelte auf. Aber die Zivilbevölkerung ist auf die Peloponnes evakuiert worden, und die waffenfähige Mannschaft hat sich auf die Schiffe zurückgezogen, die dank der weitsichtigen Rüstungspolitik des athenischen Staatsmannes Themistokles in den letzten Jahren gebaut worden sind. Während das griechische Landheer sich am Isthmus von Korinth verschanzt, deckt die – mehr als zur Hälfte von Athen gestellte – vereinte griechische Flotte bei der Insel Salamis die Verteidigungsstellung von See her. Ende September 480 wird sie hier von der Perserflotte angegriffen, aber die Attacke wird zum totalen Debakel: In dem schmalen Sund zwischen der attischen Küste und der Insel Salamis behindern sich die persischen Schiffe gegenseitig und werden Opfer des

Persischer Bogenschütze, Ausschnitt aus dem Fries der Bogenschützen der königlichen Garden im Palast Dareios I. in Susa, emaillierte Ziegel, 5. Jahrhundert v. Chr.

schnell und sehr beweglich vorgetragenen griechischen Gegenstoßes. Die persische Flotte geht fast völlig verloren und die Truppen weichen nach Thessalien zurück. Zwar ziehen sie im nächsten Jahr wieder bis nach Attika, aber ein von Sparta geführtes Griechenheer zwingt sie im Hochsommer 479 v. Chr. auf der Ebene von Platää zur Schlacht, die mit dem Sieg der Griechen endet. Die Gefahr einer persischen Invasion Griechenlands ist damit endgültig gebannt. Griechisch-persische Scharmützel ziehen sich zwar noch bis 449 hin, aber die Wende in der Auseinandersetzung um die Beherrschung der Ägäis brachten die Jahre 480/479. Damals gelang es den Griechen in ungewohnter Einigkeit sich den Fortbestand ihrer Lebenswelt zu erstreiten und damit das Tor zu einer Blütezeit der griechischen Wirtschaft und Kultur aufzustoßen.

Die Schlacht bei Issos

„Alexander der Große", Ausschnitt aus einem Gemälde von Charles Le Brun (1619–1690).

An einem Novembermorgen des Jahres 333 v. Chr. formieren sich auf der Ebene zwischen den Ausläufern des Taurus-Gebirges und dem Meerbusen von Issos (heute Iskenderun in der Türkei) zwei gewaltige Heere zum Kampf. An ihrer Spitze stehen die beiden obersten Repräsentanten der verfeindeten Mächte: König Alexander III. von Makedonien und Dareios III., der persische Großkönig. Alexander führt nicht nur seine makedonischen Truppen, sondern auch ein von den Griechen gestelltes Kontingent an. Während die griechischen Fußtruppen den Ansturm der schweren persischen Infanterie aushalten, wirft sich Alexander mit seiner Reiterei in die linke Flanke der Perser und fegt diese aus der Ebene hinweg. Dann rollt er mit tiefgestaffelter, im Sturmschritt geschlossen angreifender Infanterie – der von seinem Vater geschaffenen Phalanx – die Perser von der Seite her auf und zwingt sie zum überhasteten Rückzug. Ägypten, Alexanders nächstes Ziel, fällt ihm ohne Gegenwehr zu. Die ägyptische Priesterschaft, froh, der persischen Herrschaft ledig zu sein, krönt ihn zum Pharao, und Alexander gründet als unvergängliches Erinnerungszeichen an seine Anwesenheit eine neue Stadt – „Alexandria". Er marschiert weiter in das Zweistromland und überschreitet den Euphrat. Erst jenseits des Tigris stellt ihn ein neuformiertes persisches Großheer. Im September 331 v. Chr. wird beim Dorf Gaugamela eine der größten Schlachten des Altertums geschlagen. Die Entscheidung fällt, wie bei Issos, durch den ungestümen Angriff der tiefgestaffelten makedonischen Infanterie, der Phalanx. Die katastrophale Niederlage bei Gaugamela läßt das Perserreich zusammenbrechen wie einen Koloß auf tönernen Füßen. Dareios flieht in dünnbesiedelte Gebiete südlich des Kaspischen Meeres und wird dort 330 von einem seiner Statthalter ermordet. In der Königstadt Susa setzt sich Alexander selbst auf den Thron des Großkönigs und symbolisiert damit seinen Anspruch, als Herrscher des persischen Großreiches zu gelten. Da man rund um das Ägäische Meer nicht weiß, wo das Perserreich im Osten eigentlich endet, identifiziert man den Herrscher über das Großreich, der zugleich Herrscher über den ägäischen Kulturkreis ist, als Herrscher der Welt.

Der Erfolg Alexanders ist umso erstaunlicher, wenn man bedenkt, daß Makedonien überhaupt erst unter der Herrschaft von Alexanders Vater Philipp II. im Jahr 358 geeint und zentralisiert worden war. Philipp hatte die Macht der Aristokratie gebrochen, ein festes Münzsystem

„Die Alexanderschlacht", römisches Mosaik aus dem Haus des Fauns in Pompeji aus dem 1. Jahrhundert n. Chr.

Antikes Goldmedaillon mit dem Porträt Philipps II. von Makedonien, dem Vater Alexanders des Großen.

aufgebaut und eine sehr wirkungsvolle Heeresreform durchgeführt. Nach der Einigung Makedoniens ist es Philipps außenpolitisches Ziel, seinem Binnenstaat einen Zugang zum Meer zu verschaffen. Dies gelingt ihm auch: Bis zum Jahr 342 werden die Halbinsel Chalkidike, Thessalien und Thrakien gewonnen. Streitigkeiten der griechischen Stadtstaaten untereinander ausnutzend, hatte er durch diplomatisches Geschick auch in Griechenland die führende Rolle übernommen. 337 v. Chr. wurde auf seine Veranlassung in Korinth ein Hellenischer Bund gegründet, um unter makedonischer Leitung Persien anzugreifen. Philipp II. stand mitten in den Vorbereitungen für diesen Krieg, als er – wohl nicht ohne Zutun seines 20jährigen Sohnes Alexander – ermordet wurde. Mit 30 000 Fußsoldaten und 5000 Reitern (darunter nur 12 000 Makedonier zu Fuß und 1800 zu Pferde) hatte nun 334 Alexander den Hellespont überquert, um die Pläne seines Vaters in die Tat umzusetzen.

Teilansicht der Stufenanlage zum Tripylon im Palast des Dareios in Persepolis aus der 1. Hälfte des 5. Jahrhunderts v. Chr.

Auf dem Weitermarsch von Susa in Richtung Osten fallen dem griechisch-makedonischem Heer immer neue Schätze in die Hand. Der prunkvolle Königspalast von Persepolis sinkt bei der Plünderung der persischen Residenz in Schutt und Asche. Inzwischen haben sich persische Hilfstruppen – darunter auch griechische Söldner in ehemals persischen Diensten – Alexanders ständig wachsendem Heer angeschlossen, so daß er im Frühjahr 330 das Aufgebot des Hellenischen Bundes reich mit Beute beladen, entlassen kann. Immer noch auf dem Vormarsch in Richtung Osten, trifft das Heer in Mittelasien auf kämpferische, bislang relativ unabhängige Völker, die zähen Widerstand leisten. Alexanders Anspruch, als Nachfolger des Dareios zu gelten, wird von ihnen nicht anerkannt. Unmut beginnt sich in Alexanders Heer zu regen, als dieser immer deutlicher Züge eines persischen Großkönigs annimmt. 324 läßt er Massenhochzeiten zwischen etwa 10 000 Makedoniern und Töchtern aus dem persischen Adel veranstalten, um seinem Ziel, einer Verschmelzung der griechischen, makedonischen und persischen Lebensformen und Kulturen, näher zu kommen. Er selbst vermählt sich mit zwei Prinzessinnen aus dem Geschlecht des Dareios. Gleichzeitig läßt er den Griechen mitteilen, daß er einen Alexander-Kult in den griechischen Städten einzuführen gedenke.

Nachdem ein erfolgloser Feldzug von 327–324 v. Chr. Alexander und sein Heer bis zum Indus geführt hat, bereitet der große Makedone 323 bereits den nächsten Eroberungszug vor, der ihn ins Innere Arabiens führen soll. Da stirbt er unerwartet am 10. Juni 323 – ohne einen Nachfolger benannt zu haben. Es beginnt ein zwanzigjähriger Krieg, in dem sich Alexanders Heerführer um das Erbe streiten. Er endet mit der Aufteilung des Alexanderreiches in sechs Staatsgebilde, die Diadochenreiche, deren Oberschichten stark von griechischen Einflüssen geprägt sind: Es beginnt die Epoche des Hellenismus in Griechenland, Ägypten und Kleinasien, die der griechischen Kultur zu großer Ausbreitung und Weltgeltung verhilft.

Cannae

Am 2. August 216 v. Chr. treffen bei dem Städtchen Cannae in Süditalien das römische und das karthagische Heer aufeinander. Beide Seiten haben die Schlacht gesucht. Die Römer sind in Zugzwang, weil der große Rivale Karthago schon seit zwei Jahren mit einer schlagkräftigen Armee auf italischem Boden die römische Herrschaft über die Apenninenhalbinsel ins Wanken bringt. Aber auch der karthagische Feldherr Hannibal ist zum Handeln gezwungen. Von seiner karthagischen Kernarmee, mit der er im Herbst 218 nach einem gewagten und überraschenden Alpenübergang in Italien erschien, sind nur noch 20 000 Mann Fußkämpfer und 12 000 Berittene geblieben. Die Soldaten der in Italien auf seine Seite getretenen Städte und Landschaften kann er nicht als zuverlässig ansehen.

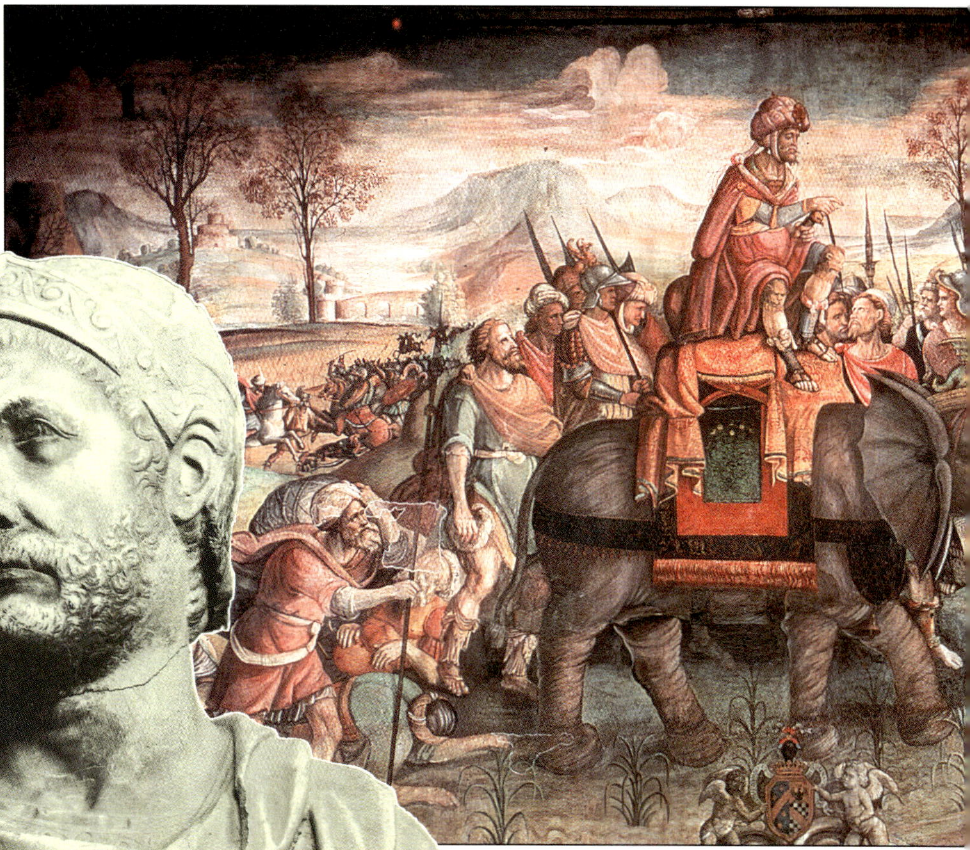

„Hannibals Übergang über die Alpen“, Fresko von Jacopo Ripanda im Konservatorenpalast in Rom aus dem beginnenden 15. Jahrhundert.

„Hannibal“, römische Marmorbüste.

Dreimal haben die Römer seit Hannibals Einfall in Italien auf dem Schlachtfeld gegen ihn eine Niederlage einstekken müssen. In der Schlacht am Trasimenischen See im Vorjahr war die römische Hauptarmee derartig zermalmt worden, daß in Rom bereits Vorbereitungen zur Abwehr einer karthagischen Belagerung getroffen wurden. Dank rigoroser Truppenaushebungen ist nun ein neues Heer entstanden. Zahlenmäßig sind die Römer diesmal überlegen: Sie verfügen über 80 000 Infanteristen und 6000 Reiter, während Hannibal nur wenig mehr als 25 000 Mann zu Fuß und 14 000 Berittene aufzubieten hat. Aber die Überzahl an Kavallerie weiß er geschickt einzusetzen, indem er sie an den Flanken eines konvex gekrümmten Bogens aufstellt; zurückgezogen und in ihrer wahren Stärke nicht einzuschätzen. So greifen die Römer bis zu 70 Reihen tief gestaffelt zu Fuß das karthagische Zentrum an und drängen es dank ihrer Übermacht zurück, ziehen dabei aber auch ihre Flanken auseinander. Über diese fällt nun Hannibals Reiterei her, unterstützt von dem kampferprobten libyschen Elitefußvolk. Schließlich ist die römische Armee von allen Seiten umklammert. Die römischen Soldaten geraten in Panik und versuchen gar nicht mehr, Widerstand zur Erreichung annehmbarer Kapitulationsbedingungen zu leisten. Ihre Verluste sind dann auch kaum faßbar: 70 000 Mann bleiben auf dem Schlachtfeld. Roms Schicksal scheint besiegelt.

Schon die Zeitgenossen wissen die Bedeutung von Cannae richtig einzuordnen: Noch nie vorher gab es eine Schlacht, in der die konsequente Anwendung der Umfassungsstrategie zu so einem katastropalen Debakel der unterlegenen Seite geführt hätte. Mit dem Begriff „Cannae“ verbindet man künftig die Vorstellung einer durch Umfassung des Gegners zum Erfolg geführten Vernichtungsschlacht. Aber Cannae – und das wird bei späteren Berufungen auf das klassische Beispiel gern vergessen – beweist auch, daß mit einem überzeugenden militärischen Erfolg nicht notwendigerweise der Krieg entschieden sein muß, wenn es dem Unterlegenen gelingt, den Krieg in die Länge zu ziehen. Im konkreten Fall wagt Hannibal nicht, Rom zu belagern, weil er nicht genügend Mann hat, um die gesamte Stadt einzuschließen. Er begnügt sich mit Drohgebärden, um auszuloten, ob Panik und Wirrwarr in der Stadt ausbrechen und einem Überraschungsangriff Vorschub leisten würden. Aber nicht nur die Stadt zeigt feste Entschlossenheit zur Verteidigung, sondern

„Die Zerstörung der Stadt Karthago im III. Punischen Krieg 146 v.Chr.“, Stahlstich 1842.

„Mago, der Bruder Hannibals, legt die Ringe der gefallenen Römer in Karthago vor“, kolorierte Kreidelithographie von R. Weibezahl, 1832.

auch die mittelitalischen Städte und das dortige Landvolk halten zu Rom.

Die Römer nutzen ihre kurzen Verbindungswege zwischen Etappe und kämpfender Truppe, belästigen die Karthager einmal hier und einmal da, weichen der Begegnung mit Hannibal aus und wagen lieber Expeditionen nach Sizilien und Spanien, um Hannibals Nachschubquellen zu blockieren. Notgedrungen ist Hannibal nun gezwungen, die gesamte Verpflegung in Italien selbst zu beschaffen, obwohl er hier im Kampf gegen Rom Bundesgenossen suchen bzw. bei der Stange halten muß. Als es Rom 211 v. Chr. gelingt, Hannibals bedeutendsten Verbündeten Capua einzunehmen, fallen zahlreiche italische Bundesgenossen von ihm ab. Schon ein Jahr zuvor war Syrakus erobert und Sizilien damit wieder unter römische Herrschaft gebracht worden. 207 scheitert ein Versuch, das karthagische Heer in Italien durch eine Armee aus der iberischen Halbinsel entscheidend zu verstärken: Sie wird von den Römern gestellt und vernichtet. 205 landen die Römer in Nordafrika und bedrohen Karthago direkt. Die dortige Regierung ruft in ihrer Not Hannibal in seine Heimatstadt zurück und vertraut ihm den Oberbefehl gegen die römische Invasionsarmee an. Aber in der Schlacht von Zama im Jahre 202 wird auch der bis dahin ungeschlagene Hannibal geschlagen – allerdings mehr durch den Übergang der verbündeten numidischen Reiterei zu den Römern als durch eigene strategische Fehler. Im Jahr darauf beendet ein Gewaltfrieden diesen Zweiten Punischen Krieg: Das unterlegene Karthago scheidet aus der Reihe der im Mittelmeer relevanten Mächte aus, Rom wird als dessen Nachfolger Herrscher im westlichen und zentralen Mittelmeer und richtet nun, dank seines Beharrungsvermögens siegreich aus einer tiefen militärisch-politischen Krise hervorgegangen, seine Blicke zum östlichen Mittelmeer.

Cäsars Ermordung

Am Morgen des 15. März 44 v. Chr. betritt Gaius Julius Cäsar, der erst vor kurzem vom Römischen Senat den Titel eines immerwährenden Diktators verliehen bekommen hat, die Kurie des Pompejus. Dort wird er sofort von einer Gruppe von Senatoren umringt. Einer von ihnen dringt auf den Diktator mit Bitten ein, er solle seinen Bruder begnadigen, was Cäsar ablehnt. Da greift ihn der Abgewiesene an der Toga, und im nächsten Moment blitzen ringsum Dolche auf, werden Schwerter aus Kleidungsfalten heraus gezogen und es wird auf Cäsar eingestochen. Entseelt bricht er vor der den Saal überragenden Bildsäule des Pompejus zusammen.

„Gaius Julius Caesar", Marmorbüste aus dem 1. Jahrhundert v. Chr.

„Veni, vidi, vici" (ich kam, ich sah, ich siegte), römische Sesterze mit dem Wahlspruch Cäsars aus dem 1. Jahrhundert v. Chr.

Seit Gaius Julius Cäsar 68 v. Chr. als Quästor in eine Beamtenlaufbahn und damit in das politische Leben Roms eingetreten war, hatte er in 24 Jahren eine beispiellose Karriere gemacht und war zum mächtigsten Mann im ganzen Römischen Reich aufgestiegen. Nach dem Erwerb militärischen Ruhmes durch die Eroberung Galliens und der Ausschaltung seiner militärisch-politischen Konkurrenten im Kampf um den Platz an der Spitze des Staates vereinigte er die wichtigsten Staatsämter auf sich, die noch mit einer Anzahl von Ehrentiteln verziert wurden: So durfte er sich „Imperator" und „Vater des Vaterlands" nennen und den Purpurmantel des Triumphators ständig tragen, den vor ihm ein siegreicher Feldherr nur am Tage seines Triumphzugs durch Rom hatte anlegen dürfen; seine Bildsäule stand in den Tempeln in einer Reihe mit denen der Götter, und in privaten Inschriften wurde ihm schon der Beiname „Divus" (göttlich) zuerkannt. Trotzdem blieb er aus taktischen Gründen der einfachen Bevölkerung verbunden, schließlich kam er ja trotz seiner vornehmen Herkunft aus dem Lager der Popularen, der Volkspartei. Den plumpen Versuch seines Verehrers Marcus Antonius, ihm vor allem Volk beim Lupercalfest am 15. Februar 44 das Königsdiadem aufzusetzen, konnte er öffentlich zurückweisen. Er brauchte dieses äußere Zeichen nicht zur tatsächlichen Ausübung monarchischer Gewalt und konnte es sich leisten, Bescheidenheit zu bekunden, was ihm beim einfachen Volk weitere große Sympathien einbrachte. Obwohl sich im letzten halben Jahrhundert das republikanische System durch politische Ränke, Bürgerkriege und gegenseitige Verfolgungen diskreditiert hatte, war die Anhänglichkeit an die Tradition der jahrhundertealten republikanischen Institutionen

noch weit verbreitet. Auch die Verschwörer nannten als Grund für das Attentat die Rettung der republikanischen Traditionen, wenngleich die römische Nobilität auch ganz handfeste Gründe gehabt haben dürfte, mit Cäsar unzufrieden zu sein. Ihr waren viele einträgliche Staatsämter entzogen worden, die Cäsar entweder abgeschafft oder an seine Anhänger vergeben hatte.

Ein Programm für ihr Verhalten nach dem Mord hatten die Verschwörer nicht vorbereitet. Sie glaubten, daß mit dem Tode Cäsars einfach die vor-cäsarischen Verhältnisse zurückkehren würden, in denen alle Macht beim Senat gelegen hatte. Als Cäsar jedoch tot am Boden liegt, bejubeln die Senatoren keineswegs die wiedergewonnene Freiheit, sondern laufen voller Panik auseinander. Daraufhin gehen die erfolgreichen Verschwörer unter das Volk und verkünden ihm den Tod des Tyrannen. Aber zu ihrem Erstaunen bleibt auch hier das Echo dünn. Der zum 17. März vom Konsul Marcus Antonius einberufenen Senatssitzung bleiben sie vorsichtshalber fern. Ihre Freunde bringen jedoch den Antrag ein, Cäsar nachträglich zum Tyrannen zu erklären und seinen Mördern den Dank des Vaterlands abzustatten. Der Antrag wird zwar nicht genehmigt, aber es kommt zu einem Kompromiß: Cäsars Gesetze bleiben gültig, der Staat übernimmt seine Beisetzung und veröffentlicht sein Testament; für den Mord wird eine Amnestie erlassen. Da Cäsar testamentarisch jedem römischen Plebejer 300 Sesterzen hinterlassen hat, wird seine feierliche Beisetzung zu einer Demonstration der Römer für ihren ermordeten Helden. Marcus Antonius hält eine Rede, in der die Verdienste des Toten plastisch geschildert werden, spart aber Rachegedanken aus. Die formuliert jedoch ein anderer Führer der Cäsarianer, Marcus Aemilius Lepidus, der als Magister equitum Cäsars militärischer Stellvertreter gewesen ist. Nur mit Mühe gelingt es, die Teilnehmer der Leichenfeier von der Zerstörung der Häuser jener abzuhalten, die den Mord auf ihrem Gewissen haben. Es vergehen gerade anderthalb Jahre, bis die Cäsarianer wieder die volle Macht ausüben und als erstes die Anti-Cäsarianer auf die Schwarze Liste setzen. Den Verfolgungen fallen etwa 300 Senatoren und 2000 Nobiles zum Opfer. Die angestrebte Rückkehr zu den politischen Strukturen eines Stadtstaates, der längst zu einem riesigen Flächenstaat geworden und mit dem traditionellen republikanischen Regierungssystem nicht mehr zu beherrschen ist, führte in eine politische Sackgasse. Aus ihr bietet nur noch eine monarchische Herrschaft, die sich mit einigen alten republikanischen Requisiten schmückt, einen Ausweg. Nach einem weiteren Bürgerkrieg trug Cäsars Adoptivsohn Octavian in der Schlacht bei Actium 31 v. Chr. gegen seinen Widersacher Marcus Antonius den Sieg davon. Geschickt verstand es Octavian, der den Ehrentitel „Augustus" vom Senat verliehen bekam, sich die Alleinherrschaft zu sichern und dabei die äußere Form republikanischer Traditionen zu wahren. Obwohl er sich selbst bescheiden „Princeps" – erster Bürger im Staat – nannte, war er doch derjenige, der das kaiserliche Rom formte, das während der nächsten vierhundert Jahre die Vorherrschaft in der alten Welt innehaben sollte.

„Caesars Ermordung", Gemälde von Karl Theodor von Piloty, 1865.

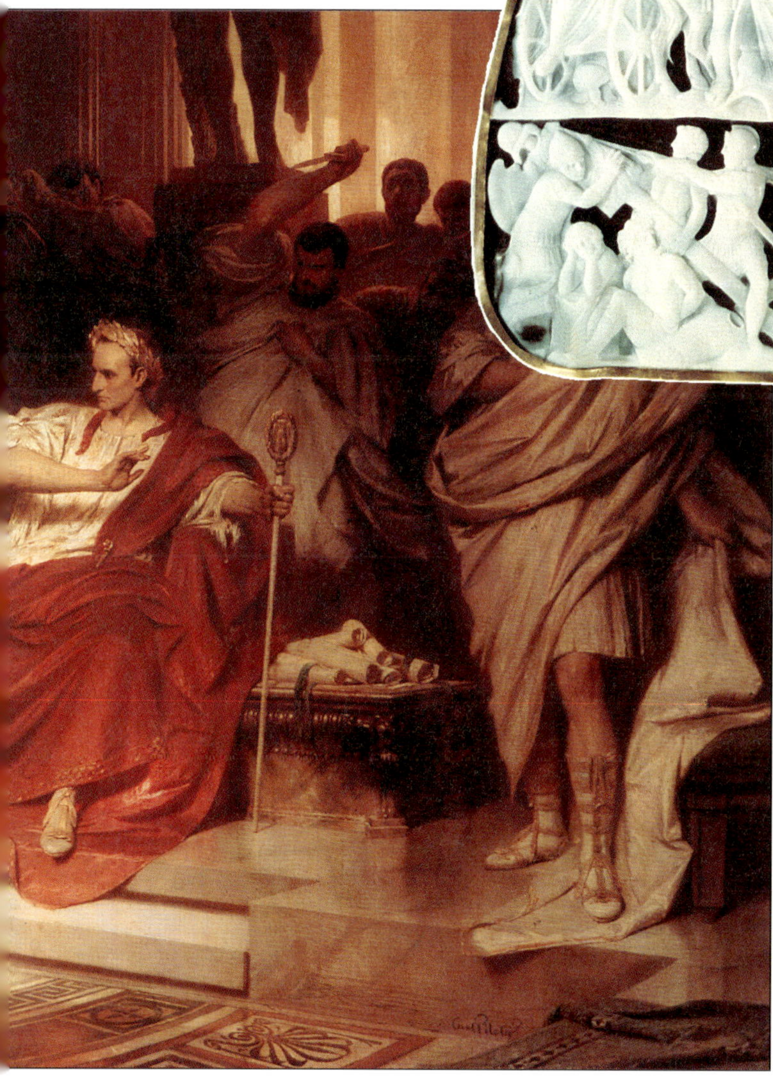

„Die Gemma Augustea". Die Gemme aus Onyx-Kameo, ca. 10 n. Chr. entstanden, zeigt (oben) Tiberius vor Kaiser Augustus, dem Nachfolger Cäsars, mit der Dea Roma und (unten) die Aufrichtung eines Siegeszeichens nach den Siegen des Tiberius.

Die Varusschlacht

„Die Schlacht in Teutoburger Wald", kolorierter Holzstich nach Hermann Plüddemann, 1855.

„Grabmal des in der Varusschlacht gefallenen Centurionen Marcus Caelius", das bei Xanten nördlich eines römischen Legionslagers gefunden wurde.

Im Spätherbst des Jahres 9 ziehen drei römische Legionen unter tiefhängenden Wolken von ihrem Sommerlager am linken Ufer der mittleren Weser westwärts zu ihren Winterquartieren am Niederrhein. Die Legionen sind ungewöhnlich spät aufgebrochen, denn befreundete germanische Stämme hatten mehrmals um Schutz gebeten, weil sie von anderen, der römischen Zivilisation noch fern stehenden Germanen überfallen worden waren. Der römische Befehlshaber Publius Quintilius Varus kam stets diesen Bitten nach, mußten sie doch als Zeichen gewertet werden, daß die Achtung vor römischer Macht und Gesetzlichkeit an Gewicht gewann. Während des Aufbruchs der drei Legionen trifft die Nachricht ein, daß der Stamm der Marser sich nicht mit den üblichen Übergriffen begnüge, sondern in vollem Aufruhr sei. Varus entschließt sich zu einem Umweg auf dem Rückmarsch in die Winterquartiere, um den Aufstand niederzuschlagen. So zieht sich nun der Heerwurm von drei Legionen durch unwegsames Waldgelände, und das vorgegebene Marschtempo kann nicht eingehalten werden, weil durchweichte Wegstellen jedesmal erst durch Knüppeldämme für den Troß gangbar gemacht werden müssen. Unvermeidbar fällt dadurch der Truppenkörper immer weiter auseinander. Dies wird sich für die Römer, die gewöhnt sind, in geschlossener Formation zu kämpfen, als verhängnisvoll erweisen.

Noch gar nicht im Gebiet der Marser angekommen, werden die Römer bereits von allen Seiten von Germanenkriegern angegriffen. Zu den Feinden stoßen noch die Krieger der germanischen Hilfstruppen unter dem Kommando des Cheruskerhäuptlings Arminius, die die Legio-

9 v. Chr.

Ansicht des Haupttors (porta Praetoria) der Saalburg, eines 1898–1907 rekonstruierten Römerkastells in der Nähe von Homburg v.d.H.

„Modell des Hermannsdenkmals zu Detmold," aus Kupfer angefertigt von August Ferke, 1880.

nen als Nachhut begleiteten. Varus und seine Truppen sind in eine von Arminius vorbereitete Falle geraten. Einst als Geisel nach Rom gekommen, war der Cherusker im römischen Heer bis zum Rang eines Ritters aufgestiegen und hatte sogar als Freund an der Tafel des Varus gesessen. In aller Heimlichkeit war es diesem Germanenhäuptling gelungen, mehrere aufstandsbereite Stämme, die sich sonst nur allzuoft gegenseitig bekämpften, zu vereinen. Es wurde ein gemeinsames Vorgehen geplant, um die verhaßte Fremdherrschaft der Römer abzuschütteln.

In drei Tage dauernden Kämpfen in unübersichtlichem Gelände inmitten des Teutoburger Waldes werden die drei römischen Legionen – 15 000 Mann – völlig aufgerieben. Zweimal gelingt es ihnen noch, nach dem täglichen verlustreichen Marsch im Kampf gegen einen meist versteckten Feind abends ein primitives Legionärslager zustandezubringen. Am dritten Abend aber stürmen die aufständischen Germanen über die hastig aufgeworfenen Erdwälle hinweg und metzeln die längst in die Minderzahl geratenen Römer nieder. Varus stürzt sich voller Verzweiflung in sein Schwert.

Zunächst scheint die Niederlage im Teutoburger Wald nur eine Episode unter den vielen Querelen zu sein, mit denen Rom in neugewonnenen Provinzen konfrontiert wird. Gerade ist, eineinhalb Jahrzehnte nach der Eingliederung Pannoniens als Provinz in das römische Reich, dort ein Aufstand blutig niedergeworfen worden. Den Grund für solche Auflehnungen kennt Rom zur Genüge: hoher Steuerdruck und das Überstülpen römischer Rechtsgrundsätze über die traditionellen Stammesrechte. Aber an der langfristigen Strategie des Vorschiebens römischer Grenzen bis an markante natürliche Hindernisse ändert sich noch nichts. Zwischen 20 und 10 v. Chr. war die Donau zur Nordgrenze des Reiches geworden. Parallel dazu liefen die Bestrebungen, das Gebiet zwischen Rhein und Elbe unter römische Oberherrschaft zu bringen, um von der Elbgrenze entlang des Böhmerwaldes oder gar entlang der March den Anschluß zur Donaugrenze herzustellen. Im Jahre 6 n. Chr. scheint das Ziel erreicht zu sein. Die förmliche Einrichtung einer Provinz Germanien mit römischen Zivilbehörden ist nur noch eine Frage der Zeit. Der 7 n. Chr. als Befehlshaber der Niederrheintruppen aus Syrien abkommandierte Varus macht es sich schon zur Aufgabe, durchgehend das römische Recht einzuführen, was zu Konflikten mit den germanischen Stammesfürsten führt. Das Zusammentreffen mehrerer Faktoren – breitester antirömischer Bund germanischer Stämme und zeitweilige Erschöpfung der römischen Militärmacht durch den Pannonischen Aufstand – läßt den germanischen Aufstand nach der Schlacht im Teutoburger Wald zu einem Flächenbrand werden und alle römischen Stützpunkte östlich des Rheins auslöschen.

Schon im nächsten Jahr aber steht General Tiberius Claudius wieder östlich des Niederrheins. In den folgenden Jahren dringt sein Neffe Germanicus bis zur Niederelbe vor, und eine römische Flotte befährt den Fluß von seiner Mündung her. Aber als Tiberius im Jahre 14 Kaiser wird, zieht er die Konsequenz daraus, daß fünfzehn von insgesamt 25 Legionen des römischen Gesamtheeres an Rhein und Donau gegen die Germanen kämpfen. Er beläßt es bei der Rhein-Donau-Grenze. Die Römer gehen in den folgenden Jahrhunderten dazu über, die Rheingrenze militärisch zu sichern. Germanien bleibt – anders als Gallien – frei von römischer Herrschaft.

Das Konzil von Nicaea

„Konstantin der Große", zeitgenössische Marmorbüste.

„Concilium Nicaenum I". Papst Silvester und Kaiser Konstantin verdammen den Arianismus, Fresko von Speranza, um 1600, in der vatikanischen Bibliothek in Rom.

Am 14. Juni 325 versammeln sich im kaiserlichen Sommerpalast zu Nicaea in Kleinasien 250 Bischöfe der christlichen Kirche. Einberufen wurde das Konzil von Kaiser Konstantin, der zwar nicht getauft ist, aber das Christentum deutlich gegenüber anderen Religionen bevorzugt. Dies hatte er 313 in seinem Mailänder Toleranzedikt auch in eine gesetzliche Form gebracht.

Nach der kaiserlichen Anerkennung des Christentums traten Widersprüche zwischen den vielen Glaubensrichtungen im Christentum offen zutage, die während der Zeit der Verfolgungen angesichts dringender Probleme nicht im Vordergrund gestanden hatten. So entzweite theologischer Streit die christliche Gemeinde in der Großstadt Alexandria. Dort gab es eine besondere Tradition der Behandlung dogmatischer Fragen, denn logische Denkstrukturen waren das Erbteil, das die klassischen griechischen Philosophenschulen der hellenistischen Welt hinterlassen hatten. So kam es, daß der geachtete alexandrinische Priester Arius in Konfrontation zu seinem Bischof ein Lehrgebäude aufstellte, das sich kritisch mit der Einheit von Gottvater und Gottsohn auseinandersetzte und deutlich hervorkehrte, daß Jesus Christus – als ein von Gott geschaffenes Phänomen – bei aller göttlichen Verehrung doch Gott selbst nachgesetzt sei. Im griechischsprachigen Reichsteil breitete sich der Arianismus unter den Christen schnell aus und begann, dort die christliche Theologie zu prägen – wenig überraschend angesichts der Tatsache, daß der in ähnliche gedankliche Konstruktionen gebettete Mithras-Kult in jenen Landstrichen tiefe Wurzeln besaß. Dem Arianismus widersprach sehr energisch ein anderer prominenter Priester in Alexandria, Athanasius. Er kämpfte voller Entschiedenheit für die verstandesmäßig nicht zu begreifende, ganz auf dem Glauben beruhende Wesenseinheit von Gottvater und Gottsohn.

Der Streit beginnt zum öffentlichen Ärgernis auszuarten, denn in Alexandria und auch in anderen Städten machen sich die Massen in den Theatern und bei Demonstrationen über die theologischen Spitzfindigkeiten mit groben Schlagworten lustig und die Achtung vor jeder Religion drohte dahinzuschwinden. Konstantin greift ein, indem er eine Reichsversammlung der christlichen Repräsentanten – der Bischöfe – einberuft, um dem theologischen Durcheinander ein Ende zu bereiten. Ziel ist es, ein verbindliches christliches Glaubensbekenntnis auszuarbeiten. Konstantin eröffnet das Konzil mit aller kaiserlichen Würde und mahnt in seiner Begrüßungsrede nachdrücklich an, daß es mit den Streitereien in der Kirche ein Ende haben müsse. Ende Juli 325 liegen die Konzilsabschlüsse vor. Der lange Streit um den Termin des Osterfestes ist geklärt, er wird auf den ersten Sonntag nach dem ersten Frühlingsvollmond festgelegt. Das „Symbolum Nicaenum", definiert Gott und Jesus Christus nicht als wesensverwandt, sondern als wesensgleich und verbietet den Arianismus. Obwohl

Münze aus der Regierungszeit Konstantins des Großen mit dem Bildnis des Kaisers.

„Die Konstantinische Schenkung". Kaiser Konstantin überläßt dem Papst Silvester kaiserliche Herrschaftszeichen und schenkt ihm den Lateranspalast. Fresko aus dem Jahre 1246 im Oratorium des Hl. Silvester in Rom.

Konstantin selbst dem Arianismus zuneigt und enttäuscht ist – kurz vor seinem Tode wird er sich 337 von einem arianischen Priester taufen lassen – erklärt er das Symbolum als allgemeinverbindlich und ordnet die Verbannung des Arius und der siebzehn Bischöfe an, die im Konzil gegen das Symbolum stimmten.

Aber bei aller Bedeutung, die das nicaeanische Glaubensbekenntnis bis auf den heutigen Tag hat – formte es doch entscheidend die katholische Glaubenslehre – den Arianismus beseitigte es zunächst noch lange nicht. Selbst am Kaiserhof gab es zahlreiche Anhänger. Die erste Übersetzung der Bibel in eine Barbarensprache, ins Gotische, erfolgte nach 350 durch den Gotenbischof Wulfilas, einen Arianer. Die in das Römische Reich eindringenden Germanenvölker machten ihre Bekanntschaft mit dem Christentum über den Arianismus und wurden – bis auf die Franken – Arianer. Sie blieben es jahrhundertelang, obgleich 381 ein Konzil zu Konstantinopel den Arianismus nochmals verflucht und seine Anhänger zu Ketzern erklärt. Nicht zu unterschätzen ist jedoch die politische Bedeutung des Niceanums: indem der Kaiser sich zum Vollzieher von Konzilbeschlüssen machte, lieferte er einen Präzendenzfall für das Handeln des Staates als weltlicher Arm der Kirche.

Zeittafel

Vor Christi Geburt

~3200 Die Sumerer siedeln sich in Mesopotamien an und gründen Stadtstaaten.

~ 3000 Das ägyptische Reich entsteht.

~ 2500 Die Pyramiden in Giseh werden gebaut.

~ 2500 Harappa-Kultur in Indien mit Staatenbildung und Städten, in denen Backsteinhäuser und Kanalisation vorhanden waren.

~ 1800 Beginn staatlichen Lebens in China.

~ 1800 Die Assyer erobern Mesopotamien.

~ 1700 Der Assyrerkönig Hammurabi erläßt ein Strafrecht.

~ 1600 Beginn der mykenischen Zeit in Griechenland bis ~ 1150.

1377 - 1358 Amenophis IV., verheiratet mit Nofretete, führt den Sonnenkult des Aton ein. Sein Schwiegersohn Tutanch-Amun kehrt aber nach Amenophis Tod 1358 zum alten Glauben zurück.

~ 1200 Die Dorer beginnen, in Griechenland einzuwandern.

1184 Troja wird der Sage nach von den Griechen erobert.

~ 1000 David wird König der Israeliten und eint die beiden Reiche Juda und Israel.

~ 900 Sparta wird gegründet.

815 Die Phönizier gründen Karthago.

753 Sagenhaftes Gründungsdatum Roms.

662 Ägypten wird assyrische Provinz.

624 Drakon erläßt im Stadtstaat Athen strenge, "drakonische" Gesetze.

Büste der Nofretete, der Gattin von Echnaton.

587 Der babylonische König Nebukadnezar II. zerstört Jerusalem.

~ 560 Buddha wird geboren.

~ 550 Die Perser erobern das medische Großreich.

525 Das ägyptische Reich wird von den Persern erobert.

510 Rom wird Republik.

480 Die Perser werden von den Griechen in der Schlacht bei Salamis geschlagen. Damit wird Griechenlands Eroberung durch die Perser verhindert.

~ 450 Athen steigt unter der Herrschaft des Perikles zur dritten Großmacht neben Persien und Karthago im Mittelmeerraum auf.

431 Beginn des Peleponnesischen Krieges in Griechenland wegen des Dualismus Athen-Sparta, der 404 mit der Niederlage Athens endet.

333 Alexander beginnt mit der Eroberung des persischen Reiches.

304 Im Zuge der Diadochenkriege wird Ptolemaios Herrscher in Ägypten.

272 Die Stadt Tarent in Süditalien ergibt sich Rom, damit ist Rom endgültig Herrscher über ganz Süditalien.

Die Pyramiden des Cheops, Chephren und Mykerinos, kolorierter Kupferstich nach einer Zeichnung von Johann Fischer von Erlach, um 1706.

Von den Anfängen bis 391

Christenverfolgung unter Nero in einem Gemälde von Henryk Siemiradzki, 1876, dargestellt.

264 Beginn des 1. Punischen Krieges zwischen Rom und Karthago, der bis 241 dauert. Rom gewinnt Sizilien.

222 Rom erobert das keltische Mailand und baut seine Herrschaft in Oberitalien aus.

220 In China wird mit dem Bau der Großen Mauer zur Abwehr von Nomadeneinfällen begonnen.

218 Hannibal überquert die Alpen und beginnt damit den 2. Punischen Krieg. Trotz seines Sieges bei Cannae 216 muß Hannibal den Angriffskrieg aufgeben.

200 Rom gewinnt im 1. Makedonischen Krieg die Vorherrschaft in Griechenland.

146 Eroberung und Zerstörung Karthagos durch die römische Streitmacht im 3. Punischen Krieg.

133 Rom bekommt das Reich von Pergamon vererbt, damit dehnt sich Rom nach Kleinasien aus.

102 Die Römer besiegen die nach Italien vordringenden Teutonen bei Aquae Sextiae.

63 Palästina wird ins Römische Reich eingegliedert.

58 Caesar beginnt mit der Eroberung Galliens, die 51 abgeschlossen ist.

44 Caesar wird ermordet.

30 Ägypten kommt unter römische Herrschaft. Die letzte Herrscherin der Ptolemäer, Kleopatra, begeht Selbstmord.

23 Augustus wird Princeps in Rom, d.h. de facto Alleinherrscher.

Kämpfende Krieger, Vasenmalerei auf einer Amphore aus dem 6./5. Jahrhundert v. Chr.

Nach Christi Geburt

9 Drei römische Legionen werden im Teutoburger Wald von den Germanen vernichtend geschlagen.

30 Jesus verkündet öffentlich seine neue Glaubenslehre.

64 Kaiser Nero läßt Rom niederbrennen und versucht, es den Christen anzulasten. Beginn der Christenverfolgung.

70 Jerusalem und der Tempel werden von den Römern zerstört.

79 Durch einen Vesuvausbruch werden Pompeji und Herculaneum zerstört.

84 Britannien wird unter dem römischen Kaiser Domitian erobert.

293 Kaiser Diokletian teilt das römische Reich in vier Teilreiche auf.

313 Konstantin wird Herrscher des Weströmischen Reiches, das er 324 mit dem Oströmischen vereinen kann.

325 Konzil von Nicaea.

391 Das Christentum wird Staatsreligion, Verbot aller heidnischen Kulte.

Die Kapitolinische Wölfin, eine etruskische Plastik um 500 v. Chr., mit den Zwillingen Romulus und Remus, den sagenhaften Gründern Roms.

Völkerwanderungen und Landnahme

410–1066

410 Alarich plündert Rom: Das weströmische Reich kann den Angriffen germanischer Stämme nicht mehr standhalten.

451 Die Hunnenschlacht: Die Hunnen unter Attila bedrohen Gallien und Italien.

630 Mohammed in Mekka: Der Islam setzt sich in Arabien durch.

732 Karl Martell: Das Frankenreich festigt seine Macht durch den Sieg über die Mauren.

800 Kaiser Karl: Das Frankenreich tritt die Nachfolge des Weströmischen Reiches an.

1066 Hastings: Die Normannen erobern England.

„Pilgerkarawane auf dem Weg nach Mekka“, Gemälde von Leon Belly, 1861.

Alarich plündert Rom

„Der Einzug Alarichs in Rom" am 24. August 410, kolorierter Holzstich nach einer Zeichnung von Hermann Knackfuss, um 1890.

Überraschend schnell überwinden die Goten am 24. August 410 die Mauern Roms. Etwa 30 000 Kämpfer dringen in die Stadt ein, die noch immer als Haupt der Welt gilt, obwohl die weströmischen Kaiser seit 286 in Mailand residieren. Worauf es die Eroberer in erster Linie abgesehen haben, sind materielle Güter, die ihnen auch in unermeßlich reichem Maße zufallen. Hatte Rom doch Jahrhundert für Jahrhundert die Schätze aus den eroberten Ländern in die Hauptstadt bringen, sie zunächst als Trophäen in den Triumphzügen vorführen und dann in Tempeln, Schatzkammern und Palästen verschwinden lassen. Drei Tage lang toben die Plünderer durch die Stadt, dann zieht das Gotenheer ab. Die Römer können aufatmen, aber der Schock sitzt tief. Seit der Mitte des dritten Jahrhunderts hatte das in mehrere, sich zeitweise bekämpfende Teile gespaltene Römische Imperium mit Angriffen germanischer Stämme auf provinzialrömisches Gebiet zu tun gehabt. Es gab zwar manchen gefeierten Sieg, aber auch Territorialverluste, die hier und da zur Rücknahme

„Der Hl. Augustinus", Deckenfresko aus dem 14. Jahrhundert in der Kirche S. Maria dei Servi in Venedig. Die Eroberung Roms durch die Westgoten veranlaßte den Hl. Augustinus, einen der bedeutendsten Kirchenväter, zu seinem theologischen Werk „De civitate Dei" (Über den Gottesstaat).

der Reichsgrenze zwangen. Ende des vierten Jahrhunderts aber war eine ganz neue Situation entstanden, denn man hatte es jetzt mit germanisch-barbarischen Völkern zu tun, die nicht einfach Feinde oder Bundesgenossen des Imperiums sein, sondern als römische Schutzverwandte innerhalb der Reichsgrenzen angesiedelt werden wollten, ohne ihren Stammesverband als soziale Gemeinschaft aufzulösen und sich der römischen Sozialstruktur anzupassen.

Auslöser dieser neuen Entwicklung war der Einbruch der Hunnen aus Asien – dessen Grenze man am Don ansetzte – in die Gebiete am Nordrand des Schwarzen Meeres im Jahre 375. Die dort lebenden, von dem Anprall überraschten Goten versuchten sich dem drohenden Joch zu entziehen, was aber nur einem Teil – den Westgoten – gelang, der über die Donau südwärts auf den Balkan zog. Der oströmische Kaiser Valens stellte sich ihnen 378 bei Adrianopel entgegen, verlor aber Schlacht und Leben. Die nun ungehindert auf der Balkanhalbinsel herumziehenden und plündernden Goten erreichten 382 in einem Vertrag mit Ostrom ihre Ansiedlung als Föderaten-Volk mit eigenem König ohne Aufgabe

„Der Gotenzug“, Gemälde von Arnold Böcklin, 1881

„Alarichs Begräbnis“. Der Legende nach bestatteten die Westgoten Alarich im Flußbett des Busento nahe bei Cosenza. Holzstich nach einem Gemälde von Albert Baur, 1867.

der Stammesstruktur innerhalb des Reichsgebiets in Pannonien und Jahresgelder gegen Militärdienst unter römischem Oberbefehl.

Aber es ist eine zerbrechliche Lösung, denn um die Vertragsdisziplin der Goten ist es nicht sehr gut bestellt. Ihr Drang zum Ackerbau wurde nur zu leicht von dem zum Beutemachen überlagert, und so fielen sie seit 391 mehrmals unter Führung ihres angriffslustigen Königs Alarich in verschiedene Kernprovinzen des römischen Imperiums ein. Wenn die Raubzüge mit Niederlagen endeten, was auch vorkam, zog Alarich sich stets als Föderatenkönig nach Pannonien zurück. Jedesmal, wenn ein weiteres Abkommen mit dem römischen Kaiser neue Leistungen an die westgotischen Krieger und ihre Familien zugestand, herrschte wieder für einige Zeit Ruhe, aber eben nur für einige Zeit. Im Frühjahr 408 drohte Alarich erneut mit einem Einfall in Italien, wenn man ihm nicht ein Jahrgeld von 4000 Goldpfund zahle. Das war für römische Begriffe das jährliche Kostgeld für 90 000 Menschen – und so stark wird in etwa das Westgoten-Volk der Zahl nach gewesen sein: Deutlicher konnte das Anliegen des Föderatenkönigs Alarich an das Imperium kaum formuliert werden.

Der weströmische Heermeister Stilicho, ein gebürtiger Vandale, war zur Zahlung bereit. Er wurde aber ermordet, und im Gefolge dieses Mordes rast eine Verfolgungswelle gegen in Italien ansässige Barbaren über die Apenninenhalbinsel. Als Alarich jetzt an der Spitze seiner Goten in Italien erscheint, schließen sich ihm zehntausende Soldaten und Sklaven barbarischer Herkunft an. Mit dem so verstärkten Heer bedrängt er 408 und 409 Rom und erpreßt gewaltige Kontributionen. 410 nimmt er die Stadt ein. Den geforderten finanziellen Zuschuß für sein Volk in Höhe von jährlich 4000 Goldpfund braucht der Senat ihm nicht mehr zu bewilligen, Alarich führt ihn bei seinem Abzug im Gegenwert vieler Jahre mit sich fort. Die Goten ziehen weiter nach Süden, um in das gold- und getreidereiche Afrika überzusetzen. Doch ihnen fehlt maritime Erfahrung, und so kommen sie nicht einmal über die Straße von Messina. Alarich stirbt Ende 410 bei Cosenza. Heer und Troß kehren um und ziehen gemächlich nach Gallien und Aquitanien.

In Rom und in Konstantinopel muß man sich eingestehen, daß das Konzept einer Einbindung der barbarischen Germanenvölker in die politische und administrative Struktur des imperialen Reichs bei seinem ersten großangelegten Versuch mißlungen ist. Die Plünderung Roms steht dafür als Symbol: Wenn sogar die Geburts- und Hauptstadt des römischen Reiches einer solchen versuchten Eingliederungspolitik zum Opfer fällt, muß die Integrationspolitik wohl doch neu durchdacht werden. Aber dazu gibt es bei der zunehmenden Schwäche des verfallenden Reiches keine Gelegenheit mehr.

Im Lauf des 5. Jahrhunderts wird sich zeigen, daß der westliche Teil des römischen Imperiums dem Ansturm der germanischen Völkerwanderung nicht standhalten kann.

Die Hunnenschlacht

Im Sommer des Jahres 451 treffen auf den Katalaunischen Feldern, einer Ebene zwischen Troyes und Chalons-sur-Marne im Herzen Galliens, zwei große Heere aufeinander. Auf der einen Seite steht das Heer der Hunnen, unterstützt von germanischen Hilfstruppen aus den Stämmen der Gepiden, Ostgoten, Heruler und Rugier, unter dem Oberbefehl des Hunnenkönigs Attila. Auf der anderen Seite marschieren unter dem Kommando des römischen Reichsfeldherrn Aetius Römer, Westgoten, Rheinfranken, Burgunder, gallische Sachsen und Bretonen auf. Die sonst nicht gerade in herzlichem Einvernehmen lebenden Völkerstämme zwischen Rhein und Ebro hatten sich angesichts der hunnischen Invasion zu gemeinsamer Abwehr zusammengefunden in dem Bewußtsein, daß sie einen gewissen Stand der Zivilisation zu verteidigen hätten. Das Schlachtenglück ist den Hunnen ungünstig, und erstmals ohne Sieg geblieben, zieht sich der Hunnenkönig Attila mit seinem bunten Völkergemisch in die Pannonische Tiefebene zurück. Die hunnische Eroberung Galliens – und wohlmöglich der iberischen Halbinsel – bleibt ein Traum für Attila.

Die Hunnen im Kampf mit den Alanen, die 372 von ihnen unterworfen wurden. Holzstich nach einer Zeichnung von Johann Nepomuk Geiger, 1873.

Westgotischer Fußsoldat mit Helm, Kettenhemd und Speer. Mozarabische Buchmalerei, 1109.

Seit die Hunnen, aus Innerasien kommend, 375 den Don überschritten hatten, waren ganze Völker in Bewegung geraten, um sich ihrer Herrschaft zu entziehen. Manchen war das gelungen, wie beispielsweise den Westgoten, andere mußten die hunnische Oberherrschaft anerkennen. In kürzester Zeit hatten die Hunnen das Gebiet zwischen Donauknie und Schwarzem Meer unterworfen. Die Unterlegenen mußten neben Fron- und Kriegsdiensten vor allem Lebensmittelabgaben leisten, denn das hunnische Reitervolk kannte keinen Ackerbau, sondern ließ sich von den unterworfenen Völkern miternähren. Das war eine schwere Last, da die im allgemeinen geringen Erträge im Feldbau kaum reichten, das eigene Volk vor Hunger zu bewahren.

Seit dem Ende des 4. Jahrhunderts erhielten die Hunnen – nach einem verheerenden Einfall in Kleinasien – vom Oströmischen Reich ein bescheidenes Jahrgeld. Um 420 wurde es vertraglich auf die Höhe von 350 Goldpfund festgelegt, im Jahre 435 beim Regierungsantritt Attilas verdoppelt. Der Hunnenkönig fand schnell ein probates Mittel zur Aufbesserung der aus Konstantinopel fließenden Jahrgelder: Plünderungszüge in römische Provinzen. Nach einem Verwüstungszug südlich der Donau im Jahre

Attila vor Aquileia und Attilas Treffen mit Papst Leo III., Buchmalerei aus der Sächsischen Weltchronik aus dem 13. Jahrhundert.

Fränkischer Spangenhelm aus dem 6./7. Jahrhundert, gefunden bei Morken, Kreis Bergheim bei Köln.

441 ging er 445 erneut über die Donau und verheerte die römische Provinz Illyrien und gelangte sogar bis an den Thermopylen-Paß. Rom reagierte auf diese Drohungen 447 mit einer Erhöhung der jährlichen Zahlung auf 2100 Goldpfund und 449 mit der Ernennung Attilas zum römischen Heermeister – damit wenigstens ein Teil des Geldes nicht als Tribut, sondern als Gehalt verbucht werden konnte.

Zu Beginn des nächsten Jahrzehnts plante Attila schon wieder den nächsten Raubzug: Gallien und Italien versprachen reiche Beute. Gleich nach dem Ende des Winters 450/51 brach Attila vom Donauknie auf und marschierte auf den Rhein zu, wobei er unterwegs Kontingente der hunnisch beherrschten Germanenstämme aufnahm. Ende März überschritt er den Rhein, der die Grenze des Römischen Reichs markierte. Er teilte sein Heer in drei Marschsäulen, von denen die eine nach Nordwesten und die zweite in das Tal der Rhône marschierte. Mit der dritten zog Attila über Paris in das Loiretal. Als Aetius mit einer römisch-westgotischen Entsatzarmee anrückte, wich Attila in westlicher Richtung zurück und zog seine beiden anderen Armeen an sich heran. So stand er mit seiner gesamten Heeresmacht, ca. 100 000 Mann, auf den Katalaunischen Feldern.

Ein erfolgloser Heerkönig eines auf Beutemachen orientierten Nomadenvolkes ist seiner Herrscherstellung nicht sicher, weshalb Attila nach der verlorenen Schlacht in Gallien schon im Frühjahr 452 nach Italien zieht, um sich mit seinem Heer dort schadlos zu halten. Die oberitalienischen Städte fallen reihenweise, manche – wie Aquileia – werden zerstört, andere – wie Pavia und Mailand – nur ausgiebig geplündert: Als „Geißel Gottes" erscheint Attila den zutiefst verschreckten Zeitgenossen. Beim Anmarsch auf Rom zieht ihm Papst Leo I. persönlich entgegen und bewegt ihn zum Abzug. Aber die zentrale Rolle des kirchlichen Oberhaupts beim Rückzug Attilas aus Italien wird bis heute gern übertrieben, denn in Attilas Heer ist eine Seuche ausgebrochen. Außerdem erreicht Attila die Nachricht, daß Konstantinopel seine Jahrgeldzahlungen gekündigt hat, was man leicht dahingehend interpretieren kann, daß ein oströmischer Angriff auf die Hunnen bevorsteht. Dies alles bewirkt den völligen Rückzug der Hunnen aus Italien. Attilas Stellung ist bereits ziemlich erschüttert, als er 453 in einer seiner zahlreichen Hochzeitsnächte an einem Blutsturz stirbt. Sofort erheben sich erfolgreich die Gepiden, das Hunnenreich wird zunehmend kleiner und ist 15 Jahre nach Attilas Tod verschwunden: Der erste Ansturm aus der Steppe nach Mittel- und Westeuropa ist überstanden.

Mohammed in Mekka

Die Straßen von Mekka sind ausgestorben, als Mohammed ibn Abdallah, der Prophet Gottes, am 11. Januar 630 an der Spitze einer riesigen bewaffneten Beduinenschar in Mekka einreitet. Entgegen den üblichen Beduinengebräuchen wird die reiche arabische Handelsstadt nicht geplündert, sondern die wohlhabenden Einwohner der Stadt müssen nur eine Sondersteuer zahlen, mit der die um ihre Beute gebrachten Beduinenkrieger entschädigt werden. Und das, obwohl Mekka zu den reichsten Städten auf der arabischen Halbinsel gehört, liegt sie doch an der Kreuzung der beiden wichtigsten Handelswege Arabiens, der nord-süd-arabischen und der von Abessinien nach Mesopotamien. Die glimpfliche Behandlung der besiegten Stadt ist einem Übereinkommen zu verdanken, das der angesehenste Kaufmann Mekkas, Abu Sufjan, mit Mohammed ausgehandelt hat, um den Anschluß der bedeutendsten Stadt der Arabischen Halbinsel an die Umma – die Gemeinschaft der wahren Gläubigen, die der Lehre des Propheten Mohammed folgen – zu vollziehen. Der neue Monotheismus wird nun mit größter Deutlichkeit demonstriert: Aus der Kultstätte, in der neben einem obersten Gott eine Vielzahl von Göttern verehrt wurde, werden die Opferstätten für die Einzelidole entfernt. Übrig bleibt nur der Schwarze Stein als Symbol Allahs, des einen und einzigen Gottes. Der Meteorit wurde schon seit undenklichen Zeiten angebetet – er ist nach Mohammed ein Geschenk Gottes, das der Erzengel Gabriel gebracht hat. So bleibt Mekka sein traditioneller Wallfahrtsort erhalten. Die Stadt braucht trotz der neuen Lehre nicht auf die Pilger zu verzichten, die ihr neben dem Handel stets beträchtliche Einnahmen verschafften.

„Der Prophet Mohammed im Kreise seiner Gefährten", türkische Miniaturmalerei, um 1590/1600.

In einer adligen Großfamilie Mekkas um 570 geboren, aber früh verwaist und verarmt, war Mohammed durch eine reiche Heirat zum Kaufmann geworden und hatte auf Handelsreisen das Christentum kennengelernt. Jüdischer Religionswelt begegnete man in Arabien sowieso allenthalben, denn viele Juden waren nach der Zerstörung Jerusalems im Jahre 70 auf die Halbinsel eingewandert und es waren sogar einzelne arabische Stämme zum Judentum konvertiert. Beide Religionen geben Mohammed eine Vielzahl von Denkanstößen für die Errichtung eines eigenen religiösen Gedankengebäudes, des Islams. Zunächst betätigte sich Mohammed in Mekka als Prophet. Die Stadt erfreute sich als Kreuzungspunkt zweier Handelsstraßen einer für die Arabische Halbinsel einzigartigen Weltoffenheit. So boten sich hier die besten Voraussetzungen, die neue monotheistische Lehre auch an Auswärtige weiterzugeben. Stolz auf ihre Wohlhabenheit gewährt die Stadt als überregionaler

Handelsplatz während der winterlichen Pilgerhauptsaison nicht nur dem größten Jahrmarkt der Halbinsel Quartier, sondern garantiert zu dessen Förderung auch eine im allgemeinen anerkannte Zeit des Gottesfriedens. Diesen Ruf Mekkas als Pilgerort wollte sich die wohlhabende Oberschicht der Stadt nicht durch einen exaltierten Prediger verscherzen, der sich als Prophet des einen allein den Namen verdienenden Gottes verstand und ab 613 öffentlich dazu überging, die Anhänger der Stammeskulte anzugreifen und zu verketzern. Man versuchte es zuerst mit einem Boykott seiner Großfamilie, die ihn aber über längere Zeit schützte. Schon 615 gab Mohammed einem Teil seiner Anhänger den Anstoß zur Auswanderung nach Abessinien. Er selbst blieb aber mit der Hauptgruppe in seiner Heimatstadt. Als der Druck ab 619 immer stärker wurde, suchte er 622 mit seinen Anhängern Zuflucht in Jathrib, dem Hauptort einer Großoase. Eingeladen worden war er von den dort lebenden fünf ackerbauenden arabischen Clans, von denen drei dem Judentum anhingen, die oft genug in einem gespannten Verhältnis zueinander lebten. Mohammeds monotheistische Religion sollte hier ein einigendes Band schaffen. Jathrib erhielt nun den Namen Medina (die Stadt). Von hier aus gingen Mohammeds Anhänger dazu über, mekkanische Karawanen zu überfallen und militärische Gegenaktionen Mekkas zu provozieren. 624 und 625 gab es bedeutendere Gefechte am Rande der Oase, die das Selbstvertrauen der islamischen Gottesstreiter erheblich stärkten. Im April 627 rückte Mekka mit einer für damalige arabische Verhältnisse ungeheuer großen Armee von etwa 10 000 Mann an. Schlechte Witterung, Verpflegungsmängel und Zwistigkeiten der Truppenführer führten dazu, daß die große Streitmacht nach zwei Wochen unverrichteter Dinge wieder abzog.

„Eine Karawane auf dem Weg nach Mekka", arabische Buchmalerei aus Bagdad, 1237.

Türkische Zierkachel mit der Inschrift „Allah ist groß" aus dem 19. Jahrhundert.

Danach gab es bei der großen Mehrzahl der Beduinen zwischen Medina und Mekka keinen Zweifel mehr an der göttlichen Unterstützung für Mohammed und seine Gefolgsleute. Wer so sichtbar begünstigt wurde, mußte der Gnade Gottes teilhaftig sein. Also war offenbar doch der alleinige Gott groß und Mohammed sein Prophet. Welcher Stamm auch immer an der wachsenden Macht Medinas teilhaben wollte – seit 628 mußte er bei einem Bündnis den Islam akzeptieren. So gerieten die Naturgötter ins Hintertreffen, und in einem vorher nicht erahnten Tempo schlossen sich die Stämme der Arabischen Halbinsel auf der Basis einer gemeinsamen Religion zusammen. Dem immer mehr isolierten Mekka, dessen Handelsweg nach Norden 629 von Mohammeds Anhängern blokkiert wurde, blieb schließlich nur die Kapitulation. Mohammed starb 632 im Alter von etwa 60 Jahren in Medina.

Pilger vor der Kaaba, dem Hauptheiligtum der Moslems, in der Großen Moschee in Mekka, Farblithographie, um 1860.

Karl Martell

Seit sieben Tagen stehen sich im Sommer 732 an der Vienne, einem südlichen Nebenfluß der Loire, zwei hochgerüstete Heere gegenüber – ein fränkisches und ein arabisches. Der fränkische Oberkommandierende, der Hausmeier Karl aus dem Geschlecht der Arnulfinger, weiß genau, daß die Araber unter Zeitdruck stehen und zum Angriff gezwungen sind, den sie am achten Tag auch beginnen. Ihr Heer ist als eine getreue Widerspiegelung des arabischen Großreichs bunt zusammengesetzt, aber dennoch äußerst kampfstark, denn jeder einzelne Verband ist auf eine bestimmte Kampftaktik spezialisiert. Das fränkische Heer besteht aus dem Heeresaufgebot des Frankenreichs. Den Kern bildet noch immer – wenngleich nicht mehr im gleichen Maße wie vor 250 Jahren bei der fränkischen Landnahme in Gallien – das von den Bauern gestellte Fußvolk, dem neben den Franken Alemannen, Thüringer und Friesen aus den von den Franken annektierten rechtsrheinischen Gebieten angehören. Dem Fußheer zur Seite steht die Kavallerie. Die Reiterei ist eine Entwicklung des Lehnswesens. Sie wird vom grundbesitzenden Adel gestellt, der seine Ländereien gegen die Verpflichtung zum Kriegsdienst als Lehen erhalten hat. Diese Verpflichtung geben sie als Lehensträger an ihre eigenen Lehnsleute weiter. Wer freier Grundbesitzer ist, erscheint beritten und gepanzert, wenn möglich noch mit einem oder mehreren Knechten. Die Angriffe der Araber – traditionell auf das gegnerische Zentrum gerichtet – scheitern am Widerstand des fränkischen Fußvolks. Im Handgemenge erweist sich die kurzstielige fränkische Streitaxt, die „Franzisca“, als eine mörderische Waffe, der die schwach oder gar nicht gepanzerte arabische Fußtruppe nichts entgegenzusetzen hat. Auch die fränkische Panzerreiterei zeigt sich der leichten und schnellen arabischen Reiterei überlegen, weil sie ihre Formation nicht auflösen muß und daher wie eine schwere Walze über das Schlachtfeld donnern kann. Die Nachricht, daß die Franken dabei seien, das arabische Feldlager einzunehmen, läßt das arabische Heer endgültig zerfasern. Der arabische Oberbefehlshaber Abd ar Rahman will die Ordnung wiederherstellen, gerät aber dabei in ein Handgemenge mit Franken und fällt. Sein Tod läßt den arabischen

Karl Martell in der Schlacht bei Tours, kolorierte Kreidelithographie, die als Bilderbogen verbreitet wurde, um 1860.

Aus Gold und Granat gearbeitete Schwertgriffe und -scheiden aus der Merowingerzeit.

Arabische Reiter, arabische Buchmalerei aus dem 15. Jahrhundert

Die Taufe Chlodwigs, französische Buchmalerei, 1375/79, aus den „Grandes chroniques de France" nach Gregor von Tours.

Rückzug zur Flucht werden – aber immerhin gelingt es noch, die im Zeltlager aufgehäufte Beute mitzunehmen.

Die fränkischen Chronisten glorifizieren die Schlacht zwischen Tours und Poitiers als eine zweite Schlacht auf den Katalaunischen Feldern: So wie 451 die Hunnen zum Halt gebracht wurden, ist nun der Eroberungszug der Araber in Europa gestoppt worden. Tatsächlich hatte sich seit 711 das arabische Großreich von der Meerenge von Gibraltar her in Richtung Norden immer weiter ausgebreitet. Nach der Landung am Südzipfel der iberischen Halbinsel hatte der arabische Feldherr Tarik die ihr Tolosanisches Reich verteidigenden Westgoten in einer siebentägigen Schlacht bei Jerez de la Frontera vernichtend geschlagen und deren Reich zum Einsturz gebracht. Nur im unzugänglichen nördlichen Bergland Asturien hielten sich noch einige christliche Grafschaften. Um 720 hatten die Araber die Pyrenäen überschritten und waren in Aquitanien eingefallen. Eine schwere Niederlage im Jahre 721 bei Toulouse gegen den Aquitanerherzog Eudo hielt sie nicht davon ab, 725 wieder plündernd von den Pyrenäen bis nach Burgund vorzudringen. Da glaubte Eudo, sich von der fränkischen Lehnsherrschaft befreien zu können, wenn er sich mit den Muslimen verbinde. Aber gerade seine dortigen Bündnispartner rebellierten gegen ihren eigenen Statthalter in Spanien, Abd ar Rahman, der nun zur Straf- und Beuteexpedition nördlich der Pyrenäen 731 bis zur Garonne zog. Herzog Eudo floh darauf mit seinem Heer zu den Franken, was Abd ar Rahman einen willkommenen Anlaß bot, seinen Blick weiter nach Norden zu richten. Die Schlacht von Tours beendete dieses Vorhaben abrupt.

Der fränkische Hausmeier Karl erhielt nach der ruhmreichen Schlacht von seinen Zeitgenossen den Beinamen Martell (der Hammer). Theoretisch nur oberster Beamter des merowingischen Königs, war er tatsächlich aber die Schlüsselfigur im Frankenreich, da die Merowinger längst keine Macht mehr hatten. Er versäumte nicht, politischen Vorteil aus seiner Rolle als siegreicher Feldherr zu ziehen: Aquitanien, Burgund und die Provence konnte er nach dem Sieg erheblich enger an das Frankenreich binden. 734 demonstrierte Karl seine politische Macht aller Welt, indem er nach dem Tode seines Königs den Thron einfach unbesetzt ließ und vor seinem Tode 741 das Frankenreich wie ein König unter seine beiden Söhne aufteilte. Karlmann erhält den Osten (Austrien, Schwaben, Thüringen), Pippin den Westen (Neustrien, Burgund, Provence). Nachdem Karlmann in ein Kloster eingetreten und der letzte merowingische Schattenkönig zurückgetreten war, ließ sich Pippin dann 751 von den fränkischen Großen zum König ausrufen – die logische Konsequenz der von seinem Vater eingeleiteten Politik.

Kaiser Karl

Karl der Große, zeitgenössische Reiterstatue.

Im August 800 bricht der Frankenkönig Karl aus seiner Residenz Aachen nach Rom auf. Nach 32 Regierungsjahren und fast 50 Feldzügen zur Festigung und Ausdehnung des Reiches, von denen er die Hälfte persönlich geleitet hat, haben ihm die Chronisten bereits den Beinamen „der Große" verliehen. Anlaß des neuen Unternehmens ist die flehentliche Bitte von Papst Leo III., ihm angesichts einer offenen Empörung der Römer in der Ewigen Stadt wieder Recht und Macht zu verschaffen. Am 23. November 800 wird Karl vor den Toren Roms von Leo III. feierlich empfangen und in prächtiger Prozession durch die Stadt zur Peterskirche geleitet. Karl, sonst für das Tragen fränkischer Tracht bekannt, hat die Kleidung römischer Herrscher – einen purpurnen Kaisermantel – angelegt. Besonders aufmerksam nehmen die Beobachter zur Kenntnis, daß Karl auch rote Stiefel trägt: Rote Stiefel sind das alleinige Vorrecht der oströmischen Kaiser in Byzanz, die sich noch immer als oberste Herrscher der Christenheit und Patrone Roms betrachten. Eine Woche später beruft Karl eine große Synode in den Lateran, den päpstlichen Amtssitz, auf der die Vorwürfe gegen den Oberhirten geklärt werden sollen – ein offener Affront gegen die beanspruchte oströmische Oberhoheit über den Papst.

Karl beabsichtigt wohl auch eine direkte Herausforderung Ostroms, denn seit einiger Zeit demonstriert er deutlichst seine Unabhängigkeit von tradierten oströmischen Oberherrschaftskonstruktionen. Als er 774 auf einen päpstlichen Hilferuf hin das oberitalienische Langobardenreich erobert und annektiert hatte, war er mit seinem Frankenreich erstmals an die Grenzen des byzantinischen Kaiserreichs gelangt und hatte damals auf eine freundschaftliche Annäherung der beiden Großmächte gesetzt. Diese Politik, in Byzanz gern erwidert, führte 781 sogar zur Verlobung des minderjährigen oströmischen Kaisers Konstantin VI. mit Karls ältester Tochter Rotrud. Aber voller Zorn reagierte Karl, als ein vom byzantinischen Kaiserhof 787 nach Nicaea einberufenes Konzil für alle Christen bindende Beschlüsse faßte, ohne daß überhaupt Vertreter aus dem fränkischen Reich – dem mächtigsten christlichen Herrschaftsgebiet außerhalb Ostroms – dort anwesend waren. In klarer Erkenntnis, daß damit seine Machtstellung untergraben werden solle, löste Karl sofort die Verlobung. Wenig später sprachen die auf Karls Veranlassung verfaßten „Libri Carolini", das bedeutendste kirchenpolitische Werk jener Zeit, dem Konzil von 787 jede universale Gültigkeit ab, bezeichneten den Kaiser in Byzanz abwertend als „König des Ostens" und deuteten an, daß die im Oströmischen Reich übliche gottgleiche Verehrung für den Kaiser ein Restelement des Heidentums sei.

Als Gegengewicht zum Konzil von 787 wurde 794 eine Fränkische Reichssynode nach Frankfurt am Main einberufen, welche die in Nicaea gefaßten Beschlüsse für rechtsunwirksam erklärte und an den Papst die Aufforderung richtete, den byzantinischen Kaiser zu exkommunizieren. Dem Papst konnte diese Haltung gegenüber Byzanz nur recht sein – wertete sie doch seine Stellung als Haupt der römisch-katholischen Christenheit gegenüber den fortgesetzten Ansprüchen der Kirchenfürsten Ostroms auf. So lautete dann auch die indirekte päpstliche Antwort auf die Frankfurter Reichssynode zwei Jahre später, König Karl möge sich doch bitte von den Römern den Treueid schwören lassen. Der Titel „Patricius Romanorum" war ihm schon 774 bei seinem ersten Rom-Aufenthalt nach der Niederwerfung der Langobarden vom Papst verliehen worden. Seit 798 wurde in Karls Hofkanzlei bereits über seine Stellung als Herrscher des „imperium christianum" nachgedacht.

Am 23. Dezember 800 setzt Karl durch, daß die Lateransynode den Papst von den gegen ihn erhobenen Vorwürfen freispricht. Alle Beschuldigungen gelten als entkräftet, weil der Papst durch feierlichen Eid erklärt, nichts Unrechtes begangen zu haben. Zwei Tage später nimmt Karl an der Weihnachtsmesse in St. Peter teil

und betet gerade am Grabe des Apostels, als unvermutet, wie Karls zeitgenössischer Biograph Einhard der Nachwelt überliefert, der Papst auf ihn zutritt und ihm eine Krone aufs Haupt setzt. Die offenbar nicht überraschten anwesenden Römer brechen in Heil- und Segensrufe für den von Gott gekrönten und Frieden schaffenden „Kaiser der Römer" aus, während der Papst sich ihm zu Füßen wirft und ihm huldigt. In diesem Moment ist im Verständnis der Anwesenden das 476 durch germanische Eroberung zerstörte weströmische Kaiserreich wiedererstanden – das „Heilige Römische Reich". Nach jahrelangen Bemühungen und diplomatischen Verhandlungen gelingt es Karl 812, auch vom oströmischen Kaiser als gleichberechtigter Herrscher anerkannt zu werden.

Die deutsche Kaiserkrone, entstanden um 962 auf der Insel Reichenau.

„Der Hl. Petrus übergibt Leo III. den Priestermantel und Karl dem Großen die Fahnen von Rom." Lithographie von 1860 nach einem um 800 entstandenen Mosaik im Lateranspalast zu Rom.

„Die Kaiserkrönung Karls des Großen 800", Gemälde von Friedrich Kaulbach, 1861.

Hastings

„Wächter“. Schachfigur aus einem in England gefundenen norwegischen Schachspiel aus dem 12. Jahrhundert.

Auf dem Kamm eines breitgestreckten Höhenrückens, etwa 15 km vom Küstenflecken Hastings in der südostenglischen Grafschaft Sussex entfernt, stehen am Vormittag des 14. Oktobers 1066 etwa 7000 englische Bewaffnete in Erwartung eines feindlichen Angriffs. Die 7000 Mann sind erschöpft, denn sie haben einen langen Marsch hinter sich: Am 25. September schlugen sie bei Stamfordbridge in Nordostengland einen norwegischen Angriff zurück und töteten den Anführer der Invasoren, den Norwegerkönig Harald, auf dem Schlachtfeld. Aber nun stehen sie einem anderen Angreifer gegenüber, der weitaus gefährlicher ist als der Norweger, weil er nicht nur Beute machen will, sondern die Herrschaft über ganz England beansprucht: Wilhelm II., Herzog der Normandie.

Aus der Verbindung des normannischen Herzogs Rollo mit einem Mädchen aus dem Volke hervorgegangen, folgte Wilhelm der „Bastard“ mit acht Jahren 1235 seinem Vater in der Herrschaft über die Normandie nach. Schon als ganz junger Mann bewies er eiserne Entschlossenheit, wenn ihm jemand seine legitime Macht schmälern wollte. 1051 hatte er einen Besuch bei seinem kinderlosen Großonkel Edward in London gemacht, der ihm bei dieser Gelegenheit versicherte, daß er den englischen Thron erben werde. Aber zu Wilhelms Enttäuschung wählten die englischen Großen nach Edwards Tod einen aus ihrer Mitte. Harold, der kluge, diplomatische und reiche Graf von Wessex war ihnen angenehmer als der zwar durch Blutsverwandschaft legitimierte Wilhelm, der sich vor allem durch brutale Entschlossenheit gegenüber dem Adel ausgezeichnet hatte.

Wilhelm dachte aber nicht daran, auf sein Recht auf den englischen Königsthron zu verzichten. Im September 1066 schiffte sich Wilhelms Heer in der Normandie ein und landete ohne jede Gegenwehr – der Gegner war in der Grafschaft York im Norden mit den Norwegern beschäftigt – am 28. September an der englischen Küste. Wilhelm ließ seine kleine Armee von höchstens 4000 Mann Fußvolk und 3000 Reitern nicht in das Landesinnere marschieren, sondern blieb an der Küste, um im Falle einer Niederlage sich schnellstens wieder auf seine Schiffe zurückziehen zu können. Zwei Wochen lang zog das normannische Heer gemächlich in Richtung Osten an der Küste entlang, bis es am 13. Oktober sei-

nen Weg versperrt fand. Harold weiß, daß der Gegner alles auf eine Karte setzen muß, wenn er nach London, den traditionellen Krönungsort der englischen Könige, gelangen will. Als Verteidigungsstellung ist der Höhenrücken gut gewählt. Aber Harolds Streitmacht ist relativ schlecht bewaffnet – ihr fehlen besonders die beweglichen Bogenschützen und die Reiterei. Wilhelm bringt dann auch zunächst seine Bogenschützen zum Einsatz, die den Engländern, wie erwartet, schwere Verluste zufügen. Aber die von den Engländern trefflich gehandhabten Steinschleudern fordern auf normannischer Seite auch ihren Tribut. Normannisches Angreifen und Zurückziehen halten sich lange Zeit die Waage, bis Wilhelm zu einer Finte greift. Er simuliert an beiden Flügeln einen Rückzug in Verwirrung, und die Engländer gehen in die Falle. Sie geben ihre feste Verteidigungsstellung auf, strömen in die Ebene und werden dort aufgerieben. Am Nachmittag fällt König Harold, womit die Schlacht zugunsten der Normannen entschieden ist. In Eilmärschen erreicht Wilhelm London. Die Stadt muß sich ihm ergeben und am 25. Dezember 1066 wird er dort als Wilhelm II. zum englischen König gekrönt. Nun spricht niemand mehr vom „Bastard" – jetzt trägt er den Beinamen „der Eroberer".

Als dem einheimischen Adel die Konsequenzen einer normannischen Herrschaft über ganz England langsam klar werden, folgen in einzelnen Grafschaften eine Reihe zorniger Erhebungen. Da sie aber unkoordiniert und in größeren Zeitabständen erfolgen, stellen sie keine ernste Gefahr für Wilhelm dar. Durch die Konfiskation ihres Besitzes verliert die angestammte angelsächsische Herrenschicht fast ihren gesamten Grund und Boden, der in den Besitz normannischer Barone übergeht. Aber dabei leitet Wilhelm eine bewußte Abkehr von kontinentalen Gepflogenheiten ein: Die Besitzungen der Barone werden über verschiedene Grafschaften verstreut, so daß kein geschlossenes Herrschaftsgebiet entsteht und die Herausbildung territorialer Fürstentümer verhindert wird. Außerdem führt Wilhelm eine neue Vasallenordnung ein. Der König selbst bleibt der Eigentümer des Grund und Bodens, so daß selbst die mächtigsten Adeligen seine Lehensleute sind. So kann Wilhelm den Grundstein für eine starke Stellung des Königtums und damit eine zentralisierte Staatsmacht legen. Daraus wird sich in England die stärkste und dauerhafteste Monarchie Europas entwickeln – zu einem Zeitpunkt, als auf dem Kontinent noch mühsam um die zentrale Machtposition des Königtums gerungen wird.

„Das sächsische Fußvolk kämpft gegen die normannische Reiterei in der Schlacht von Hastings". Ausschnitt aus dem Teppich von Bayeux, spätes 11. Jahrhundert.

Diorama der Schlacht von Hastings im Londoner Tower.

Normannische Schiffe, kolorierter Kupferstich von 1817 nach dem Teppich von Bayeux aus dem späten 11. Jahrhundert.

Zeittafel

330 Der Ort Byzantium am Bosporus wird als Konstantinopel von Kaiser Konstantin zur Hauptstadt des römischen Reiches erhoben.

391 Die Hunnen vernichten das Ostgotenreich am Schwarzen Meer. Beginn der Völkerwanderung.

410 Die Westgoten plündern Rom.

ca.450 Angeln, Sachsen und Jüten lassen sich in Britannien nieder.

451 Attilla und sein Hunnenheer werden auf den Katalaunischen Feldern geschlagen.

476 Der Germane Odoaker setzt Kaiser Romulus Augustulus (Romulus das Kaiserchen) ab. Das weströmische Reich hört auf zu bestehen.

498 Der Frankenkönig Chlodwig tritt zum Christentum über.

Gregor I. am Schreibpult, Elfenbeintafel aus Reichenau, Ende des 10. Jahrhunderts.

"Kaiser Justininian und Gefolge", Mosaik aus der Kirche San Vitale in Ravenna, vor 547.

529 Benedikt von Nursia gründet das Kloster Monte Cassino und verfaßt eine Mönchsregel, die "Regula Benedicti", die zur Grundlage des abendländischen Mönchstums wird.

535 Der oströmische Kaiser Justinian läßt das geltende römische Zivilrecht im "Corpus iuris civilis" zusammenfassen.

553 Der byzantinisch-oströmische Feldherr Narses vernichtet das 493 von Theoderich begründete Ostgotenreich in Mittelitalien.

590 Papst Gregor I. schafft durch seine Territorialpolitik die Grundlage für den Kirchenstaat in Rom und Mittelitalien.

632 Mohammed stirbt in Medina.

642 Der arabische Kalif Omar erobert Persien, nachdem er bereits 635 Syrien und 638 Palästina in Besitz nahm.

711 Die Mauren vernichten das Reich der Westgoten in Spanien.

732 Unter Führung Karl Martells werden die Mauren in der Schlacht von Tours und Poitiers geschlagen.

751 Die Langobarden erobern Ravenna und beenden damit die byzantinische Herrschaft in Mittelitalien.

751 Karl Martells Sohn Pippin setzt den letzten Merowingerkönig ab, schickt ihn mit päpstlicher Billigung ins Kloster und läßt sich selbst zum König der Franken ausrufen.

754 Bonifatius wird bei seinem Versuch, die Friesen zum Christentum zu bekehren, in Dokkum erschlagen.

762 Der arabische Kalif al-Mansur gründet Bagdad als Residenz, übernimmt das persische Hofzeremoniell und reorganisiert die Verwaltung nach persischem und byzantinischem Vorbild.

768 Karl der Große kommt an die Regierung.

788 Karl setzt Herzog Tassilo ab und gliedert Bayern dem fränkischen Reich an.

ca.790 Die Normannen (= Nordmannen, auch Wikinger genannt) beginnen, von Skandinavien aus Raubzüge nach Frankreich und England zu unternehmen.

Otto I. und seine erste Gemahlin Editha, Sitzstatuen aus Stein im Dom zu Magdeburg aus dem 13. Jahrhundert.

330 bis 1066

800 Karl der Große wird zum Kaiser gekrönt.

804 Die Sachsen werden nach mehreren Aufständen und Feldzügen endgültig der fränkischen Herrschaft unterworfen.

843 Mit dem Vertrag von Verdun teilen die Enkel Karls des Großen das fränkische Reich in drei Teile, womit die bereits sprachlich eingetretene Trennung zwischen West- und Ostfranken auch politisch ihren Niederschlag findet. Aus Westfranken geht später Frankreich und aus Ostfranken Deutschland hervor. Das Mittelreich bleibt jahrhundertelang ein Streitobjekt.

ca. 850 Schwedische Nordmannen, in Rußland Waräger genannt, errichten unter ihrem Anführer Rurik ein Herrschaftsgebiet um Nowgorod.

882 Die warägischen Herrschaftsgebiete Nowgorod und Kiew werden unter Oleg dem Weisen vereinigt. Kiew wird Hauptstadt des Warägerreiche.

912 Rollo, Anführer von dänischen Normannen, die sich seit 896 an der Seinemündung niedergelassen haben, wird Lehensmann des französischen Königs und zum Herzog der "Normandie" erhoben.

919 Sachsen und Franken wählen den Sachsenkönig Heinrich zum König.

950 Otto I., seit 936 König, unterwirft Boleslaw von Böhmen.

951 Otto I. erringt die Herrschaft in Oberitalien. Damit beginnt die bis ins 14. Jahrhundert währende Verbindung von Reichs- und Italienpolitik.

955 Die Ungarn werden durch das Heer Ottos I. auf dem Lechfeld geschlagen, wodurch die ungarischen Raubüberfälle ins Reichsgebiet ihr Ende finden.

966 Der polnische König Miezko I. tritt zum Christentum über.

968 Gründung des Erzbistums Magdeburg durch Otto I. zur Festigung des Reichskirchensystems und als Stützpunkt der Slawenmissionierung östlich der Elbe.

973 Gründung des Bistums Prag, das der Reichskirche untersteht.

988 Wladimir von Kiew heiratet eine Schwester des byzantinischen Königs Basileios II. und tritt zum Christentum über. Damit dringt die byzantinische Kirche und Kultur in Rußland vor.

1000 Gründung des Erzbistums Gnesen durch König Boleslaw I. Die polnische Kirche nimmt dadurch eine von der Reichskirche unabhängige Entwicklung.

1054 Trennung der römischen (= katholischen) von der byzantinischen (= griechisch-orthodoxen) Kirche.

1059 Der Normannenanführer Robert Guiscard wird vom Papst zum Herzog von Apulien und Calabrien in Unteritalien ernannt, nachdem er dort die Byzantinische Herrschaft beseitigt hat. In den folgenden zwei Jahren erobert er Sizilien von den Arabern.

1066 Herzog Wilhelm von der Normandie erobert England.

Die Schlacht auf dem Lechfeld, Illustration zur Meisterlinchronik von Hektor Muelich, 1457.

Kaiser, Könige und Kirche im Mittelalter

1077–1453

1077 Canossa: Die Oberhäupter von Reich und Kirche streiten sich um die Macht.

1099 Jerusalem: Die Kreuzfahrer erobern das Heilige Land.

1241 Der Mongolensturm: Dschingis Khans Horden ziehen sich ungeschlagen aus Europa zurück.

1291 Der Rütlischwur: Die Schweiz entsteht aus Protest gegen die Habsburger.

1410 Tannenberg: Der Deutsche Orden verliert seine Vormachtstellung an Polen.

1431 Jeanne d'Arc: Die Jungfrau von Orleans führt eine Wende im Hundertjährigen Krieg herbei.

1445 Gutenberg: Der Buchdruck mit beweglichen Lettern wird erfunden.

1453 Konstantinopel: Die Türken erobern das byzantinische Reich.

„Schlachtszene aus dem Hundertjährigen Krieg", französische Buchmalerei aus der Chronik des Jean Froissart aus dem 15. Jahrhundert.

Canossa

„Reichsapfel". Der goldene mit Edelsteinen verzierte Reichsapfel wurde im 12. Jahrhundert angefertigt und gehörte zu den kaiserlichen Insignien.

„Kaiser Heinrich IV. in Canossa 1077", Gemälde von Eduard Schwoiser, 1862.

Drei Tage lang steht im Januar 1077 der 26jährige deutsche König Heinrich IV. im Hof der Feste Canossa bei Parma barfuß im Büßerhemd und wartet darauf, daß der in den geheizten Gemächern weilende Papst den im Vorjahr über ihn verhängten Kirchenbann zurücknehmen möge. Am vierten Tag endlich, dem 27. Januar, löst Papst Gregor VII. dem deutschen Reichsoberhaupt den Bann unter der Bedingung, daß Heinrich IV. in Demut den Spruch seiner Richter, d. h. des Papstes als Oberhaupt der Christenheit und der Versammlung der deutschen Fürsten als Repräsentanten der weltlichen Macht im Reiche, abwarte. Was da als unglaubliche Demütigung des mächtigsten weltlichen Herrschers im damaligen Europa erscheint – und entsprechend durch die Jahrhunderte weitergetragen wird – ist in Wirklichkeit ein kluger diplomatischer Schachzug des Herrschers, der sich auf die seit kurzem veränderte Lage im Verhältnis zwischen Kirchen- und Reichsoberhaupt eingestellt hat und den Papst dabei mit seinen eigenen Waffen schlägt.

Seit den Karolingern gab es nie einen Zweifel, daß das Reichsoberhaupt das Recht hatte, in seinem Herrschaftsbereich die Kirchenfürsten einzusetzen. Das sogenannte Investiturrecht gab den Herrschern die Möglichkeit, die finanzielle und administrative Leistungskraft der Kirche zu nutzen. Auch in die Besetzung des Papstthrons griffen sie ein. So ließ Heinrich III., der

Vater Heinrichs IV., 1046, als sich drei Päpste gleichzeitig um das höchste Kirchenamt stritten, alle drei absetzen und einen deutschen Bischof aus seinem Gefolge zum Papst wählen, der ihn 1047 zum Kaiser krönte. Auch die nachfolgenden Kirchenoberhäupter kamen auf Heinrichs III. Befehl aus dem deutschen Episkopat. Nach Heinrichs III. Tode 1056 bekam Heinrich IV. – schon 1053 als Dreijähriger zum deutschen König gewählt – die Folgen der Verquickung von Kirchen- und Reichspolitik am eigenen Leib zu spüren. Während seiner Minderjährigkeit stand Heinrich IV. ganz unter dem Einfluß der Erzbischöfe von Köln und Bremen. Beide plünderten das Krongut zugunsten der deutschen Bistümer aus. 1065 mündig gewordenen, arbeitete Heinrich zielstrebig im sächsisch-thüringischen Raum auf den Aufbau einer geschlossenen königlichen Hausmacht hin, weil er erkannt hatte, daß ein Herrscher ohne ein eigenes großes Territorium zur Machtlosigkeit verdammt war. Während er im Reichsinnern immer wieder gegen Mitglieder des Hochadels vorgehen mußte, die gegen seine Hausmachtpolitik rebellierten, stellte in Rom Papst Gregor VII. 1073 den Souveränitätsanspruch des deutschen Herrschertums grundsätzlich in Frage. In seinem „Dictatus papae" erklärte er, daß dem kirchlichen Oberhaupt als Stellvertreter Gottes die Oberherrschaft in allen kirchlichen Angelegenheiten gebühre. Damit wurde den weltlichen Herrschern das Investiturrecht abgesprochen. Heinrich IV. dachte jedoch nicht daran, diese päpstliche Einmischung in reichspolitische Angelegenheiten zu akzeptieren. So kam es zum Investiturstreit, in dessen Verlauf König bzw. Kaiser und Päpste sich gegenseitig in Acht und Bann tun, absetzen und wiedereinsetzen. Die deutschen Fürsten in den Herzogtümern nutzten diesen Streit, um sich wiederholt gegen die vom König beanspruchte Zentralgewalt zu erheben.

Heinrichs Gang nach Canossa ist in dem Jahrzehnte währenden Streit, in dem es im Reich gar nicht um die Vorherrschaft von König bzw. Kaiser oder Papst geht, sondern um das Verhältnis von deutscher Zentralmacht und den Herzogtümern als Keimzellen des Landesfürstentums, nur eine Episode. Was Heinrich gerade jetzt braucht, ist die Lösung des Kirchenbanns, um im Reich wieder volle Handlungsfreiheit gegen die Fürstenopposition zu haben. Die nutzt er zunächst zur Bekämpfung eines 1077 in Deutschland erhobenen Gegenkönigs, des Schwabenherzogs Rudolf, der 1080 in offener Schlacht fällt. Das Herzogtum Schwaben überträgt Heinrich an einen Grafen von Staufen, wodurch diese Familie in die Reihe der Herzöge aufsteigt. Dann zieht er nach Italien, setzt einen Gegenpapst ein und läßt sich von diesem 1084 zum Kaiser krönen. Heinrich V., der 1106 nach dem Tode seines Vaters Reichsoberhaupt wird, zieht 1111 nach Rom, setzt den Papst und die anwesenden Kardinäle fest und erpreßt die urkundliche Anerkennung des Rechts zur Einsetzung der Kirchenfürsten in Deutschland sowie die Kaiserkrönung. Aber als er mit einem vom Papst geschürten Fürstenaufstand im Deutschen Reich konfrontiert wird, stimmt er schließlich, um den Rücken frei zu haben, 1122 im Wormser Konkordat einem Kompromiß zu: Der Papst wird künftig die deutschen Kirchenoberen mit ihren geistlichen Weihen (den „Spiritualien") versehen, das Reichsoberhaupt wird sie mit ihrer weltlichen Macht (den „Temporalien") belehnen. Der Kaiser gestattet die kanonische Wahl der Bischöfe und der Papst bestätigt, daß sie in Anwesenheit des Königs zu geschehen habe und ihm bei Meinungsverschiedenheiten das Entscheidungsrecht zustehe. Die Folge des Wormser Konkordats: Die Abhängigkeit der Bischöfe vom Kaiser wird gelockert. Sie werden aus Reichsbeamten zu Reichsvasallen, die wie weltliche Fürsten belehnt werden.

„Verleihung von Bischofs- und Fahnenlehen." Buchmalerei aus der Heidelberger Handschrift des Sachsenspiegels, um 1300/1315.

„Gregor VII. und ein Schreiber", Buchmalerei aus dem 12. Jahrhundert.

Jerusalem

„Ritter", Skulpturfragment von einem Stiftergrab in der Klosterkirche von Mehrerau (Vorderösterreich), um 1300.

„Die Eroberung Jerusalems durch Gottfried von Bouillon 1099", Gemälde von Karl Theodor von Piloty, um 1855/60.

Schon den dritten Tag versucht das Kreuzfahrerheer Jerusalem einzunehmen, als am 15. Juli 1099 gegen Mittag ein Einbruch über die Stadtmauer gelingt. Wie durch einen gebrochenen Damm strömen nun die etwa 20 000 Kämpfer des Belagerungsheeres in die Stadt und fegen den Widerstand der schwachen einheimischen Besatzung hinweg. Zwei Widerstandsnester bleiben noch übrig: Die al-Aksa-Moschee und der Davidsturm in der Zitadelle, wo sich der ägyptische Kommandant verschanzt hat. Ihm gelingt es, den Siegern den freien Abzug der Besatzung abzutrotzen. Wer sich sonst aber als Muslim oder Jude in der Stadt aufhält, ist den christlichen Eroberern ausgeliefert – und die hausen in einem wahren Blutrausch unter der Zivilbevölkerung. „Nachdem die Unseren die Heiden endlich zu Boden geschlagen hatten, ergriffen sie im Tempel eine große Zahl Männer und Frauen und töteten oder ließen leben, wie es ihnen gut schien", brüstet sich ein Teilnehmer des Gemetzels. Das Eigentum in der Stadt fällt den Eroberern zu.

Im August 1096 hatten sich die französischen, lothringischen, normannischen, deutschen und süditalienischen Ritter auf den Weg gemacht, um die Herrschaft der Ungläubigen über die allen Christen heiligen Stätten Nazareth, Bethlehem und Jerusalem zu beseitigen. Sie waren einem glühenden Aufruf Papst Urbans II. gefolgt, der 1095 auf einer Synode in Clermont mit einer mitreißenden Predigt zur Befreiung der heiligen Stätten gedrängt hatte. Dabei waren mehrere Motive ineinandergeflossen. Unter anderem sollte die überhandnehmende Fehdelust des Adels in Bahnen gelenkt und der Verbreitung des Christentums nutzbar gemacht sowie den nachgeborenen – und damit zumeist nicht erbberechtigten – Söhnen des Adels ein Weg zur Eroberung eigener Besitztümer gewiesen werden. Die bewaffnete Fahrt ins Morgenland versprach reiche Beute bei geringem Einsatz und zugleich wurde damit die Macht der Kirche demonstriert, die den Kreuzzugsteilnehmern Sündenvergebung zubilligte.

Voller Begeisterung, aber dilettantisch vorbereitet, nahm die bewaffnete „Wallfahrt", wie der Zug bezeichnet wurde, ihren Weg. Zwischen Dezember 1096 und Mai 1097 trafen die einzelnen Kontingente in Konstantinopel ein. Der Sommer verging mit schweren Kämpfen gegen die orientalischen Fürstendynastien der Seldschuken in Kleinasien, die erhebliche Verluste, aber auch Geländegewinne und manchmal reiche Beute brachten. 1098 fiel nach monatelanger Belagerung durch Verrat Antiochia. Im Januar 1099 zog das Kreuzfahrerheer weiter nach Süden. Es hatte nun mit den Ägyptern zu tun, die den Seldschuken das zeitweise gewonnene Palästina wieder abgenommen hatten. Der ungehinderte Zugang christlicher Pilger zu den heiligen Stätten des Christentums wäre zwar nach der Vertreibung der Seldschuken wieder, wie seit dem muslimischen Zugriff auf Jerusalem 638 üblich, möglich gewesen, denn die Ägypter signalisierten Bereitschaft, den „Franken" – wie alle Kreuzfahrer im Orient genannt werden – freien Zugang nach Jerusalem zu gewähren, aber die Sucht der Kreuzfahrer nach Eroberungen war zu groß. Die christlichen Befehlshaber lehnten Verhandlungen ab. Der nach einmonatiger Belagerung Jerusalems errungene Sieg scheint ihnen nun Recht zu geben.

Nach einigem Zank mit den mitgezogenen Klerikern, die Jerusalem am liebsten für den Papst in Besitz nehmen wollen, wird das Königreich Jerusalem eingerichtet. Zu seinem Oberhaupt wird am 22. Juli Gottfried von Bouillon gewählt, der allerdings auf den Königstitel verzichtet und sich in demonstrativer Bescheidenheit „Vogt des Heiligen Grabes" nennt. Zehn Tage später wird auch ein römisch-katholisches Patriarchat Jerusalem aus der Taufe gehoben. Nach dem Tode des nachgiebigen Gottfried von Bouillon läßt sich dessen Bruder Balduin im Dezember 1100 zum König von Jerusalem krönen. Der König von Jerusalem hat nur 300 Ritter als Vasallen mit insgesamt 2000 Knechten, ein schwacher Schutz inmitten feindlicher Umgebung. So werden in der Folgezeit wiederholt neue Kreuzzüge veranstaltet, die aber die ständige Bedrohung durch die Moslems nicht beseitigen können.

1187 geht Jerusalem wieder verloren, und nur geschickte Diplomatie erlaubt im Gefolge des dritten (1189–1192) und sechsten (1228/29) Kreuzzugs durch Vernunftlösungen wieder Zugang zu der Heiligen Stadt. 1244 endet auch diese Etappe – diesmal mit einer späten Rache für das Blutbad von 1099 durch ein Gemetzel unter den katholischen Einwohnern Jerusalems. 1291 fällt mit Akkon der letzte Kreuzfahrerstützpunkt an die Ägypter. Der vordere Orient bleibt islamisch.

Einschiffung der Kreuzfahrer, französische Buchmalerei aus dem 14. Jahrhundert.

Der Mongolensturm

„Mongolischer Reiter“,
Persische Keramikkachel.

Auf einem weiten Feld bei Liegnitz in Niederschlesien erwartet am 9. April 1241 ein bunt zusammengewürfelter Heerhaufen einen Feind, der seit einigen Jahren über das östliche Europa einherfällt, wie es ihm beliebt – unaufhaltbar, unschlagbar. Es handelt sich um eines der zahlreichen mongolischen Reiterheere, die seit ihrem ersten Auftauchen an der Wolga 1236, wie einst die legendären Hunnen, auf ihrem Zug eine breite Spur der Verwüstung und Versklavung hinterlassen. Aufgestellt hat das Heer, das den Mongolen den Weg nach Westen verstellen will, der piastische Herzog Heinrich II. von Niederschlesien, dessen Einflußbereich bis ostwärts von Krakau reicht, das schon eingeäschert liegt. Er hat, wie schon sein Vater, deutsche Bauern und Bergarbeiter ins Land gerufen, und von diesen stehen nun viele im Landesaufgebot unter dem Fußvolk. Schlesische und aus Polen geflüchtete Ritter bilden die Reiterei. Aber so ehrenwert der Verzweiflungskampf auch ist: In offener Feldschlacht sind die Mongolen noch nie besiegt worden, und sie verlassen auch das Schlachtfeld bei Liegnitz als Sieger. Unter den zahllosen Toten befindet sich auch Herzog Heinrich – seinen Kopf haben die Sieger als Triumphzeichen auf einen Spieß gesteckt.

Zu Beginn des 13. Jahrhunderts hatte sich nach jahrzehntelangem, blutigem Gerangel aus den verschiedenen Stämmen der zentralasiatischen Steppe ein Stammesverband unter einem Groß-Khan herauskristallisiert. Daraus war in Anlehnung an chinesische Staatsstrukturen, welche die Steppennomaden als Hilfsvölker der chinesischen Kaiser kennengelernt hatten, das mongolische Großreich hervorgegangen. Einmal staatlich organisiert und der ewigen Stammesfehden ledig, entwickelte das Nomadenvolk eine ungeahnte Expansionskraft. Den nicht-nomadischen Gegnern waren die Mongolen auf dem Gefechtsfeld an Flexibilität weit überlegen, weil sie auf ihren ausdauernden, an Entbehrungen gewöhnten struppigen Pferden Eilmärsche jeglicher Distanz bewältigen und im Angriff je nach Belieben als Schwarm oder Stoßkeil operieren konnten. In China hatten sie darüber hinaus moderne Kriegstechnik kennen- und beherrschen gelernt, so daß ihnen nicht nur im offenen Felde kaum beizukommen war, sondern auch Befestigungen

1241

nicht standzuhalten vermochten. Die Folge war, daß sie sich in den zwei Jahrzehnten der Herrschaft ihres ersten Groß-Khans Dschingis Khan riesige Gebiete in Mittelasien, Nordchina und Nordwestindien aneigneten und durch den Iran und über Kaukasuspässe bis in die südrussische Steppe strömten. Ihre Einfälle hatten überall verheerende Folgen: Zerstörung der agrarischen Grundlagen – insbesondere der Bewässerungsanlagen –, Einäscherung von Städten sowie Vernichtung oder Versklavung der Bevölkerung. Handwerk und Gewerbe wurden nur insofern geschätzt, als ihre Erzeugnisse den Ausrüstungsbedürfnissen der Krieger von Nutzen sein konnten.

Nach Dschingis Khans Tod wurde sein dritter Sohn Ögödei zum neuen Groß-Khan erwählt, dem die anderen drei Khans mit ihren selbständigen Gebieten unterstellt waren. Batu Khan, der den westlichen Teil des Großreichs erhalten hatte, wandte sich weiter in Richtung Westen auf Beutezug. Seit 1236 erschienen die Tataren – so wurden die Mongolen nach einem ihrer Ursprungsstämme in Europa genannt – in der Russischen Tiefebene, vernichteten die einzelnen russischen Fürstentümer und nahmen am 6. Dezember 1240 Kiew ein. An die Unbilden des Winters auch im freien Feld gewöhnt, legte das mongolische Heer keine Ruhepause ein und drang weiter westwärts vor. Es fiel über Galizien und Wolhynien her, legte die Städte in Schutt und Asche und machte die Einwohner nieder. Im Frühjahr 1241 teilte es sich dann in zwei Stoßrichtungen, Batu übernimmt den Angriff gegen Ungarn, sein Unterkommandant Burundai den gegen Polen. Europa war sich durchaus der Gefahr bewußt, die ihm drohte. Aber Kaiser Friedrich II. war viel zu sehr in seine Italienpolitik und die damit zusammenhängenden Auseinandersetzungen mit dem Papst verstrickt, als daß er ein Reichsheer gegen die Mongolen hätte aufstellen können. So reagiert der Kaiser auch nicht auf das flehentliche Hilfegesuch des ungarischen Königs. Nach dem mongolischen Sieg in der Schlacht bei Liegnitz am 9. April schwenkt Burundai in südöstlicher Richtung ab, wo der andere Heerhaufen inzwischen am 11. April das 60 000 Mann starke ungarische Aufgebot vernichtend geschlagen hat.

Streifscharen ziehen aus der Ungarischen bis in die Oberitalienische Tiefebene, aber der große mongolische Heereszug nach Italien bleibt erstaunlicherweise aus. Das kann sich in Europa niemand erklären. Erst etliche Zeit später bringt ein Franziskanermönch, der in einer päpstlichen Mission zum Groß-Khan unterwegs 1245 Batus Hauptquartier berührte, eine Nachricht von der Ursache des Abzugs der Horden Batus: Groß-Khan Ögödei war 1241 verstorben, und die anstehenden Thronstreitigkeiten ließen es Batu ratsam erscheinen, mit seiner Heeresmacht ins Mongolenreich zurückzukehren. Batus Ahnungen trogen ihn übrigens nicht, denn unter den Nachkommen von Dschingis Khan entbrennen erbitterte Kämpfe um Macht und Einfluß. Die Expansionsinteressen der Mongolen verlagern sich in der Folgezeit in Richtung China. Mittel- und Westeuropa sind mit dem Schrecken davongekommen.

Dschingis Khan auf dem Thron, persische Buchmalerei aus „Djamil el Tawarik" von Raschid al Din, 14. Jahrhundert.

Angriff der Mongolen auf Liegnitz, deutsche Buchmalerei, Illustration zu einer Handschrift über die Hl. Hedwig.

„Betender Ritter", Glasfenster.

Der Rütlischwur

„Und also kamen ihrer drei zusammen: der Stauffacher von Schwyz, einer der Fürst von Uri und der Melchi von Unterwalden, und jeder klagte dem anderen seine Not und seinen Kummer. Sie kamen zu Rat und schwuren zusammen." So beschreibt der älteste erhaltene schriftliche Bericht die Vorgänge um die Geburt der Schweiz, die etwa 1470 nach einer älteren Vorlage verfaßte Chronik des Kanzleischreibers von Sarn. Erst 1734 wird erstmals ein Datum für diesen Schwur auf dem Rütli genannt: Es soll der 7. November 1308 gewesen sein, jeder der Schwurgenossen habe zehn lautere Männer bei sich gehabt, und am Neujahrstage 1309 hätten sich dann die Verschworenen erfolgreich gegen die Vögte und Herren der habsburgischen Bedrücker erhoben und sie verjagt. Aber die entscheidende Urkunde über ein Bündnis der drei Waldstätten datiert schon vom 1. August 1291. Sie bezeugt einen „Ewigen Bund" zwischen Schwyz, Uri und Nidwalden zum gegenseitigen Schutz und zur Verteidigung ihrer Rechte.

„Der Rütlischwur", zeigt die drei ersten Eidgenossen. Kolorierter Holzschnitt aus „Schweytzer Chronick ... durch J.R.Stumpfen gemehret", Zürich 1606.

Die Waldstätten waren im Zuge des Landesausbaus im 9./10. Jahrhundert aus königlichen Waldgebieten herausgerodet worden. Die von in Markgenossenschaften organisierten Bauern besiedelten Gebiete waren reichsfrei. Dies bedeutete, daß sie eine eigene Gerichtsbarkeit direkt unter dem Reichsoberhaupt besaßen, das sich lediglich die hohe (d. h. Blut-) Gerichtsbarkeit vorbehielt, mit der es einen Gerichtsvogt be-

Die Schweizer Fahne, Aquarell, 20. Jahrhundert.

Die berühmte Apfelschuß-Szene aus der Sage von Wilhelm Tell: Auf Anordnung des Landvogtes Geßler muß Wilhelm Tell einen Apfel vom Haupte seines Sohnes schießen. Kolorierte Federlithographie, von der französischen Druckerei Epinal als Bilderbogen herausgegeben, um 1850.

traute. Die Gerichtsvogtei für die Schwyz konnten sich Mitte des 13. Jahrhunderts die Habsburger sichern. Gegen die Vögte stand den reichsfreien Waldsassen die Appellation an den König bzw. Kaiser frei. Die Regelung mußte nur in dem Moment bedenklich werden, wenn Vogtei und Herrschaft im Reich in einer Hand lagen. Rudolf von Habsburg als 1273 gewähltes Reichsoberhaupt verstand die Sorge der Waldstätten und versicherte 1281 den Schwyzern, sie sollten nie vor anderen Richtern zu erscheinen haben als vor ihm selbst, seinen Söhnen und ihren in den Tälern von ihnen selbst gewählten Regierungsvertretern. Da Rudolf aber vornehmlich Reichs- und europäische Politik betrieb, konnte er sich wenig um die Alpenbauerntäler rund um den Vierwaldstätter See kümmern. So konnte es passieren, daß untergeordnete Beamte mit dem Titel eines Landpflegers gegen die dortige Selbstverwaltung mit Schikanen vorgingen, um die Waldstätten unter ihre Verwaltungshoheit zu bringen. Ziel war wohl die politisch-administrative Beherrschung der nördlichen Zufahrtsstraße zum vielgenutzten St.Gotthard-Paß, die durch das Territorium der Waldstätten führte.

Die Waldstätten wehrten sich natürlich dagegen, und eine dieser Widerstandsaktionen könnte die Ermordung des Conrad von Tillendorf im Winter 1290/91 durch einen Mann aus dem Tal Uri gewesen sein, die in der Tell-Sage ihren Niederschlag fand. Noch 1289 hatten die Schwyzer dem Kaiser ihre Ergebenheit demonstriert, indem sie ihm 1500 Mann zur Belagerung von Besançon zusandten, wofür Rudolf ihnen das Recht gab, das kaiserliche Banner zu zeigen: ein weißes Kreuz auf rotem Grund! Im Februar 1291 erneuerte Kaiser Rudolf den Waldsassen sein Versprechen von 1281, daß er ihnen keine fremden Richter schicken werde. Aber als Ende Juli 1291 die Nachricht vom Tode Kaiser Rudolfs eintrifft, beschwören Uri, Schwyz und Nidwalden ihren „Ewigen Bund", der sich gegen die Habsburger richtet. Noch 1291 schließen sich Obwalden und die Bürger Zürichs an. Die in den folgenden zwanzig Jahren die Reichspolitik bestimmenden Streitereien zwischen Königen und Gegenkönigen können sie geschickt nutzen, um 1297 für Uri und Schwyz, 1309 auch für Ob- und Nidwalden, jetzt als Unterwalden zusammengehörig, vom Reichsoberhaupt die Reichsfreiheit bestätigt zu bekommen, was 1309 durch die Schaffung einer eigenen Reichsvogtei für alle drei Waldstätten rechtlich noch besonders untermauert wird.

„Die Schlacht bei Morgarten", Buchmalerei aus „Amtliche Chronik" von Diebold Schilling, um 1450.

Um die unbotmäßigen, stets gegen seine Familie Partei nehmenden Bergbauern endgültig der habsburgischen Herrschaft zu unterwerfen, marschierte 1315 ein Bruder des amtierenden Königs Friedrich von Habsburg mit einem beträchtlichen Ritteraufgebot zum Vierwaldstätter See. Auf dem unwegsamsten Marschabschnitt, am Abhang des Morgartenberges, sperren die Eidgenossen durch Bäume und Felsen die Straße und rollen das ganze Ritterheer von hinten auf, das völlig vernichtet wird. Keine vier Wochen später schließen sie einen erneuerten „Ewigen Bund", der den Landfriedensbund von 1291 in einen Abwehrbund gegen Habsburg wandelt. Ihm treten bis 1353 Luzern, Zug, Zürich, Glarus und Bern bei, die dann in der künftig noch erweiterten Eidgenossenschaft als die „acht alten Orten" firmieren. 1499 erhält die Schweiz im Frieden von Basel ihre politische Unabhängigkeit. Damit scheidet die Schweiz aus der deutschen Reichsgeschichte aus, obwohl sie erst 1648 endgültig vom Reich getrennt wird.

Tannenberg

Statuten des Deutschen Ordens, Handschrift auf Pergament, um 1442.

„Der Tannhäuser" als Deutschordensritter gekleidet. Buchmalerei auf Pergament aus dem in Zürich in der 1. Hälfte des 14. Jahrhunderts entstandenen „Codex Manesse".

„Die Schlacht bei Tannenberg-Grunwald", Gemälde von Wojciech Kossak, 1931.

Am 15. Juli 1410 stehen sich in der Nähe der Dörfer Tannenberg und Grunwald die Heere des Deutschen Ordens und von Polen-Litauen gegenüber. Der Befehlshaber des Ordensheeres, Hochmeister Ulrich von Jungingen, ist siegesgewiß: Seine Kernmacht besteht aus Rittern des Deutschen Ordens, beritten, gepanzert, im Schwertkampf erfahren, durch strenge Ordensregeln diziplininiert. Nicht ganz so verläßlich müssen die adligen Lehnsleute des Ordens eingeschätzt werden, die zwar zum Kriegsdienst gekommen, aber bekanntermaßen schon seit längerem unzufrieden mit ihrem Lehnsherrn, dem Orden, sind. Um die Mittagszeit beginnt die Ordensreiterei mit dem Angriff. In dem Kampfgetümmel fällt der Hochmeister. Als sich die Nachricht von seinem Tod im Ordensheer verbreitet, verlassen zahlreiche Lehnsritter das Schlachtgeschehen, und das polnisch-litauische Heer erringt den Sieg.

Es ist nicht die erste schwere Niederlage in der Geschichte des Deutschen Ordens. Als „Orden des Spitals Sankt Mariens vom Deutschen Hause" war er wie andere geistliche Ritterorden 1198 bei Akkon gegründet worden. Obwohl mit reichem Landbesitz in Palästina gesegnet, suchte er dennoch bald anderswo Betätigung in der Bekämpfung der Heiden, um ein eigenes Herrschaftsgebiet zu erobern. So trat er 1211 im ungarischen Grenzgebiet gegen die Kumanen an, aber als sein Streben nach einer eigenen unabhängigen Landesherrschaft allzu offensichtlich wurde, mußte er 1225 eine schwere politische Niederlage einstecken und Ungarn den Rücken kehren. Da kam ihm 1226 der Hilferuf des polnischen Herzogs Konrad von Masowien gerade recht, der um Hilfe gegen die zwischen Weichsel und Memel ansässigen heidnischen Pruzzen bat. Nachdem sich der Orden von Friedrich II. hatte zusichern lassen, daß alle eroberten Gebiete Ordensland werden sollten, setzte er sich 1226 nördlich des Weichselknies fest und gründete dort 1231 seine erste Stadt – Thorn, benannt nach dem Berg Toron in Palästina. Dann ließ er sich einen päpstlichen Aufruf zum Kreuzzug gegen die Pruzzen erteilen und drang innerhalb von zwei Jahrzehnten bis zur Ostseeküste vor, wo er 1237 Elbing, um 1250 Memel und 1255 Königsberg gründete. Die Pruzzen, die noch als Stammesverband organisiert waren, leisteten wütenden Widerstand, waren aber auf die Dauer eindeutig unterlegen – 1294 scheiterte ihr letzter Aufstand. Um das Land zu kolonisieren, rief der Orden deutsche Ritter, Bauern, Handwerker und Kaufleute herbei, die durch die „Kulmer Handfeste" von 1233 Magdeburger Stadt- und verlockend günstiges Lehns- und Bauernrecht erhielten. So blühte das Land bald auf, zumal Adelsfehden unter dem strengen Regiment des Ordens unbekannt waren, und die in großer Zahl gegründeten Städte in hohem Maß von der geographischen Lage des Ordensgebiets als Durchgangsland im ost-westeuropäischen Warenverkehr profitierten.

Territorial expandierte der Deutsche Orden weit über das Pruzzenland hinaus: Schon 1237 dehnte er sein Herrschaftsgebiet durch Verschmelzung mit dem dortigen Schwertbrüderorden nach Livland aus. Aber im April 1242 handelte sich der Orden gegen den Nowgoroder Fürsten Alexander Newski auf dem Eise des Peipussees eine schwere Niederlage ein. Sie stoppte für immer Expansionsabsichten in diese nordöstliche Richtung. Im Westen konnte der Orden 1306 sein Territorium durch Pomerellen abrunden. 1309 nahm der Hochmeister des Ordens, der 1271 nach dem Verlust seiner palästinensischen Burg an die Muslime nach Venedig gegangen war, seinen Sitz im Komturschloß Marienburg, das bis 1398 zur großartigsten Feste im Ordensland ausgebaut wurde.

Als sich Litauen und Polen 1386 durch die Taufe des Litauer-Großfürsten Jagailas und dessen anschließende Wahl zum polnischen König als Wladislaw Jagiello in Personalunion vereinen, verliert der Orden seine Missionsaufgabe. Auch im Inneren ziehen sichtbar Wolken auf. Die Städte leiden unter der Konkurrenz der profitablen Eigenwirtschaft des Ordens. Trotz der militärischen Niederlage 1410 bleiben dem Orden Gebietsverluste weitgehend erspart, als er in Thorn am 1. Februar 1411 Frieden mit Wladislaw Jagiello schließt. Aber der Nimbus des Ordens ist bei seinen eigenen Untertanen dahin. Als er ihnen neue Lasten zumutet, stehen sie 1454 gegen ihn auf und reduzieren mit polnischer Hilfe 1466 den Ordensstaat auf ein Drittel seines Territoriums – als Machtfaktor im Baltikum ist er damit ausgeschaltet. Unter dem Hochmeister Albrecht von Brandenburg, der zur Reformation übergetreten war, wird der Ordensstaat 1525 in ein weltliches Herzogtum umgewandelt.

„Verbrennung eines Ordensritters im Kampf gegen die Pruzzen", Gemälde von Joseph Anton Baumann, um 1740.

Jeanne d'Arc

Die sensationslüsternen Massen drängen sich am Vormittag des 30. Mai 1431 auf dem Alten Markt von Rouen, um einem grausigen Spektakel zuzusehen: der öffentlichen Verbrennung einer Ketzerin. Bei der Verurteilten handelt es sich um jenes Mädchen, das seit zwei Jahren als „Jungfrau von Orléans" in aller Munde ist. Die einen halten sie für eine göttliche Lichtgestalt, ausgesandt zur Errettung Frankreichs von englischer Herrschaft, die anderen können ihre kurze, phänomenale militärische Laufbahn nur auf teuflisches Blendwerk zurückführen. In einem langen weißen Büßerhemd, das mit Schwefelflocken bedeckt ist, damit es auf dem Scheiterhaufen besser brennt, wird sie vom Scharfrichter über die aufgeschichteten Reisigbündel getragen und an Schultern, Taille, Schenkeln und Knien an den bereitstehenden Pfahl gefesselt. Gefaßt erduldet sie den Feuertod. Um jede Erinnerung an die Ketzerin auszulöschen, wird ihre Asche in die Seine gestreut.

Schon seit fast einhundert Jahren tobt auf dem Boden Frankreichs, nur von wenigen unsicheren Friedensperioden unterbrochen, der Streit zwischen dem englischen und dem französischen Königshaus um die Herrschaft in Frankreich. 1337 hatte der französische König dem englischen Regenten, der auf Grund seiner Heirat mit der Schwester des letzten Kapetingerkönigs Ansprüche auf den französischen Thron angemeldet hatte, das südwestfranzösische Herzogtum Aquitanien, ein französisches Lehen an die englische Königsfamilie, entzogen. Daraufhin landete 1346 ein englisches Heer in der Normandie und schlug das französische Ritterheer bei Crécy vernichtend. Das Schlachtenglück wechselte: Hatte Frankreich 1360 noch gut ein Drittel seines Territoriums an den englischen König abtreten müssen, so waren fünfzehn Jahre später den Engländern nur noch Calais und die Gironde-Mündung verblieben.

Jeanne d'Arc leitet den Sturm auf Paris im September 1429, französische Buchmalerei aus „Les Vigiles de Charles VII." von Martial d'Auvergne, um 1484.

Seit 1385 entstand aber an der französischen Ostgrenze mit dem Herzogtum Burgund eine neue politische Macht, die die Engländer 1416 zum Bundesgenossen gewinnen konnten. 1420 stimmte der geistesgestörte französische König Karl VI. einer Ehe seiner Tochter mit dem englischen König Heinrich V. und seiner eigenen faktischen Absetzung zu, worauf sich sein Londoner Schwiegersohn nun auch König von Frankreich nannte. Karls Sohn erkannte als rechtmäßiger französischer Thronfolger den Handel von 1420 zwar nicht an, aber sein Machtbereich beschränkte sich auf das Land südlich der Loire. Militärisch zu schwach, wagte er es nicht, durch die feindlichen Linien nach Reims, dem traditionellen Krönungsort, zu ziehen. 1428 gingen die Engländer und Burgunder gegen Orléans vor, das als Schlüssel zum Territorium Karls VII. galt. Die Belagerung der Stadt zog sich hin, als im Februar 1429 ein des Lesens und Schreibens unkundiges Bauernmädchen in Männerkleidung bei Karl VII. erschien und sich als Erretterin Frankreichs anbot.

„La Pucelle! Jeanne d'Arc an der Spitze ihres Heeres", Gemälde von Franck Craig, 1907.

1412 in Domremy, einem Flecken an der Grenze zwischen der Champagne und Lothringen in einer Bauernfamilie geboren, wurde die tiefreligiöse Jeanne d'Arc, wie sie bald genannt wurde, seit 1425 von Halluzinationen heimgesucht, die sich zu einer von der heiligen Katharina und der heiligen Margaretha überbrachten göttlichen Botschaft verdichteten: Sie sei auserwählt, Frankreich zu retten. Im benachbarten Städtchen Vaucouleur glaubte man ihren Visionen und stattete sie mit Pferd, Rüstung und Waffen aus. Karl VII. war in einer derart ausweglosen Lage, daß er im April 1429 Jeanne zur Führerin der Kampfhandlungen um Orléans ernannte. Die Franzosen konnten im Mai tatsächlich den Belagerungsring sprengen und die Engländer zum Rückzug zwingen. In die dadurch entstehende Lücke hinein stießen die Franzosen nun bis Reims vor. Am 17. Juli 1429 wurde Karl VII. in der Kathedrale zu Reims in Gegenwart von Jeanne d'Arc zum König gekrönt. Freiwillig beteiligt sich Jeanne weiter an riskanten militärischen Unternehmungen. Bei einem Ausfall aus dem belagerten Compiègne im Mai 1430 wurde sie von den Burgundern gefangen, die sie im November für 10 000 Goldfranken an die Engländer auslieferten. Der englischen Seite kommt es darauf an, sie als Hexe darzustellen. Wenn Karl VII. sich unter der Führung einer Teufelsbuhle hatte nach Reims führen lassen, dann war seine dortige Krönung ein Sakrileg und ungültig. So steht bei diesem Scheinprozeß vor französischen Klerikern, die englische Interessen vertraten, das Ergebnis von vornherein fest. Jeanne erhält nicht einmal einen Verteidiger. Unter Androhung der Folter gibt sie nach Monaten zu, daß die von ihr gehörten Stimmen vielleicht doch nicht göttlichen Ursprungs gewesen seien, widerruft aber und verfällt damit als rückfällige Ketzerin dem Feuertod. Der englischen Herrschaft über Frankreich bringt ihr Tod aber auf die Dauer keinen Gewinn. 1435 schert Burgund aus dem englischen Bündnis aus, und Karl VII. zieht 1437 feierlich in Paris ein. In den vierziger Jahren wird ein stehendes Heer aufgestellt, das 1453 die Engländer auch aus der Gironde vertreibt. Damit endet der Hundertjährige Krieg, der England nur noch Calais läßt. 1457 läßt Karl den Prozeß von 1431 anhand der Akten überprüfen und teilt der Welt das Ergebnis mit: Jeanne d'Arc, längst im Volk zur Nationalheldin geworden, war keine Hexe!

Denkmal der Jeanne d'Arc als siegreiche Kriegerin auf der Place des Pyramides in Paris von Emmanuel Fremiet, 1899.

„Das Martyrium der Johanna von Orleans", kolorierter Holzstich, von der französischen Druckerei Epinal als Bilderbogen verbreitet, um 1860.

Gutenberg

Die Buchdruckpresse Gutenbergs.

Beginn des Lukasevangeliums in einem mit handgemalten Initialen und Verzierungen geschmückten Exemplar der „Gutenbergbibel“, vollendet gegen 1455.

„Buchdruckerei“, Kupferstich von Matthäus Merian d.Ä., Frankfurt/M. 1632.

Der Goldschmiedemeister Johann Gensfleisch zur Laden zum Gutenberg, der sich selbst der Einfachheit halber nur Gutenberg nennt, darf 1444 nach zehnjährigem Exil aus Straßburg wieder in seine Heimatstadt Mainz zurückkehren. Er richtet eine Werkstatt ein, um einer geheimnisvollen neuartigen Kunst nachzugehen: dem Gießen von Lettern und deren Zusammenstellung zu Texten, die er dann über eine Presse auf Papier drückt und sichtbar macht. Ein Jahr nach seiner Rückkehr in die Vaterstadt legt er ein erstes Ergebnis seiner Experimente vor – das Gedicht „Weltgericht“ erscheint im Druck, aber er arbeitet weiter an einem großen Werk: Die gesamte Bibel soll kunstvoll verziert gedruckt erscheinen. Der Gewinn erscheint vielversprechend, denn in der

1445

Die Ausstattung der gedruckten Bücher für den gehobenen Kundenkreis orientierte sich weiterhin an der Handschriftentradition. Hier ein in geprägtem Leder eingebundener Band aus der Bibliothek der Fürsten zu Anhalt-Dessau aus dem Jahre 1552.

Zeit, die ein Kopist zur Herstellung eines Exemplares braucht, wird Gutenbergs Werkstatt dutzende von Büchern produzieren, die alle von einem einzigen Druckstock herrühren.

Schon seit Jahrzehnten tüftelte Gutenberg an neuen Methoden des Schriftendrucks. Vervielfältigungen mittels des Drückens von Druckstöcken auf Papier oder Pergament anzufertigen, war zu dieser Zeit schon nichts Außergewöhnliches mehr. Seit dem Ausgang des 14. Jahrhunderts schnitt man in Europa nach dem Vorbild der Stoffdruckmodel Illustrationen in Holztafeln, bestrich diese mit einer Rußpaste und preßte diese Druckmodel auf eine Unterlage – wieder und wieder konnte man das tun und so beliebig viele Abzüge herstellen. Bei der Massenfabrikation von Spielkarten, die gerade in Mode kamen, wurde diese Drucktechnik immer weiter verfeinert. Texte setzte man zunächst handschriftlich unter das gedruckte Bild, später schnitt man den Text mit in den Druckstock, was aber sehr mühselig und aufwendig war. Hier war eine technische Weiterentwicklung dringend nötig und hier setzten Gutenbergs Experimente mit beweglichen Lettern an. Es galt, eine Gießvorrichtung zu entwickeln, die ermöglichte, daß die vielen Lettern eines Buchstabens stets die gleiche Qualität hatten und in Höhe, Breite, Dicke nicht voneinander abwichen. Das wiederum setzte ein Material voraus, das leicht zu gießen war, aber sich bei vielfachem Gebrauch nicht abnutzte. Für beides fand Gutenberg eine Lösung. Schließlich mußte eine Presse konstruiert werden, die ein Verschieben des Papiers beim Druckvorgang verhinderte, damit die Abdrücke unverwischt und scharf aufs Papier gebracht werden konnten. Hierfür nahm sich Gutenberg Weinpressen zum Vorbild, entwickelte sie weiter und ließ einen speziell für seine Zwecke entwickelten Typ in mehreren Exemplaren bauen.

Die jahrelangen Versuche, in Straßburg begonnen und nach der Rückkehr nach Mainz weitergeführt – hier entstehen Druckpresse und Druckerballen, der das gleichmäßige Auftragen der Druckfarbe garantiert – gehen ins Geld. Im Oktober 1448 muß Gutenberg erstmals ein größeres Darlehen aufnehmen, dem weitere folgen. 1449 vermittelt ihm der Mainzer Geschäftsmann Johann Fust die gewaltige Summe von 800 Gulden als Kredit, für den die Werkstatt als Sicherheit gilt. 1452 ist endlich alles auf dem technischen Stand, daß Gutenbergs Werkstatt mit dem Druck der Bibel beginnen kann. Drei Jahre später liegt auf 1282 Seiten das Erzeugnis vor, das nicht etwa nur die 24 Buchstaben des lateinischen Alphabets aufweist, sondern – den handschriftlichen Prachtausgaben der Bibel mit ihren Schnörkeln und Buchstabenverbindungen nachempfunden – 47 große und 243 kleine verschiedene Lettern und Letterverbindungen. Sechs Setzer und sechs Drucker auf sechs Pressen haben an der Herstellung dieses technisch wie ästhetisch gleichermaßen meisterhaften Druckerzeugnisses fast drei Jahre lang gearbeitet. Entstanden sind nicht ganz 200 Exemplare, davon ca. 35 auf Pergament. Der Preis des Papierexemplars beträgt 40 Gulden, der des auf Pergament gedruckten 60 Gulden, etwa der Gegenwert von 80 geschlachteten Kälbern. Aber zu dieser Zeit sind Gutenbergs Schulden auf über 2000 Gulden angewachsen: 1457 ist er unwiderruflich zahlungsunfähig. Seine Werkstatt geht an den inzwischen zu seinem Teilhaber gewordenen Fust über, der vom technischen Vorgang nichts versteht und sich deshalb Gutenbergs Gesellen Peter Schöffer als Teilhaber in das Unternehmen holt. Der ruinierte und verarmte Erfinder Gutenberg lebt dank der Gnade des Erzbischof-Kurfürsten von Mainz von einer Naturalrente, die mit dem Titel eines Hofdieners verbunden ist, noch bis 1468 in seiner Vaterstadt. Fust und Schöffer drucken weiter mit Gutenbergs Lettern und Zeichen. 1457 legen sie das erste Druckerzeugnis im Dreifarbendruck vor – ein Verfahren, das Gutenberg bei seinem Bibeldruck auch anwenden wollten, aber noch nicht technisch umsetzten konnte.

Gutenbergs Pilotleistung ist von wahrhaft welthistorischer Bedeutung und leitet eine völlig neue Epoche der menschlichen Kommunikation ein. Schnell verbreitet sich die neue Erfindung in Deutschland und Europa. Bis zum Ende des 15. Jahrhunderts werden – hauptsächlich in Deutschland und Italien – bereits rund 30 000 Werke mit einer Gesamtauflage von etwa 30 Millionen Exemplaren gedruckt. Humanismus und Reformation verdanken ihre Verbreitung zum erheblichen Teil dieser neuen Form des Informationsaustauschs.

Konstantinopel

„Das türkische Heerlager vor Konstantinopel", französische Buchmalerei aus der Werkstatt des Jean Mielot, 1455.

Sultan Mehmed Fatih (der Eroberer) beim Einzug in Konstantinopel, Gemälde, 19. Jahrhundert.

Sultan Mehmed II. reitet langsam durch das eroberte Konstantinopel zur 900 Jahre alten, einst unter Kaiser Justinian erbauten Kirche der Hl. Sophia, steigt gemächlich aus dem Sattel und begibt sich in das Innere des Gotteshauses. Dort rollen Höflinge den Gebetsteppich vor ihm aus, der Sultan wendet sich in Richtung Mekka und kniet nieder: Das erste muslimische Gebet im Kultzentrum der griechisch-orthodoxen Christenheit wird am 2. Juni 1453 gesprochen. Der Sultan ist das Haupt der Osmanen-Dynastie, die ihren vom Volk der Türken getragenen Staat in zwei Jahrhunderten von einem anatolischen Emirat durch die Eroberung der größten Teile Kleinasiens und des Balkans zu einer Großmacht auf der asiatisch-europäischen Grenzscheide gemacht hat.

Anstelle der byzantinischen Kaiser werden nun die osmanischen Herrscher ihren Sitz in der einstigen Hauptstadt des oströmischen Reiches nehmen, die als Hauptstadt des Türkischen Reiches nicht mehr Konstantinopel, sondern Istanbul heißt. Um die neue Metropole des Osmanenreichs mit Angehörigen des türkischen Staatsvolks zu besiedeln, ordnet der Sultan die Umsiedlung der Bevölkerung der kleinasiatischen Stadt Aksaray nach Istanbul an. Als immer noch nicht genug Leben für die Hauptstadt einer Großmacht in den Gassen herrscht,

Türkischer Paradehelm aus geschwärztem Stahl, mit Gold, Türkisen und Rubincabochons verziert, Ende des 16. Jahrhunderts.

Das Innere der 532–537 als christliche Kirche errichteten und seit 1453 als Moschee genutzten „Hagia Sophia" in Istanbul.

werden Griechen aus allen Teilen des Osmanenreiches, Armenier und Juden zwangsweise angesiedelt, so daß Istanbul in etwa das Völkergemisch des Reichs unter dem Sultanszepter widerspiegelt. Neben einer staatstragenden türkischen Bevölkerung, aus der sich auch der größte Teil der Oberschicht rekrutiert, existiert die bunte Vielfalt der Unterworfenen mit ihren neben der herrschenden islamischen Religion geduldeten verschiedenen anderen Bekenntnissen.

Die Einnahme Konstantinopels war auch aus der Sicht der Verteidiger 1453 kaum noch zu verhindern. 1430 hatten die Türken die zweitgrößte Stadt des schon erheblich zusammengeschrumpften Kaiserreichs, Thessaloniki, eingenommen. Daraufhin hatte sich Kaiser Johannes VIII. zu dem Entschluß durchgerungen, auch das Letzte zu wagen, um sich der Hilfe des christlichen Europa zu versichern. Er bot die praktische Unterwerfung der Ostkirche unter die päpstliche Oberhoheit an. 1439 wurde tatsächlich eine Union beider Kirchen erreicht, und der Papst rief zu einem Kreuzzug zur Rettung des christlichen Byzantinischen Reichs auf. Er begann 1443 unter der Beteiligung deutscher, französischer, böhmischer, ungarischer und polnischer Kontingente und führte zunächst unter der Leitung des begabten ungarischen Feldherrn Hunyádi zu erheblichen militärischen Erfolgen, brachte den Besitz der Balkanpässe und zwang Sultan Murad II. 1444 zum zehnjährigen Frieden von Adrianopel. Die Koalition verspielte den Erfolg durch Wiederaufnahme des Krieges bald nach dem Friedensschluß. Sie wurde daraufhin am 11. November 1444 bei Warna vernichtend geschlagen, und die Machtgewichte auf dem Balkan verlagerten sich wieder zugunsten der Türken. Hinzu kam, daß die Kirchenunion von 1439 und die damit verbundene europäische Unterstützung ins Wanken geriet, weil fanatisierte Massen im Byzantinischen Reich jede Unterwerfung unter den Papst ablehnten. Kein Geringerer als der Befehlshaber der byzantinischen Flotte brachte eine stark verbreitete Stimmung zum Ausdruck, wenn er äußerte, er wolle lieber unter dem türkischen Turban als unter der päpstlichen Tiara leben!

Mit dem Regierungsantritt Sultan Mehmeds II. 1451 tritt die osmanische Expansionspolitik in eine neue Phase. Es ist klar, daß vor einem weiteren Vorgehen in Anatolien, Walachien, Griechenland und an der Nordküste des Schwarzen Meeres der lästige Stachel am Bosporus zu entfernen ist. Im April 1453 beginnt die Belagerung Konstantinopels. Anfangs werden die Belagerten noch von der See her mit Waffen und Lebensmitteln versorgt, und der Hafen der Stadt, im Goldenen Horn gelegen, ist durch schwere eiserne Ketten gesperrt, die den türkischen Schiffen die Zufahrt verwehren. Aber die Türken schaffen es, ihre Schiffe auf gefetteten Bohlen über Land ins Goldene Horn zu schaffen und damit eine zweite Belagerungsfront aufzumachen. Der Sturmangriff der Janitscharen im Morgengrauen des 29. Mai können die Verteidiger nichts entgegensetzen.

Im Straßenkampf kommt auch Kaiser Konstantin XI. Paleologos um – der letzte byzantinische Herrscher. Sein Tod symbolisiert das Ende einer tausendjährigen christlichen Kultur eigener Art, die viel stärker als der westeuropäische Raum an die Antike angeknüpft hatte.

Zeittafel

1075 Beginn des Investiturstreits zwischen Papsttum und Reichsoberhaupt.

1095 Papst Urban II. ruft auf der Synode von Clermont zum Kreuzzug auf.

1099 Eroberung von Jerusalem durch die Kreuzfahrer.

1122 Ende des Investiturstreits durch das Wormser Konkordat. Damit endet die von Otto I. eingeleitete Reichskirchenpolitik, in der sich die Reichsoberhäupter der Verwaltungs- und Organisationskenntnisse der katholischen Kirche bedienten.

1157 Albrecht der Bär erobert Brandenburg und errichet die Mark Brandenburg in dem bis dahin slawischen Gebiet.

1171 Der englische König Heinrich II. beginnt, Irland zu erobern.

1179 Portugal wird vom Papst als selbständiges Königreich anerkannt.

1185 Minamoto Yoritomo zwingt den Tenno, ihn zum erblichen Shogun zu ernennen.

1187 Jerusalem wird durch Sultan Saladin eingenommen.

1190 Kaiser Friedrich I. Barbarossa ertrinkt während des Vierten Kreuzzugs im Fluß Saleph.

1204 Der Vierte Kreuzzug endet durch venezianische Intrigen mit der Eroberung Konstantinopels und der Errichung eines lateinischen Kaiserreichs, das bis 1261 besteht.

1206 Das Sultanat Delhi wird gegründet.

1215 Der englische König Johann Ohneland wird von seinen Baronen gezwungen, die "Magna Charta" zu unterzeichnen, die den Baronen die Erblichkeit ihrer Lehen sowie das Steuerbewilligungsrecht zugesteht.

Kaiser Friedrich I. Barbarossa als Kreuzfahrer, bayrische Buchminiatur, 1188.

1227 Durch die Schlacht bei Bornhöved, in der die norddeutschen Fürsten den dänischen König Waldemar II. schlagen, wird die dänische Vormachtstellung gebrochen.

1230 Der deutsche Orden setzt sich im Kulmer Land fest.

1232 Kaiser Friedrich II. bestätigt im "Statut zugunsten der Fürsten" die territorialen Hoheitsrechte der Fürsten und begünstigt dadurch die Herausbildung von Territorialstaaten auf deutschem Boden bei schwacher Zentralgewalt.

1258 Die Mongolen zerstören Bagdad.

1261 Grönland wird norwegisch, ein Jahr später auch Island.

1264 Kublai Khan, Enkel von Dschingis Khan, verlegt seine Residenz nach Peking.

1284 England annektiert Wales.

1291 Uri, Schwyz und Unterwalden schließen einen "Ewigen Bund".

1301 Gründung des osmanischen Reiches durch Sultan Osman I.

1314 In der Schlacht von Bannockburn gegen die Engländer erringt Schottland seine Unabhängigkeit.

1339 Beginn des Hundertjährigen Krieges zwischen England und Frankreich.

1346 Stefan Duschan läßt sich zum "Kaiser der Serben und der Griechen" krönen.

Kublai Khan läßt Münzen prägen. Französische Buchmalerei aus einem Exemplar von Marco Polos Reisebeschreibung, 1375.

1356 Kaiser Karl IV. erläßt die "Goldene Bulle", durch welche die Macht der sieben Kurfürsten, die zur Kaiserwahl berechtigt sind, vergrößert wird.

Schlacht gegen die Mauren, Illustration zu "Le rommans de Godefroy de Bouillon", aus dem 14. Jahrhundert.

1358 Aus dem Zusammenschluß des 1259 gebildeten Bundes der Städte Hamburg, Lübeck, Wismar und Rostock sowie der 1281 von Kölner und westfälischen Kaufleuten gegründeten Hanse in London geht die Hanseorganisation hervor.

1370 Höhepunkt der Macht der Hanse. Im Vertrag von Stralsund erhält sie Mitspracherecht bei der Wahl der dänischen Könige.

1386 Personalunion zwischen Polen und Litauen.

Hanseschiffe im Hafen, Miniatur aus einer Handschrift des Hamburger Stadtrechts, 1487.

Goldbulle (= Siegel) Kaiser Friedrichs II. aus dem Jahre 1232.

1389 Die Türken schlagen die Serben in der Schlacht auf dem Amselfeld.Serbien wird ein türkischer Vasallenstat.

1396 Bulgarien wird Provinz des Osmanenreiches.

1410 Der Deutsche Orden wird in der Schlacht bei Tannenberg von dem polnisch-litauischen Heer besiegt.

1417 Kaiser Sigismund belehnt auf dem Konstanzer Konzil den Nürnberger Burggrafen Friedrich von Hohenzollern mit der Mark Brandenburg.

1431 Hinrichtung der Jungfrau von Orléans.

1439 Griechisch- und russisch-orthodoxe Kirche trennen sich.

1445 Gutenberg erfindet den Buchdruck mit beweglichen Lettern.

1453 Konstantinopel wird von den Türken erobert.

Aufbruch in die Neuzeit

1492–1532

1492 Granada: Das letzte maurische Emirat auf spanischem Boden kapituliert.

1492 Christoph Kolumbus: Amerika wird entdeckt.

1498 Der Seeweg nach Indien: Vasco da Gama findet den Seeweg nach Indien.

1521 Cortés erobert Mexiko: Das Aztekenreich wird spanische Kolonie.

1521 Luther in Worms: Die Reformation ist nicht mehr aufzuhalten.

1532 Pizarro in Peru: Das Inkareich wird im Namen Spaniens erobert.

Modell der „Santa Maria" auf einer zeitgenössischen Weltkarte und ein 1507 von Martin Waldmüller gefertigter Globus.

Granada

Der Papst ordnet ein feierliches Tedeum an, Roms Kirchenglocken läuten und auf den Straßen herrscht Jubel, denn am Neujahrstag 1492 hat das Emirat Granada, die letzte Bastion des Islams in Spanien, kapituliert. Fünf Tage später sind ihre Katholischen Majestäten, das königliche Ehepaar Isabella von Kastilien und Ferdinand von Aragon, unter festlichem Gepränge in die südspanische Stadt eingeritten. Die Jahrhunderte währende Reconquista – die Wiedereroberung des von den Mauren besetzten Spaniens – hat mit diesem Ereignis ihr Ende gefunden.

„Die Übergabe von Granada", kolorierter Holzstich nach einem Gemälde von Francisco Pradilla y Ortiz, 1889.

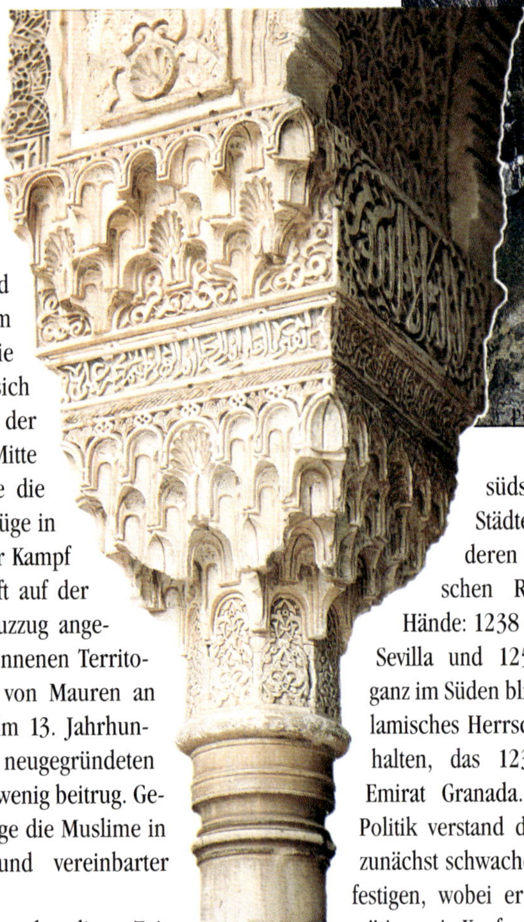

Säulenkapitell aus dem 1319 errichteten maurischen Sommerpalast in Granada.

Im 8. Jahrhundert hatten die Araber die Pyrenäenhalbinsel erobert, und der Kalif von Cordoba beherrschte die Halbinsel. Aber im 11. Jahrhundert löste sich der zentralisierte Araberstaat in viele kleine Teilreiche auf, und die Christen begannen, zum Gegenstoß anzusetzen. Die Wiedereroberung vollzog sich im wesentlichen zwischen der Mitte des 11. und der Mitte des 13. Jahrhunderts. Wie die gleichzeitigen Eroberungszüge in den Orient wurde auch der Kampf gegen die Araberherrschaft auf der Pyrenäenhalbinsel als Kreuzzug angesehen. In den zurückgewonnenen Territorien waren Zwangstaufen von Mauren an der Tagesordnung, wozu im 13. Jahrhundert der Glaubenseifer des neugegründeten Dominikanerordens nicht wenig beitrug. Gelegentlich schützten Verträge die Muslime in einzelnen Städten aufgrund vereinbarter Kapitulationsbedingungen.

Das christliche Spanien bestand zu dieser Zeit aus vier Königreichen: Aragon im Osten, Navarra im Nordosten, Kastilien im Norden und Zentrum sowie Portugal im Nordwesten. Im Sommer 1212 führten die Könige von Navarra, Kastilien und Aragon gemeinsam einen Feldzug gegen Andalusien und Murcia. Bei Las Navas de Tolosa in der Ebene nördlich des Guadalquivir kam es zur Schlacht. Obwohl die Mauren von nordwestafrikanischen Stämmen unterstützt wurden, erlitten sie eine vollständige Niederlage. Eine der großen südspanischen Städte nach der anderen fiel den spanischen Rittern in die Hände: 1238 Cordoba, 1244 Sevilla und 1250 Cadiz. Nur ganz im Süden blieb noch ein islamisches Herrschaftsgebiet erhalten, das 1238 gegründete Emirat Granada. Durch kluge Politik verstand der Emir, seine zunächst schwache Herrschaft zu festigen, wobei er auch die Demütigung in Kauf nahm, dem kastilischen Königshof Tribut zu zahlen.

Die exponierte Rolle, welche die spanische Ritterschaft während der Blütezeit der Reconquista spielte, schlug sich in den inneren Strukturen der iberischen Königreiche nieder. Der Adel, hoher wie niederer, entwickelte ein ausgeprägtes Selbstbewußtsein, dem die Könige nur durch bewußte Förderung der städtischen Selbstverwaltung entgegentreten konnten. Feudalfehden, hochadlige Auflehnung gegen die Zentralmacht, Bauernunruhen und städtischer Kampf für ungehinderte Gewerbe- und Handelstätigkeit gingen über beträchtliche Zeiten ineinander über und machten das christliche Spanien unsicher. Durch die Heirat der beiden Thronfolger Isabella von Kastilien und Ferdinand von Aragon im Jahre 1469, die 1474 bzw. 1479 ihren Thron bestiegen, wurde Spanien weitgehend geeinigt. Daß nun ein anderer Wind wehte, kündigte sich 1478 mit der Wiederbelebung der in den Wirren der vorhergehenden Jahrzehnte eingeschlafenen Inquisition an. Sie richtete sich vorrangig gegen getaufte Mauren, die insgeheim weiter dem Propheten anhingen, konnte aber auch sehr wirkungsvoll gegen widerspenstige Hochadlige eingesetzt werden. Bereits unter dem ersten Großinquisitor loderten innerhalb von fünfzehn Jahren 8000 Scheiterhaufen. Adligen Räuberbanden setzte das königliche Paar den mit seiner Unterstützung organisierten Bund städtischer Milizabteilungen entgegen, die „Hermandad", welche die Landstraßen überwachte und von Gesindel säuberte.

Schale mit dem Wappen Ferdinands von Aragon und seiner Frau Isabella von Kastilien, spanisch-maurische Keramik, um 1469/79.

„Heerlager des Königs Jakob 1229", Fresko aus dem Palacio Berenguer de Aguilar in Barcelona, um 1280 vermutlich von einem maurischen Maler angefertigt.

Das Schwert des Boabdil, des letzten Emirs von Granada.

So im Inneren gestärkt, konnte die neue Zentralmacht darangehen, das letzte muslimische Herrschaftsgebiet auf der spanischen Halbinsel zu beseitigen. Kirchlichen Segen, Geld und Kreuzzugsaufruf besorgte man sich vorher vom Papst. 1481 wurde ein geringfügiger Anlaß zum Vorwand für die Eröffnung der Feindseligkeiten gegen Granada genommen. Typisch für das neue Verhältnis der Zentralmacht zum Adel war der Verzicht auf das Ritteraufgebot, das durch eine eingeübte Infanterie ersetzt wurde, in der Adlige nur noch als königliche Offiziere dienen konnten. Jahrelang wechselten als Folge knapper Finanzen militärische Aktionen und diplomatische Verhandlungen. Ein Ergebnis war 1491 eine königliche Erklärung, die den Mauren und Juden Granadas Freiheit des Lebens, des Eigentums und des Glaubens garantierte. Aber nach dem Triumph der Christenheit 1492 über ein von allen Seiten verlassenes kleines islamisches Fürstentum waren alle Versprechen hinsichtlich religiöser Duldung schnell beiseitegeschoben. Noch im selben Jahr wurden alle Juden, die sich nicht taufen lassen wollten, außer Landes gejagt – etwa 150 000. 1499 wurde in Granada der Koran öffentlich verbrannt, und 1502 befahl das königliche Paar, daß die Mauren sich taufen lassen müßten oder Spanien zu verlassen hätten. Der katastrophale wirtschaftliche Aderlaß im Gefolge dieser Politik wurde in den nächsten Jahrzehnten nur dadurch nicht fühlbar, daß Spanien sich zu dieser Zeit in Übersee neue Quellen des Reichtums erschloß.

Christoph Kolumbus

Zuerst sieht die Wache im Mast der „Santa Maria" am Bug der „Pinta" eine Stichflamme hochsteigen, dann hört sie den Kanonenschuß - das vereinbarte Signal, falls eins der drei Schiffe der kleinen Flotte von Kolumbus Land sichtet. Es ist der 12. Oktober 1492, zwei Stunden nach Mitternacht. Am Morgen bei Tageslicht gehen Kolumbus als Flottenchef und die Kapitäne der beiden Begleitschiffe „Pinta" und „Niña" an Land. Kolumbus in der granatroten Uniform eines Großadmirals pflanzt das Banner Kastiliens auf. Der königliche Revisor Rodrigo Sánchez hält die Inbesitznahme schriftlich fest und läßt die Anwesenden das Dokument als Zeugen beurkunden. Erst dann wendet sich Kolumbus den zögernd erschienenen, fast nackten braunen Gestalten zu, die das Tun der Fremden verwundert betrachten. Erstaunt muß er feststellen, daß die Eingeborenen die Sprachkenntnisse seines Dolmetschers nicht zu würdigen wissen. Der Mann spricht sie auf Hebräisch, Chaldäisch und Arabisch an, aber sie verstehen ihn nicht. Daß die Insel bei ihnen Guanahani heißt, ist allerdings herauszubekommen; Kolumbus benennt sie neu, und zwar getreu dem vorgegebenen Zweck des ganzen Unternehmens, das sich auch als Missionsreise versteht, nach dem Heiland: San Salvador. Seit dem 3. August geht die Reise schon. Abgelegt hatte man in Palos an der spanischen Atlantikküste; aber auf unbekanntem Kurs segelten die Schiffe erst, nachdem sie am 9. September von den zu Spanien gehörigen Kanarischen Inseln aus Westkurs eingeschlagen hatten – jenen Kurs, der nach Kolumbus' Überzeugung die Expedition nach Cipango (Japan) und Cathay (China) bringen sollte. Dabei hat er Entfernungsberechnungen zugrundegelegt, die teils auf antiken Autoren, teils auf neueren Ergebnissen italienischer und französischer Astronomen und Geographen beruhen – zu kurze übrigens, gemessen an der Wirklichkeit. Japan oder China erreicht er nicht, obwohl er noch drei weitere Fahrten in die neuentdeckten Gebiete unternimmt, aber dafür hat er einen für die Europäer ganz neuen Erdteil entdeckt – Amerika.

„Die neuen Inseln", Landkarte des amerikanischen Kontinents, Holzstich aus der „Cosmographia Universalis" von Sebastian Münster, 1550.

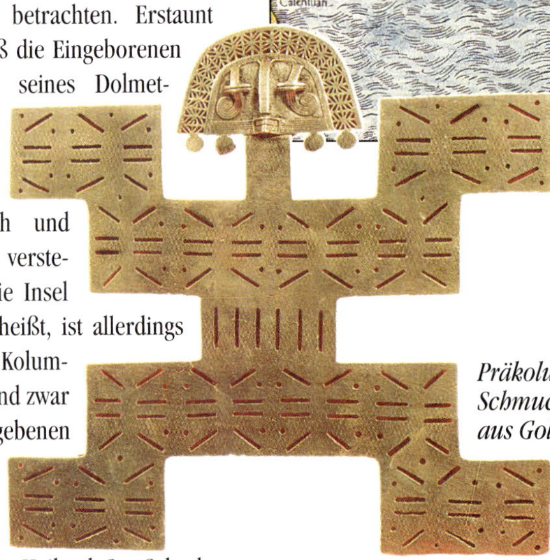

Präkolumbianischer Schmuckanhänger aus Gold.

Christoforo Colombo, um 1450 angeblich in Genua, vielleicht aber auch als portugiesischer Jude in Lissabon geboren, ist ein von Gewinnsucht und Ehrgeiz besessener Abenteurer, wie sie in seiner Zeit auf der Pyrenäenhalbinsel zuhauf vorkommen. Von den anderen unterscheidet er sich in der unbändigen Zähigkeit, mit der er seine Idee verfolgt, Indien auf dem Seewege zu erreichen, indem er den westlichen Atlantik überquert. Jahrelang hat er den östlichen Atlantik befahren und kam bis Island im Norden und zur afrikanischen Goldküste im Süden. Erzählungen über Land, das man auf der Westroute erreicht habe, gelangten zu seinen Ohren. Alles, was hinter vorgehaltener Hand gemunkelt, weitergetragen und ausgeschmückt wurde, notierte er sich, wohl wissend, daß Kapitäne günstige Verbindungen, verschwiegene Ankerplätze und ideale Orte zur Auffüllung von Süßwasservorräten im allgemeinen als ihr persönliches Geheimnis behandeln, um die Vorteile solchen Wissens für sich allein zu nutzen.

In Portugal, wo Kolumbus sich zuerst um materielle Unterstützung bemüht, wird er abgewiesen, weil seine Berechnungen zu unglaubhaft und seine Forderungen zu unverschämt sind. Er will Großadmiral und geadelt werden, das Vizekönigtum in den neuen Ländern übertragen und ein Zehntel der dort zu erwartenden Einnahmen zugesichert bekommen. Seit 1485 wirbt er hartnäckig in Spanien um Unterstützung seines Vorhabens, erntet aber aus den gleichen Gründen wie in Portugal zunächst Ablehnung. Erst nach der Einnahme Granadas Anfang 1492 ändert sich die Lage, weil eine Verbindung zu dem aus Marco Polos Bericht bekannten Groß-Khan in dem unermeßlich reichen China in die strategische anti-islamische Linie des spanischen Königshauses hineinpaßt. Vielleicht kann man den Groß-Khan zum Verbündeten gegen den Islam für einen Zangenangriff gewinnen. Wenn als Nebeneffekt noch reiche Gewinne aus Goldvorkommen oder Goldschätzen anfallen sollten, wie sie Marco Polo ausgemalt hat, wäre das am

1492

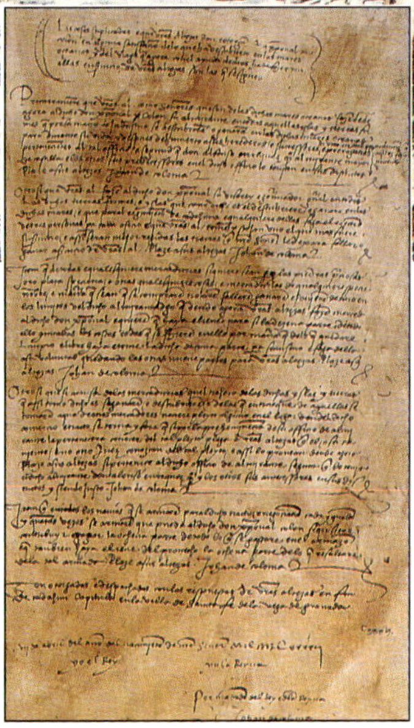

Vertrag zwischen Kolumbus und den spanischen Königen über die „Entdeckung von Inseln und Festlanden im ozeanischen Meer“ vom 17. April 1492.

„Die erste Landung des Kolumbus“, Kupferstich von Theodore de Bry aus „Americae Retectio“ von H.Benzoni, Frankfurt 1596.

Königshof, der immer Geld benötigt, auch nicht zu verachten. Im April 1492 erklärt sich das spanische Königspaar bereit, ihm seine Forderungen zu erfüllen und die Expedition zu finanzieren. Auf seiner ersten Fahrt gen Westen entdeckt Kolumbus Kuba, das er für Japan hält, und Haiti. Als er am 15. März 1493 mit zweien der drei einst ausgelaufenen Schiffe, die „Santa Maria“ war auf ein Riff gelaufen, wieder in Palos eintrifft, erregt er mit den mitgebrachten Indios, Papageien und dem Gold sensationelles Aufsehen. Er erhält den versprochenen Posten als Vizekönig in dem von ihm entdeckten Land und kehrt dorthin zurück. Jedoch schafft er sich durch mangelndes Geschick in Verwaltungsfragen bald Feinde und Konkurrenten. Im August 1500 wird der Vizekönig von einem nach Kolumbus' Verwaltungssitz Santo Domingo entsandten königlichen Kommissar wegen Verwaltungsmißständen und Korruption verhaftet und in Ketten nach Spanien geschafft, wo ihm das Amt des Vizekönigs entzogen wird. 1502 bis 1504 unternimmt er seine letzte Seefahrt in die neuen Länder, von der er gichtkrank und verarmt zurückkehrt. Am 20. Mai 1506 stirbt er unbeachtet.

Der Seeweg nach Indien

„Christen und Gewürze“ antwortet Vasco da Gama, als er in Kalikut an der indischen Malabarküste gefragt wird, was er denn in Indien suche. Am 20. Mai 1498 hat da Gama seine vier Schiffe vor Kalikut Anker werfen lassen. Die arabischen Händler am Ort sind gar nicht erfreut über das Auftauchen von Westeuropäern an der indischen Küste. Ein direkter Handel zwischen diesen und den indischen Gewürzproduzenten würde den arabischen Zwischenhandel zwischen dem Indischen Ozean und dem Mittelmeer auf der Route über das Rote Meer ruinieren. Aber genau das ist die Absicht der Portugiesen. Als Vasco da Gama nach drei Monaten die Malabarküste verläßt, hat er ein Schreiben des lokalen Rajah im Gepäck, der dem portugiesischen König mitteilt, in seinem Lande gebe es viel Zimt, Nelken, Ingwer, Pfeffer und zahlreiche Edelsteine, die er im Austausch gegen Gold, Silber, Korallen und scharlachroten Stoff anbiete. Am 10. Juli 1499 – exakt zwei Jahre und zwei Tage nach ihrer Abfahrt – laufen die Indienfahrer wieder in Lissabon ein. Der Jubel über die großartige Tat der Erschließung des Seewegs nach Indien kennt keine Grenzen und auch die Freude über den Geschäftsgewinn der Expedition ist unermeßlich: Obgleich nur zwei der vier ausgesandten Schiffe zurückkehren, übersteigt der Erlös der mitgebrachten Gewürze die für das ganze Unternehmen aufgewandten Kosten um das Sechzigfache!

Die Portugiesen, für die die Reconquista schon im 13. Jahrhundert beendet war, hatten sich auf Grund der Lage ihres Landes am Rande Westeuropas frühzeitig auf das Meer und die angrenzenden nichteuropäischen Länder orientiert. 1415

„Portugiese mit Hakenbüchse“, Bronzeplatte aus dem 16./17. Jahrhundert, Benin-Kultur, Afrika.

„Portugiesische Handelsschiffe vor der indischen Küste“, indische Buchmalerei aus „Akbar-nama“, spätes 16. Jahrhundert.

„Marco Polo bei der Ernte des Schwarzen Pfeffers", französische Buchmalerei zum „Livre des merveilles", der Reisebeschreibung Marco Polos, 1373.

eroberten sie Ceuta, einen Seeräuberstützpunkt an der Nordspitze Marokkos, und stießen dann systematisch entlang der afrikanischen Küste nach Süden vor. Prinz Heinrich „der Seefahrer", gründete Werften und rief eine Marineakademie sowie ein kartografisches Institut ins Leben. Von 1415 bis zu seinem Tode 1460 leitete er alle maritimen Unternehmungen Portugals. 1432 wurden die Azoren in Besitz genommen und das Kap Bojador südlich der Kanarischen Inseln umsegelt, das seit der Antike als südlichster Punkt möglicher Schiffahrt galt. 1444 wurde die Guineaküste in Westafrika erreicht. Zehn Jahre nach dem Tode des Prinzen gelangten die Portugiesen in den Golf von Guinea, und mit weiterem Vordringen Richtung Süden tauchten auf portugiesischen Karten Bezeichnungen auf, die die Zwecke der Erkundungsfahrten deutlich benannten: Goldküste, Sklavenküste, Pfefferküste, Elfenbeinküste. Der in ganz Europa als Gewürz und Heilmittel begehrte Pfeffer wurde von den Portugiesen zunächst von der Guineaküste aus importiert. 1479 sicherte sich Portugal gegenüber Spanien das Schiffahrts- und Handelsmonopol dorthin, und portugiesische Kaufleute machten glänzende Geschäfte mit ihrem Pfeffer. Aber die Qualität des indischen Pfeffers war doch erheblich besser, und so wurde weiter der Seeweg nach Indien gesucht. Gewinne aus Pfeffer-, Sklaven- und anderem Handel ermöglichten immer wieder die Finanzierung neuer Expeditionen. 1487 umsegelte Bartolomeo Diaz das Kap der guten Hoffnung und pflügte mit seinen Schiffen den Indischen Ozean. Er brachte sichere Nachricht, daß man von der Südspitze Afrikas aus Indien auf dem Seeweg erreichen könne, da zwischen der afrikanischen Ostküste und Indien lebhafter Schiffsverkehr herrsche. Zehn Jahre später, am 25. November 1497, erreichte Vasco da Gama mit seinen vier Schiffen den Indischen Ozean. Eine Begegnung mit arabischen Schiffen ergab genauere Informationen über die Lage ostafrikanischer Hafenstädte. Anfang April 1498 liefen die Portugiesen Mombasa an, wo Vasco da Gama den besten Kenner der Schiffahrt im Indik als Lotsen gewinnen kann. Der führt die Portugiesen in 23 Tagen über die 3000 Seemeilen lange Strecke zwischen Mombasa und Kalikut, den „Hafen des gesamten Indischen Meeres", wie ein Zeitgenosse die Stadt betitelt. Der Erfolg der ersten da-Gama-Expedition veranlaßt die portugiesische Politik, ein Monopol auf den Gewürzhandel im Indischen Ozean anzustreben. 1502 sticht unter Vasco da Gamas Befehl eine Kriegsflotte von 21 schwer bewaffneten Schiffen mit Soldaten an Bord in Richtung Malabarküste in See, die dort in einem viermonatigen Krieg die arabischen Schiffe verjagt und die portugiesische Oberhoheit über die wichtigsten Handelsstädte aufrichtet. Seither entsendet Lissabon Jahr für Jahr eine Flotte in den Indischen Ozean und demonstriert nachdrücklich, wer hier die Herrschaft beansprucht – der „Pfefferimperialismus" ist geboren. Er führt 1505 zur Eroberung fester Plätze an der Küste Ostafrikas, 1506 zur Annexion der Insel Sokotra, 1507 zur Besitzergreifung der indischen Festung Diu und 1510 zur Festsetzung in Goa, das zur Hauptstadt von Portugiesisch-Indien wird. Ein Jahr später erobern die Portugiesen Malakka, die reiche Handelsstadt an dem Seeweg gleichen Namens, die den Zugang vom Indischen Ozean zu den Molukken, dem wichtigsten Gebiet des Gewürzanbaus, beherrscht. Damit brauchen sie gar keine Zwischenhändler im Gewürzhandel mehr. Zwei Jahre später verlassen die Venezianer das ägyptische Alexandria, bis dato Umschlagplatz für indische Gewürze nach Europa, weil die dortigen Gewürzspeicher leerstehen.

Cortés erobert Mexiko

„Wir zogen weiter über große Brücken, bis sich schließlich vor uns die Hauptstadt Mexiko ausbreitete in all ihrer Pracht. Unser kleiner Haufen von 450 Mann zog mitten durch dichte Menschenmassen, den Kopf noch voll von den Warnungen unserer vielen indianischen Freunde. Der geneigte Leser muß sich einmal ganz in unsere Lage versetzen! Dann darf man nämlich fragen: hat es je Männer gegeben, die ein derart kühnes Wagnis auf sich genommen haben?“ Als Bernal Diaz del Castillo sich 84jährig bei der Abfassung seiner Lebenserinnerungen jenen 8. November 1519 wieder vor Augen ruft, den er als 30jähriger erlebt hat, schaudert ihn angesichts der Größe des Wagnisses, mit einem halben Tausend Soldaten, 17 Pferden und etlichen Feuerwaffen einen wohlorganisierten Staat mit Millionen von Einwohnern, einer mächtigen Priesterkaste, einem ausgeformten Verwaltungsapparat und einem mächtigen Heer in seine Hand zu bringen – das Azteken-Reich.

„Federschild“, eines der Geschenke, die Cortés dem Bischof von Palencia aus Mexiko mitbrachte

„Mexico“, kolorierte Radierung von Franz Hogenberg, 1572.

Seit 1492 hatten die spanischen Entdecker und Eroberer zwar schon mehrmals das Inselgewirr der Karibik hinter sich gelassen und den amerikanischen Kontinent erreicht, aber eine Kolonialverwaltung hatten sie nur auf den Antillen errichtet. Eine erste Expedition an die Küste von Yucatan hatte 1517 nur Verluste eingebracht – aber auch Kunde von der dortigen Existenz einer hochentwickelten Kultur, der gegenüber die Eingeborenen der Antillen wahrlich nur „Wilde“ waren. 1518 liefen die Spanier erneut Yucatan an – wieder ohne festen Fuß zu fassen. Diesmal aber erfuhren sie, daß es ein großes Reich gebe, das die kontinentalen Gebiete nördlich ihrer Anlaufstelle umfasse. Das ließ den Gouverneur auf Kuba nicht ruhen: Er entsandte im Folgejahr auf elf Schiffen eine militärische Expedition – ca. 600 Mann Infanterie mit diversen Feuergewehren sowie 17 Berittene – unter der Leitung des 33jährigen Verwaltungsbeamten Cortés, der sich zuvor noch nicht militärisch profiliert hatte. Cortés lief die mexikanische Küste an und bestand etliche Treffen mit Indianern. Dabei gelangte er in den Besitz einer Geisel, die ihm unschätzbare Dienste leistete: eine gebildete, mehrere Sprachen sprechende Frau aus der Oberschicht eines dem Azteken-Kaiser tributpflichtigen Stammes. Dank ihrer Vermittlung konnte Cortés mit den Stämmen der Tlaxcateken und Totonaken Allianzen schließen. Dadurch der Aussicht auf eine Unterwerfung des Azteken-Reichs erheblich näher, inszenierte Cortés einen Putsch, in dem die Truppe die Oberaufsicht des in Kuba residierenden Gouverneurs abwarf und Cortés zum Generalkapitän erhob. Begleitet von einer tonotakischen Hilfstruppe, brach er Mitte August nach Mexiko auf. Daß der seit 1502 regierende Azteken-Kaiser Montezuma II. den Eindringlingen keinen Widerstand entgegensetzte, sondern ihn marschieren ließ, entsprang religiösen Motiven: Schon ein halbes Jahrtausend hielt sich die Prophezeiung von der Rückkehr der einst vertriebenen Götter, die von Osten kommen und weiß sein sollten. Sind die Herannahenden diese Götter? Sehr wahrscheinlich, zumal sie Wesen bei sich führen, die man nicht kennt, das können doch nur göttliche Attribute sein! Gemeint waren die von den Spaniern mitgebrachten Pferde. Die falsche Beurteilung der Invasoren bewog Montezuma sogar zu dem Angebot, sich dem spanischen Herrscher zu unterwerfen und ihm Tribut

„Cortés wird von Montezuma empfangen", anonyme spanische Malerei aus dem 16. Jahrhundert.

„Die Vertreibung der Spanier aus Tenochtitlan", anonymes Gemälde, 18. Jahrhundert.

zu zahlen – doch Cortés, von Beutegier getriebem, lehnte ab. Da die Spanier in Mexiko in einer verschwindenden Minderheit sind, sichern sie sich durch die Geiselnahme Montezumas. Der große Herrscher des Azteken-Reiches bewährt sich als äußerst angenehmer Kollaborateur, der sogar in seiner eigenen Familie antispanischen Widerstand erstickt. Als aber Cortés mit einem Teil seiner Truppe zur Küste eilen muß, um eine Strafexpedition des Gouverneurs gegen ihn aufzuhalten und diese schießlich für sich und seine Sache zu gewinnen, bricht in der Stadt und ihrer Umgebung ein Aufstand aus. Die Spanier werden belagert. Während des Kampfes kommt Montezuma um. In der Nacht vom 30. Juni zum 1. Juli 1520 müssem die spanischen Eroberer die Aztekenhauptstadt verlassen. Der Rückzug verläuft äußerst verlustreich. Als die Spanier in den Auffangstellungen ihrer tlaxcatekischen Verbündeten ankommen, haben sie ihre Geschütze verloren und kaum noch Feuerwaffen. In Veracruz können sie ihre Waffenvorräte wieder auffüllen und im Mai 1521 schreitet Cortés zur Belagerung Mexikos, die sich über mehr als drei Monate hinzieht. Straße für Straße muß erobert werden, denn die Lagunenstadt kann nicht in einem Angriff genommen werden. Anfang August erobern die Belagerer den Haupttempel der Azteken und stecken ihn in Brand. Am 13. August 1521 ist die ganze Stadt genommen. Der Montezuma-Nachfolger Cuauhtémoc, der 1520 den Aufstand anführte, wird auf der Flucht entdeckt und gefangengenommen – die Aztekenherrschaft hat ihr Ende gefunden. Was bleibt, ist die Inbesitznahme des nun führungslosen Reiches, die sich noch bis 1524 hinzieht. Aber schon im Oktober 1522 erhebt der spanische König Cortés zum Statthalter und Generalkapitän Neu-Spaniens – wie das Aztekenreich als spanische Kolonie nun heißt. 1534 wird es zum Vizekönigtum erhoben, aber Cortés nicht zum Vizekönig ernannt, da er nicht aus dem Hochadel stammte. Verbittert kehrt er nach Spanien zurück.

Luther in Worms

„Ich kann nicht anders; hier stehe ich. Gott helfe mir. Amen!" Mit dieser wirkungsvollen Verkürzung des Schlußwortes von Martin Luther vor dem Reichstag in Worms am 18. April 1521 vollbringen die Wittenberger Drucker eine Meisterleistung in der Popularisierung theologischer Aussagen. Für den gemeinen Mann kommt es nämlich gar nicht darauf an, ob Doktor Luther dort in Worms über Wort- oder Werkgerechtigkeit geredet und dem Papst seine angemaßte Autorität bestritten hat. Luther ist bei seinen Ansichten geblieben, und nur das zählt! So wird die Wittenberger Druckschrift sofort von fast allen deutschen Druckereien nachgedruckt und damit eine wißbegierige Öffentlichkeit bedient, für die Martin Luther spätestens seit seinen aufsehenerregenden Schriften des Vorjahrs die Symbolfigur für das Aufbegehren gegen die Mißstände in der Papstkirche geworden ist.

Gipsmodell für die Lutherstatue des Reformationsdenkmals in Worms nach dem Entwurf von Ernst Ritschel, 1861.

„Unterschied zwischen der wahren Religion Christi und der falschen abgöttischen Lehre des Antichristen", kolorierter Holzschnitt von Lucas Cranach d. J., 1546.

Martin Luther, 1483 in Eisleben geboren, war – nach Jura- und Theologiestudium sowie Priesterweihe – 1508 als Lektor an die sechs Jahre zuvor gegründete kursächsische Universität zu Wittenberg berufen worden, wo er nach seiner Promotion zum Dr. theol. 1512 die Professur für Bibelkunde erhielt. Auf seinem wissenschaftlichen Arbeitsfeld geriet Luther zunehmend in Gewissensnöte, weil er in der Bibel Gott als liebenden Vater entdeckte, der dem Menschen das Seelenheil sicherte, wenn er im festen Glauben den direkten Zugang zu ihm suchte. Damit geriet die kirchliche Lehre von der priesterlichen Mittlerrolle und der Werkgerechtigkeit ins Wanken. Als besonders anstößig erschien Luther der Ablaßhandel, bei dem man in gängiger Praxis sich seiner Sünden durch Geldzahlungen entledigen konnte. Da war es naheliegend, daß Luther das Auftreten eines besonders marktschreierischen Ablaßverkäufers an der sächsischen Grenze in der Nähe Wittenbergs nicht unkommentiert hinnehmen konnte. In 95 lateinisch verfaßten Thesen rief er Ende Oktober 1517 zu einer Disputation über Sinn und Unsinn des Ablasses auf.

Die Diskussion kam zwar nicht zustande, aber die Aufregung über die offen zutage liegenden Mißstände in der Kirche sicherte den 95 Thesen einen von Luther nicht vorausgesehenen Widerhall: Bereits im Dezember 1517 lagen sie gedruckt in deutscher Übersetzung vor. Luther setzte im März 1518 mit einer deutschsprachigen Schrift nach. Sein „Sermon von Ablaß und Gnade" war volkstümlicher verfaßt als die Thesen und verdrängte diese als den eigentlichen Auslöser. In Disputationen mit Widersachern bestand Luther glänzend und gewann begeisterte Anhänger. 1520 erschienen seine drei Hauptschriften: „An den christlichen Adel deutscher Nation", „Von der babylonischen Gefangenschaft der Kirche" (lateinisch, aber blitzschnell auch in deutscher Übersetzung verbreitet) und „Von der Freiheit eines Christenmenschen". Diese Schriften leiteten den endgültigen Bruch mit der katholischen Kirche ein und forderten überzeugend eine Reform an Haupt und Gliedern.

Schon vor dem Erscheinen dieser Schriften war Luther im Juni 1520 durch eine päpstliche Bulle der Kirchenbann angedroht worden, der dann

Titelseite der ersten vollständigen Bibelübersetzung Luthers, gedruckt bei H.Lufft in Wittenberg 1534.

„Luthers Thesenanschlag an der Schloßkirche zu Wittenberg am 31. Oktober 1517", Gemälde von Hugo Vogel, Ende des 19. Jahrhunderts.

im Januar 1521 wirklich ausgesprochen wurde. Kaiser Karl V. wollte gemäß seinem aus Spanien stammenden Verständnis vom Zusammenwirken weltlicher und geistlicher Macht über den Gebannten wie üblich auch die Reichsacht verhängen lassen, die Luther für vogelfrei und rechtlos erklärt hätte. Aber auf dem am 21. Januar 1521 eröffneten Reichstag zu Worms erlebte er zu seiner Überraschung, daß die Reichsstände die Einhaltung der von Karl 1519 unterschriebenen Wahlkapitulation forderten, der zufolge kein Untertan im Reich, ob hoch oder niedrig, ohne seine Anhörung in die Reichsacht gestellt werden durfte. So mußte Karl V. zugestehen, daß Luther am 17. und 18. April vor den Reichstag geladen wurde – allerdings nicht zu einer Debatte über seine Ansichten und Lehren, sondern nur zu deren öffentlichem Widerruf. Obwohl das Verhör so geschickt angelegt war, daß sich Luther von seinen theologischen Lehren hätte abkehren können, ohne zugleich die von ihm aufgegriffene scharfe Opposition gegen die Mißstände in der Kirche ad absurdum zu führen, verweigerte er jeden Widerruf unter Berufung auf sein Gewissen und auf Gott.

Nachdem Ende Mai die Mehrzahl der Teilnehmer des Reichstags bereits abgereist war, ließ sich Karl V. von den noch Anwesenden ein Edikt genehmigen, das die Reichsacht über Luther verhängte und seine Lehre unterdrücken sollte. Doch war die von Luther initiierte Bewegung zur Veränderung der kirchlichen Verhältnisse in deutschen Landen schon zu einer Massenerscheinung geworden. Religiöse und politische Erneuerungsbewegungen waren bereits allzu eng miteinander verknüpft, als daß man den gordischen Knoten in althergebrachter Weise durch eine Ketzerverbrennung hätte lösen können. Die breite Front auf Veränderung drängender Kräfte reichte von den Reichsfürsten über den Adel und das Städtebürgertum bis zu den Bauern, ja selbst bis in die Kirche hinein – der Drang zur Reformation war nicht mehr aufzuhalten.

Pizarro in Peru

Französische Landkarte von Mittel- und Südamerika, um 1550.

Votivgabe, die Zeremonie von El Dorado darstellend. Präkolumbianische Goldschmiedearbeit der Muisca-Indianer.

Der Inka Atahualpa, der Sohn der Sonne, hat sein Quartier in der Stadt Cajamarca inmitten seiner Armee von etwa 40 000 Kriegern aufgeschlagen, als ihm die Ankunft der rund 150 Spanier – davon gut 50 Reiter – gemeldet wird. Atahualpa hätte das kleine Häuflein schon längst zerschlagen können, aber gerade die Winzigkeit dieses merkwürdigen Haufens Weißer im Verhältnis zu seinem gewaltigen Heer hat ihm den Mund für einen solchen Befehl verschlossen. Er ist einfach nur neugierig auf die Fremden und möchte erfahren, was sie im Schilde führen. So läßt er den Spaniern nach ihrem Eintreffen Unterkunft in den Gebäuden am städtischen Hauptplatz zuweisen und entspricht ihrer Bitte, ihnen eine Audienz zu gewähren. Am Morgen des 16. November 1532 begibt er sich im Herrscherornat auf den Hauptplatz und erwartet, daß die Spanier sich ihm in demütiger Haltung nähern. Aber es erscheint nur ein einzelner Abgesandter, ein Dominikaner. Der liest dem Inka ein langes Schriftstück vor, das in den Kanzleien Madrids ausgearbeitet wurde: eine Urkunde über die spanische Besitzergreifung im Namen des christlichen Gottes. Atahualpa läßt sich nach der Verlesung des Dokuments die eingebundene Akte überreichen und hält sie an sein Ohr: Der Dominikaner hat zuvor erklärt, aus dem Vorgetragenen spräche die Stimme seines großen Herrn, des Königs von Spanien und Kaisers des Heiligen Römischen Reiches. Als der Inka aus dem Pergament keine Stimme hört, wirft er es zum Zeichen seiner absoluten Mißachtung verächtlich zu Boden. Die in ihren Quartieren lauernden Spanier haben auf ein solches Zeichen nur gewartet. Sie brechen aus den Gebäuden hervor und dringen von allen Seiten auf den Inka und sein Gefolge ein. Zwei Falkonetts, die leichtesten Geschütze jener Zeit, speien Feuer, und die Reiter haben ihre den Einheimischen unbekannten Pferde mit Glöckchen aufgezäumt, um Angst zu verbreiten. Die Überraschung gelingt perfekt. Von den vielen zuschauenden Inka-Kriegern setzt sich nicht ein einziger zur Wehr. Der Inka fällt lebend in die Hand der spanischen Abenteurer und verschafft diesen damit ein Faustpfand für ihre weiteren Aktionen, denn die Anhänger Atahualpas wagen mit Rücksicht auf sein Leben kein Vorgehen gegen die Invasoren mehr. Zusätzlich kommt Francisco Pizarro im Inka-Reich zugute – wie schon ein Jahrzehnt zuvor Hernán Cortés im Azteken-Reich –, daß die einheimische Religion weißhäutige Götter kennt, so daß die Priester unsicher sind, ob sie nicht den plötzlich aufgetauchten Weißen gehorchen müssen.

„Dominikaner taufen Indios“, anonymes Gemälde.

„Von der Goldgier der Spanier“, Kupferstich von Theodore de Bry aus „America pars quarta“ von H.Benzoni, Frankfurt 1594.

Peruanisches Tongefäß in Form eines Kriegers aus der Zeit 1. Jahrhundert v. Chr. – 6. Jahrhundert n. Chr.

Nur hundert Jahre vor dem Eintreffen der Spanier war ein im Cuzcotal siedelnder besonders kriegerischer Stamm aus dem Quechuavolk – die Inka – zu Herrschern über die umliegenden Stämme geworden und hatte sein Herrschaftsgebiet im Verlaufe dieses einen Jahrhunderts über das gesamte Andengebiet mit seiner zum Teil schon sehr weit entwickelten Zivilisation ausgedehnt. Um die unterworfenen Stämme unter fester Kontrolle zu halten, wurde ein Netz von Festungen und Straßen über das Land gelegt. Der Staat sorgte für eine durchdachte Vorratswirtschaft, die Hungersnöte ausschloß; aber die dafür nötige Bürokratie erzeugte eine Steuerbelastung, die überall böses Blut machte.

Zwei erfolglose Expeditionen hatte der illegitime Sproß eines kastilischen Edelmanns, Francisco Pizarro, bereits unternommen, um das Goldland zu finden, über das Gerüchte nicht verstummen wollten. Vor seiner dritten Expedition besorgte er sich 1529 vom spanischen König den Auftrag, als Statthalter und Generalkapitän Peru zu erforschen und zu erobern. Als er im Frühjahr 1532 aufbrach, konnte er nicht wissen, daß dort inzwischen, zusätzlich zu den steten Spannungen zwischen staatstragender Oberschicht und eingegliederten Völkerschaften, ein blutiger Bürgerkrieg im Gange war, weil nach dem Tod des Sapa-Inkas im Jahre 1527 sein jüngerer Sohn Atahualpa die legitimen Erben beseitigt und die Macht usurpiert hatte. So wurden die Spanier von nicht unbeträchtlichen Teilen der Untertanen im Inka-Staat nicht ungern, von einigen sogar als Befreier gesehen.

Der gefangene Atahualpa, der die immense Goldgier der Weißen kennt, versucht, seine Freiheit mit Gold zu erkaufen. Seine Abgesandten schleppen goldene Gegenstände in solcher Zahl herbei, daß ein großer Raum damit gefüllt werden kann. An eine Freilassung der Geisel wird jedoch nicht gedacht, sondern er wird in einem Scheinprozeß wegen der Verwandtenmorde zum Tode verurteilt. Vor seiner Hinrichtung am 29. August 1533 tritt der Verurteilte noch zum Christentum über und wird als Don Juan Atahualpa in einer neuerrichteten Kirche beigesetzt. Die Invasoren aber ziehen weiter nach Cuzco, wo gegen Jahresende von den Spaniern ein neuer Inka eingesetzt wird. 1535 verlegt der Statthalter Pizarro die Hauptstadt vom schwer zugänglichen Hochland an die Küste: Lima wird gegründet. Pizarro wird 1541 durch einen Mordanschlag getötet.

Zeittafel

Seekarte des Portugiesen Domingos Teixeira, 1573.

1459 Serbien wird Teil des osmanischen Reiches.

1460 Christian von Oldenburg wird zum Herzog von Schleswig und Holstein gewählt. Bis 1863 bleiben die beiden Herzogtümer in Personalunion vereinigt.

1462 Iwan III., verheiratet mit einer byzantinischen Prinzessin, formt das Moskowiterreich in einen russischen Nationalstaat um und nennt sich "Zar von ganz Rußland".

1463 Die Türken erobern Bosnien. Der größte Teil der Bevölkerung tritt in der Folgezeit zum Islam über.

1466 Polen erreicht seine größte territoriale Ausdehnung. Es reicht von der Ostsee bis zum Schwarzen Meer.

1477 Karl der Kühne, Herzog von Burgund, fällt in der Schlacht von Nancy gegen die Schweizer Eidgenossen. Die Niederlande kommen dadurch als Besitz der Herzöge an den Habsburger Maximilian, der mit Karls Erbtochter Maria verheiratet ist.

Die Eroberung von Rhodos durch die Türken am 21. Dezember 1522, Buchmalerei aus dem 16. Jahrhundert.

1485 Im Streit der englischen Adelshäuser Lancaster und York in den Rosenkriegen um den Thron geht der Erbe des Hauses Lancaster, Heinrich II., als Sieger hervor und gründet das Königshaus Tudor.

1492 Granada, das letzte arabische Emirat auf spanischem Boden, ergibt sich den christlichen Belagerern.

1492 Christoph Kolumbus entdeckt auf der Suche nach dem Seeweg nach Indien Amerika.

1494 Martin Behaim verfertigt in Nürnberg den ersten Globus.

1494 Die spanische Inquisition unter dem Großinquisitor Torquemada vertreibt die Juden aus Spanien.

1494 Der französische König Karl VIII. beansprucht das Königreich Neapel als Erbe. Beginn der französisch-habsburgischen Auseinandersetzungen um die Herrschaft Italiens.

1495 Der ungarische König Matthias Corvinus, Sohn von Hunyadi, erobert habsburgische Gebiete und verlegt seine Residenz nach Wien. Das Ungarnreich verfällt aber bald wieder nach seinem Tode im Jahre 1490.

1496 Der Habsburger Philipp "der Schöne", Sohn Kaiser Maximilians I., heiratet Johanna "die Wahnsinnige", die Erbin des spanischen Königreiches.

1498 Vasco da Gama entdeckt den Seeweg nach Indien.

1499 Amerigo Vespucci erkundet die Küste Südamerikas und gibt dem neuen Kontinent seinen Namen.

1499 Die Schweiz erhält nach kriegerischen Auseinandersetzungen mit den Habsburgern im Frieden von Basel ihre politische Unabhängigkeit zugestanden.

1512 Moldau und Walachei müssen die türkische Oberherrschaft anerkennen. Damit ist der Balkan fest in türkischer Hand.

1513 Papst Leo X. fördert den Ablaßhandel zur Finanzierung des Baus der Peterskirche in Rom.

1517 Niccolo Machiavelli verfaßt sein Werk "Il Principe", in welchem er ein Bild des typischen Renaissanceherrschers zeichnet, für den die christlichen Moralvorstellungen bei der Machtausübung nicht bindend sind.

1517 Luther stellt seine 95 Thesen zur Diskussion. Beginn der Reformation.

1519 Maximilians Enkel Karl, seit 1516 König von Spanien, wird als Karl V. zum deutschen Kaiser gewählt.

1520 Die Türken unterwerfen Syrien, Arabien und Ägypten.

1521 Belgrad wird von den Türken erobert.

1521 Luther weigert sich, auf dem Reichstag zu Worms seine Lehre zu widerrufen.

1521 Cortés erobert das Reich der Azteken.

1522 Die Türken vertreiben die Johanniter von der Insel Rhodos.

1524 Bauernkriege in Schwaben, im Elsaß, in Franken und Thüringen unter dem Einfluß der Reformation. Luther stellt sich auf die Seite der herrschenden Obrigkeit.

1525 Der Hochmeister des Deutschen Ordens, Albrecht von Brandenburg, tritt zum Protestantismus über und wandelt den Ordensstaat in ein weltliches Herzogtum unter polnischer Lehenshoheit um.

1525 Jakob Fugger, der Begründer eines frühkapitalistischen Wirtschaftsimperiums, stirbt in Augsburg. Die Fugger kontrollieren die europäische Blei-, Silber- und Kupferproduktion. Ihr Hauptschuldner ist Kaiser Karl V.

Jakob Fugger in seinem Kontor, Buchmalerei aus dem Jahre 1518.

"Wie Amerigo Vespucci nach Paria, jetzo America benannt, gekommen", Kupferstich von de Bry von 1618.

1525 Der französische König Franz I. unterliegt in der Schlacht von Pavia gegen das von Karl V. aufgestellte Heer und wird gefangen genommen. Damit ist der erste Versuch des Franzosen, die territoriale Umklammerung Frankreichs durch die Habsburger aufzubrechen, gescheitert.

1526 Der ungarische König Ludwig II. fällt in der Schlacht bei Mohács gegen die Türken. Ungarn kommt durch Erbvertrag zu Habsburg.

1526 Babur begründet das islamische Reich der Großmoguln in Indien.

1530 Auf dem Reichstag zu Augsburg wird Karl V. die von Philipp Melanchton, einem Mitstreiter Martin Luthers, verfaßte "Augsburger Konfession" mit dem protestantischen Glaubensbekenntnis übergeben.

1532 Pizarro erobert das Inkareich.

1532 Da Karl V. die Unterstützung der Reichsstände im Kampf gegen die Türken und Frankreich braucht, muß er mit dem Nürnberger Religionsfrieden das Wormser Edikt von 1521, das den Protestantismus verbot, aufheben.

VIADRVS
FLVVIVS
FRANCOFVRTUM AD VIADRUM

1579–1649

1579 Die Union von Utrecht: Die Niederlande sagen sich von Spanien los.

1588 Die Spanische Armada: Spanien verliert die Vorherrschaft über die Weltmeere.

1620 Die Landung der Mayflower: Die Besiedlung Nordamerikas durch Europäer beginnt.

1634 Wallensteins Ermordung: Der Dreißigjährige Krieg geht weiter.

1648 Der Westfälische Frieden: Der Dreißigjährige Krieg findet seinen Abschluß.

1649 Die Hinrichtung Karls I.: Die Puritaner kommen an die Macht.

„Eroberung der Stadt Frankfurt/Oder durch die Schweden unter Gustav Adolf am 3. April 1631", zeitgenössischer Kupferstich von Matthäus Merian.

Die Union von Utrecht

„*Der Kompromiß des niederländischen Adels“ am 16. Februar 1566, Gemälde von Edouard de Biefve, 1849.*

Der Calvinismus lehnte jeden Prunk in den Kirchen ab. Innenansicht der St. Jakobskirche in Utrecht. Gemälde von Pieter Jansz Saenredam, 1642.

Anderthalb Jahrzehnte hat Prinz Wilhelm von Oranien bereits darauf hingearbeitet, die Niederlande in ihrer Gesamtheit von der Nordsee bis zur Oise von der spanischen Herrschaft zu befreien. Im Januar 1578 scheint der Moment des Sieges zum Greifen nah. Er wird von den Ständevertretern aller 16 niederländischen Provinzen in Brüssel zum Generalleutnant der Niederlande und Stellvertreter des habsburgischen Generalstatthalters gewählt. Wilhelms Ziel ist die Vereinigung aller niederländischen Provinzen zu einem ständisch regierten Staat, in dem die unterschiedlichen Konfessionen zusammenleben sollten. Daß er und seine Anhänger damit automatisch in Konflikt mit dem spanischen König Philipp II. kommen, der die niederländischen Provinzen fest in sein katholisches Reich eingliedern und keinerlei Privilegien gelten lassen will, ist vorprogrammiert und keineswegs unerwünscht.

Als es in einigen Städten zu konfessionellen Ausschreitungen kommt und die katholischen Stadtregierungen durch calvinistische ersetzt werden, zieht es der vorwiegend katholische Adel in den Süd-Provinzen der Niederlande vor, sich unter Zusicherung seiner Privilegien mit der spanischen Herrschaft zu arrangieren und die unbeschränkte Autorität des spanischen Königs Philipp II. anzuerkennen. Das findet seinen staatsrechtlichen Ausdruck in der „Union von Arras“, welche die französischsprachigen südniederländischen Provinzen Artois und Hennegau am 6. Januar 1579 zum Schutz des katholischen Glaubens abschließen. Voller Enttäuschung über den Verrat an der gemeinsamen Sache treten daraufhin die Repräsentanten der Ständeversammlungen – der „Staaten“ – der nördlichen Provinzen Holland, Seeland, Utrecht, Geldern und

1579

Massenhinrichtung während der Statthalterschaft des Herzogs von Alba. Zeitgenössischer Kupferstich.

„Belagerung von Ostende", dem letzten Stützpunkt der Holländer in den südlichen Niederlanden 1601–1604, zeitgenössisches Gemälde von Sebastian Vrancx.

Groningen Ende Januar in Utrecht zusammen und gründen am 23. Januar die „Union von Utrecht". Die sich schon lange ankündigende Spaltung der Niederlande in einen katholischen Süden, in dem der landbesitzende Adel dominiert, und einen calvinistischem Norden, wo das städtische Bürgertum großes Gewicht hat, ist damit vollzogen. Ausgelöst worden war die Bewegung „Los von Spanien!" durch die grausamem Ketzerverfolgungen, mit denen schon unter Kaiser Karl V. gegen die alten Freiheiten der niederländischen Städte verstoßen worden war. Seit 1555, unter Karls in Spanien erzogenem Sohn Philipp II., der erst als Regent, dann als spanischer König über das Land herrschte, weitete sich die Bedrückung aus der religiösen in die wirtschaftliche Sphäre aus. Als Mitte der sechziger Jahre der Unmut revolutionäre Formen annahm, reagierte Philipp II. mit Truppenentsendung unter dem berüchtigten Herzog von Alba, der ein Schreckensregiment mit Strafexpeditionen, Massenhinrichtungen und Vermögenseinziehungen aufrichtete. Ein drückendes mittelalterliches Steuersystem drohte die Wirtschaft des Landes zu ruinieren. Zehntausende flohen in deutsche Territorien. Widerstand leisteten nur noch versprengte Partisanen und von England unterstützte Piraten, die „Geusen". Die kühnen Aktionen der Geusen ermutigen 1572 Aufstände in den Provinzen Holland und Seeland. Spanische Strafoperationen gegen einzelne Städte bringen den Besatzern vor Alkmaar und Leiden europaweit beachtete Mißerfolge gegen eine sich entschlossen verteidigende, von kühnen Flottenaktionen der Rebellen unterstützte Bevölkerung. Herzog Alba wird daraufhin 1573 nach Spanien zurückberufen. Auch außerhalb der Rebellenprovinzen wird die Last der spanischen Bedrückung gemildert. Dafür macht sich nun aber Anarchie in den schlecht oder gar nicht bezahlten spanischen Truppen breit, die sich in willkürlichen Erpressungen und Plünderungen äußert. Die freien Provinzen Holland und Seeland gewinnen angesichts solcher Ereignisse immer mehr Gewicht bei Städte- und Zunftbürgern. Zur Utrechter Union stoßen deshalb nicht nur die Provinzen Oberyssel und Friesland, sondern auch die Städte Antwerpen, Breda, Brügge und Ypern – die aber bis 1585 wieder von den Spaniern erobert werden.

Die Utrechter Union verkündet ein ewiges unauflösbares Bündnis ihrer Mitglieder, legt eine gemeinsame Währung, ein abgestimmtes System von Maßen und Gewichten, vor allem aber eine gemeinsame Kriegsführung und Außenpolitik fest. Als oberstes Organ schafft sie sich eigene Generalstaaten. 1581 sagen sich die sieben Provinzen von Spanien los, indem sie Philipp II. für abgesetzt erklären. 1583 tragen sie Wilhelm das Amt des Generalstatthalters an. Seine Ermordung am 10. Juli 1584 durch einen katholischen Fanatiker kommt seiner Entscheidung zuvor. Als Wilhelm von Oranien ermordet wird, ist die erste bürgerliche Republik der Welt schon drei Jahre alt, ihre staatsrechtliche Anerkennung und die offizielle Loslösung von Spanien erfolgt jedoch erst 1648 im Westfälischen Frieden.

Die Spanische Armada

Zwei große und einige kleinere Schiffe aus einem Gesamtbestand von 130 Einheiten der spanischen Flotte sind zwischen dem 31. Juli und dem 3. August 1588 verloren gegangen – kaum der Rede wert angesichts des Erfolgs, den von den Engländern beherrschten Ärmelkanal passiert zu haben. Bei den feindlichen Attacken mußten die Spanier feststellen, daß der Feind nicht nur beweglicher, sondern auch bestens mit Bordgeschützen ausgestattet ist, denn er besitzt ein ganz anderes Seekriegskonzept: Die Engländer stellen nicht mehr das Entern des feindlichen Schiffs und den dann folgenden Kampf Mann gegen Mann in den Mittelpunkt ihrer Kampftaktik, sondern die Ausschaltung der gegnerischen Schiffe durch Artillerie und Brandraketen. Dennoch kamen die Spanier noch einmal mit einem blauen Auge davon. Sie sollen nun, wie geplant, in den Niederlanden 30 000 Mann spanischer Truppen aufnehmen, um mit ihnen in die Themsemündung zu segeln und London zu erobern.

Die vorgesehene Einschiffung der berühmten spanischen Infanterie in Dünkirchen verzögert sich jedoch, weil der Hafen von behenden niederländischen Kleinschiffen blockiert wird, die lästig wie Stechmücken und ebenso schwer wie diese zu erwischen sind. Der Herzog Medina Sidonia hat das Kommando über die Armada erhalten, weil seine Vorfahren kühne Seefahrer waren. Er selbst hat als Flottenkommandant keinerlei Erfahrung. Am 7. August bezieht die „felicissima Armada" (die glücklichste Flotte), wie sie der spanische Hof offiziell benannt hat, Position zwischen Gravelines und Calais, um sich zum Angriff auf die Niederländer vor Dünkirchen zu formieren. Da melden die Wachen in der Nacht brennende Schiffe. Es sind alte Segler, welche die Engländer bis zum Rand mit brennbarem Material gefüllt und in Brand gesteckt haben und die nun der Armada entgegentreiben. Dort macht sich Panik breit: Kapitäne lassen Ankertaue kappen, noch ehe die durch die Eile nur halb gesetzten Segel vom schwachen Wind gefüllt sind. Die Folge ist keine oder nur geringe Manövrierfähigkeit. Die überraschend aufgetauchten Engländer unter dem Oberkommando des Abenteurers Francis Drake setzen ihre überlegene Schiffsartillerie ein, um die Verwirrung noch zu steigern. Die spanische Flottenführung verliert die Übersicht und hat

„Der Sieg der englischen Flotte über die spanische Armada", Gemälde von Hendrick Cornelisz Vroom, um 1600.

Mühe, im Morgengrauen die noch einsatzfähigen Kriegsschiffe zu sammeln. Breitseite auf Breitseite der englischen und niederländischen Artillerie regnet auf die Armada hernieder. Die spanischen Mannschaften kommen gar nicht dazu, ihre Enterbrücken fallen zu lassen. Eine aufkommende Regenwand mit Sturmböen setzt dem Kampf schließlich ein Ende.

Etwa ein Viertel der spanischen Flotte ist der Seeschlacht zum Opfer gefallen, und die spanischen Schiffskommandeure bezweifeln nach den Erfahrungen der letzten Woche, ob das in Madrid am grünen Tisch ausgedachte Unternehmen, mit 30 000 Mann über den Kanal zu setzen, bei einem derartigen Widerstand des Feindes überhaupt zu verwirklichen ist. So beschließen sie am 10. August, die Einschiffung der Invasionstruppe aufzugeben und nach

Kompaß und Skala von Sir Francis Drake.

Spanien zurückzukehren. Da sie im Ärmelkanal erneut Angriffe der englisch-niederländischen Flotte befürchten – Drakes Mannschaften haben die Spanier das Fürchten gelehrt – entscheiden sie sich, den Rückzug auf der Nordroute um die britischen Inseln herum anzutreten, wo man erheblich weniger Feindberührung erwartet. Tatsächlich folgen die eng-

lischen und niederländischen Kriegsschiffe der Armada nur noch lässig in die Nordsee nach. Aber nördlich der Orkney-Inseln gerät die Armada in einen Orkan, der ihr furchtbare Verluste bringt, und als der Restbestand westlich an Irland vorbeisegelt, wiederholt sich das Toben der Gewalten mit dem gleichen Resultat. Nur 60 der 130 Schiffe der Armada treffen mit ihren halbverhungerten Besatzungen Mitte September an der asturischen und galicischen Küste ein.

Seit den sechziger Jahren des 16. Jahrhunderts beeinträchtigten englische Abenteurer mit ihren Überfällen immer wieder den spanischen Transatlantikhandel. Die Durchbrechung des spanischen Handelsmonopols in die spanischen und portugiesischen Kolonien – Portugal ist seit 1580 mit Spanien vereinigt – durch wohlorganisierten Schmuggel fügte den Spaniern weitere Verluste zu. In England entstanden regelrechte Kaufmannsgesellschaften zur Finanzierung von Piraterie, in die auch Angehörige des Hochadels und der Hof Anteile einbrachten. Dies blieb Madrid nicht verborgen, wo man auch mit großem Unmut zur Kenntnis nahm, daß die holländischen See-Partisanen – die Geusen – ihre Operationsbasen in englischen Häfen hatten. Als England 1585 die Vereinigten Niederlande unverblümt in ihrem Unabhängigkeitskrieg gegen Spanien unterstützte, erklärte Madrid London den Krieg, um sowohl die englische Piraterie auszuschalten und als auch den Niederländern ihre Operationsbasen an der britischen Küste zu entziehen. Geplant war, die vom Papst schon 1570 geächtete englische Königin Elizabeth zu vertreiben und in England der Gegenreformation zum Siege zu verhelfen.

Nach dem kläglichen Ende der Armada-Unternehmung von 1588 ist die spanische Kriegsflotte fast völlig vernichtet. Ihr Wiederaufbau nimmt angesichts der erschöpften spanischen Staatskasse mehrere Jahre in Anspruch, zumal die Engländer 1596 in den Hafen von Cadiz eindringen und die neugebauten Schiffe verbrennen. Als der Krieg mit Spanien nach Elizabeths Tode (1603) von ihrem Nachfolger Jakob I. 1604 beendet wird, bleibt zwar das spanische Handelsmonopol für die spanischen Kolonien auf dem Papier bestehen, aber in London hat sich schon vier Jahre zuvor eine Ostindische Kompanie gebildet, die ihre Ansprüche auf Handel im Indischen Ozean und zu den Gewürzinseln in kürzester Zeit auch durchsetzt. Die Herrschaft der Spanier über die Weltmeere ist nach dem Untergang ihrer Armada zu Ende, England ist jetzt am Zuge.

Eine Schiffswerft im 16. Jahrhundert. Zunftzeichen der venezianischen Schiffsbauer aus dem 16. Jahrhundert, 1753 restauriert.

Porträt der englischen Königin Elizabeth I. mit der Armada-Schlacht im Hintergrund. Gemälde von Marcus Geeraerts d.J., 1588.

Die Landung der Mayflower

„Der erste Thanksgiving Day", das 1621 von den Pilgervätern eingeführte Friedens- und Erntedankfest. Gemälde von George Henry Boughton, 1867.

Regenverhangen bietet sich die amerikanische Küste dar, als die „Mayflower", ein Segelschiff von 180 Tonnen, sich ihr am 21. November 1620 nähert. 102 Männer, Frauen und Kinder haben die 66tägige Überfahrt vom englischen Hafen Plymouth aus gewagt, um sich in der Neuen Welt ein selbstbestimmtes Leben in einer von Gott gesegneten Gemeinde aufzubauen. Als radikale Calvinisten lehnen sie die absolutistische Regierungsform des englischen Königs ebenso wie die anglikanische Staatskirche ab. Sie wollen frei nach ihrem Glauben leben und ihre Angelegenheiten – religiöse wie weltliche – selbst regeln. Noch bevor sie die „Mayflower" verlassen, beschwören die 41 Männer der Auswanderergruppe einen Vertrag, der eine politische Körperschaft konstituiert, die sich durch gerechte und gleiche Gesetze selbst eine Ordnung geben will. Die Strenge ihrer Glaubensrichtung hat diesen in England weit verbreiteten radikalen Calvinisten den Namen „Puritaner" (Reinheitsapostel) eingebracht. Die „Pilgerväter" sind nur eine besonders konsequente Gruppe unter ihnen. Sie errichten am Rande der großen Bucht hinter Kap Cod, an der Mündung eines kleinen Flusses, eine Siedlung, die sie New Plymouth nennen. Im nächsten Jahr treffen neue Auswanderer ein – alles Puritaner, die aus dem neuen europäischen Siedlungsgebiet in Amerika einen Hort des Gewerbefleißes und der kommunalen Selbstverwaltung machen.

„Ein Wilder von der Hudson-Bay", Aquatintastich aus der „Encyclopedie des Voyages", 1795/96, nach einer Zeichnung von Jaques Grasset de Saint-Sauveur.

1628 wird von Geschäftsleuten und Grundbesitzern in London eine Gesellschaft für Handel und Ansiedlung in Amerika gegründet, die ihr Interesse auf die Massachusettsbucht richtet. Im Zusammenhang mit antipuritanischen Entwicklungen in der anglikanischen Kirche suchen viele calvinistische Geschäftsleute ihr Heil in der Übersiedlung nach Amerika. Sie unterscheiden sich von der ersten Siedlerwelle – den „Pilgervätern" – erheblich durch materiellen Wohlstand und gesellschaftliche Stellung und beabsichtigen die Gründung einer eigenen Siedlung. König Karl I. fördert das Unterneh-

1620

Wie die Spanier und Portugiesen in Süd- und Mittelamerika setzten ab 1619 die britischen Kolonisten in Virginia Sklaven auf ihren Plantagen ein. Aquarell von Zacharias Werner aus seinem 1634–37 entstandenen „Tierbuch". (Dresden, Staatliches Kupferstichkabinett).

„Virginia", kolorierter Kupferstich, um 1610, von William Hole nach der Karte von John Smith, der an der Gründung Virginias beteiligt gewesen war.

men in der Hoffnung, möglichst viele einflußreiche Puritaner über den Atlantik verschwinden zu sehen. Seine Rechnung geht auf, denn der Gouverneur der Kompanie, John Winthrop, leitet 1630 ein Siedlungsgroßunternehmen ein, indem er mit elf Schiffen und 1200 puritanischen Auswanderern nördlich von Kap Cod in der Massachusettsbucht landet und die Stadt Boston gründet. Sie entwickelt sich rasch zum Zentrum des ganzen Territoriums, das neben dem von der Bucht geliehenen Namen Massachusetts bald Neu-England genannt wird. Die Kolonie gibt sich eine parlamentarisch-republikanische Verfassung, in der alle – männlichen – Einwohner einen Eid nicht etwa auf den König, sondern auf den Obersten Gerichtshof, den Staatsrat und die Abgeordnetenkammer der Kolonie abzulegen haben. Religiöse Toleranz, die die Auswanderer in ihrem Heimatland nicht erfahren haben, wird auch in dem puritanischen Gemeinwesen auf amerikanischem Boden nicht ausgeübt, aber bei der Weite des Landes können Sekten und religiöse Eiferer weiter ziehen und neue Siedlungen gründen. So entstehen 1635 Connecticut und 1638 Rhode Island.

Die Ankunft der „Pilgerväter" war nicht der erste Versuch einer englischen Ansiedlung auf dem neuen Kontinent. 1606 sandte die gerade gegründete Virginia-Kompanie drei Schiffe in das 1585 von Walter Raleigh erreichte Virginia, um dort mit 140 Auswanderern eine Kolonie zu gründen. Sumpffieber und Hunger bewirkten, daß im Frühjahr 1610 von den 650 seit 1606 Angekommenen nur noch 60 Menschen lebten. Erst die Ankunft eines neuen Siedlerschubs im Jahre 1610 gab der Kolonie Virginia wieder Auftrieb. Der Anbau und Export von Tabak brachten allmählich für die Kompagnie die erwarteten Gewinne. Ab 1619 wurden afrikanische Sklaven für die Arbeit auf den Tabakplantagen importiert. Da nicht jede lokale Angelegenheit in London entschieden werden konnte, erhielt die Kolonie im selben Jahr das Recht zu einer örtlichen Volksvertretung, woraufhin sich am 30. Juli 1619 in der Kirche von Jamestown die erste gesetzgebende Körperschaft des amerikanischen Kontinents versammelte: Sie bestand aus dem Gouverneur, sechs Ratsherren und je zwei Abgeordneten von zehn Pflanzungen, die sich ein Vetorecht gegen in London über die Kolonie gefaßte Beschlüsse einräumten. Selbst die Erhebung Virginias zur englischen Kronkolonie im Jahre 1624 änderte daran nichts.

Die englische Ansiedlung in Amerika war von Beginn an sowohl im Süden als im Norden durch starke Tendenzen zur demokratischen Selbstverwaltung charakterisiert. Bereits in ihren Anfängen findet sich aber auch, zunächst kaum spürbar, der später entscheidende Gegensatz in der sozioökonomischen Struktur zwischen den nördlichen Kolonien und dem Süden. Dort freie Bauern und städtische Gewerbetreibende, hier ausgedehnte Pflanzungen und Sklavenarbeit. Dem Norden und dem Süden wiederum gemein ist ihr Vorgehen gegen die indianischen Nachbarn, mit denen es immer wieder Streitigkeiten gibt. Weder die Puritaner noch die Virginier ziehen hier eine friedliche Lösung in Betracht. 1622–1642 löschen in Virginia und 1675/76 in Neu-England Vernichtungsfeldzüge die „störenden" Eingeborenenstämme aus. Damit schaffen sie ein Schule machendes Vorbild für die amerikanische Indianerpolitik der nächsten zweihundert Jahre.

Wallensteins Ermordung

Es ist nur eine kleine Truppe, die in den letzten Februartagen 1634 von Pilsen nach Eger marschiert – klein im Vergleich zu anderen Heeren, in deren Mitte der jetzige Kommandeur Wallenstein früher durch die Lande gezogen ist. Noch vor wenigen Wochen konnte er als Generalissimus der kaiserlichen Armee von seinem Hauptquartier in Pilsen aus über mindestens 50 000 Mann gebieten, aber jetzt war er vom Kaiser für abgesetzt erklärt worden. In Eger will Wallenstein mit Vertretern der schwedischen Armee zusammentreffen, mit deren Oberbefehlshaber er schon etliche Zeit in Verhandlungen über eine Friedensinitiative steht. Von einem Gichtanfall geplagt, ist Wallenstein zufrieden, als er am späten Nachmittag Eger erreicht und ein bequemes Quartier beziehen kann. Der Einladung des Stadtkommandanten Gordon zu einem Festmahl auf der Zitadelle folgt Wallenstein nicht – die Gicht quält ihn zu sehr. Gegen elf Uhr abends entsteht Getümmel vor dem Haus – Dragoner haben offenbar Meldungen zu machen. Die Wache läßt sie in das Haus, wo sie sofort die Treppe hinaufstürmen und in Wallensteins Gemach eindringen. „Bist Du der Schelm, der des Kaisers Volk zum Feinde bringen und ihm die Krone rauben will? Du mußt sterben!“ schreit Hauptmann Deveroux seinen abgesetzten und geächteten Generalissimus an und durchbohrt ihn. Vier seiner treusten Gefolgsleute unter den hohen Offizieren sind schon drei Stunden zuvor bei dem abendlichen Bankett auf der Zitadelle ermordet worden. Ein kaiserliches Patent vom 18. Februar, das Wallenstein und seine engsten Vertrauten zu eidbrüchigen Verschwörern erklärt, derer man sich lebendig oder tot bemächtigen müsse, hat den Mördern die Entscheidung leicht gemacht. Der Kaiserhof überhäuft sie anschließend mit Lob und Belohnungen.

Der Dreißigjährige Krieg hat unzählige Leben zerstört und unermeßliches Leid über die Mitte Europas gebracht. Er hat aber auch gewaltige Karrieren ermöglicht. Albrecht von Wallenstein nahm den steilsten Aufstieg von allen und gelangte als Herzog von Mecklenburg bis in den Reichsfürstenstand. Anfangs nur ein kleiner böhmischer Adliger protestantischen Glaubens, heiratete er – nach seinem Übertritt zum Katholizismus – eine erheblich ältere katholische Magnatenwitwe, die ihn in den mährischen Hochadel einführte. An der böhmischen Ständerebellion von 1618 unbeteiligt, zog er nach deren Niederschlagung riesige Gewinne aus der Aneignung konfiszierter Ländereien sowie aus Finanzspekulationen. 1624 ließ er seine Besitzungen vom Kaiser zum Herzogtum Friedland erheben. 1625 erbot er sich, dem mit einzelnen protestantischen Fürsten im Krieg liegenden Kaiser Ferdinand II. aus eigenen Mitteln ein Heer aufzustellen. Das Angebot wurde gern angenommen und Wallenstein Oberkommandierender der neuen, schließlich 30 000 Mann starken Armee. Nach dem Grundsatz, daß der Krieg den Krieg ernähren müsse, preßte Wallenstein die von seinen Soldaten besetzten Gebiete ohne Erbarmen aus und füllte seine Taschen. Militärisch erfocht

Morion-Helm aus dem 17. Jahrhundert.

„Der Astrologe Seni an der Leiche Wallensteins“, Gemälde von Karl von Piloty, 1855.

Wallenstein dem Kaiser im Niederdeutsch-Dänischen Krieg 1625–1629 einen überzeugenden Sieg. Von Holstein bis Pommern standen nun kaiserliche Garnisonen in norddeutschen Fürstentümern. Als Anerkennung und als Entschädigung für seine Aufwendungen erhielt er vom Kaiser das Herzogtum Mecklenburg, nachdem die dortigen protestantischen Herzöge vertrieben worden waren.

Die Gefahr einer habsburgischen Machtstellung an der Ostsee rief die protestantischen Schweden auf den Plan. Gerade zur Zeit der schwedischen Landung in Pommern erlebte Wallenstein seinen ersten Sturz. Er hatte sich mit seinen typischen Aufsteigerallüren – autoritärer Stil, immense Prachtentfaltung und skrupellose Ausplünderungspraktiken – bei den deutschen Fürsten verhaßt gemacht. Hinzu kam, daß ihnen der Kaiser mit Wallenstein im Rücken zu eigenmächtig auftrat, weshalb sie vom Kaiser verlangten, seinen Generalissimus zu entlassen, was im September 1630 auch geschah, denn der Kaiser brauchte die Stimmen der Kurfürsten bei der Wahl seines Sohnes zu seinem designierten Nachfolger. Der schwedische Siegeszug von 1631/32 veranlaßte jedoch Ferdinand II., Wallenstein wieder den Oberbefehl anzubieten, den dieser nur unter Bedingungen annahm, die ihn praktisch zum Militärdiktator machten. Mit einer neuen Armee von 40 000 Mann stellte er sich seit Juli 1632 den Schweden entgegen und erlebte bei Lützen am 16. November 1632 den Triumph, daß der schwedische König Gustav Adolf tot auf dem Schlachtfeld blieb. Aber Wallenstein verschloß sich anschließend dringlichen Forderungen aus Wien, die Schweden aus dem Reich zu verdrängen, sondern setzte den Krieg auf möglichst kleiner Flamme fort. Er empfahl sogar weitgehende Nachgiebigkeit gegen Schwedens deutsche Bundesgenossen und legte selbst das Schwergewicht auf Verhandlungen nach allen Seiten, um zu friedlichen Regelungen zu kommen und den Krieg zu beenden. Die Unterhandlungen blieben natürlich am Kaiserhof nicht verborgen, wo besonders Wallensteins offenes Bekenntnis zu konfessioneller Koexistenz auf Ablehnung stieß. Aber wegen der 1632 Wallenstein zugestandenen Vollmachten war der Konflikt zwischen dem Generalissimus und seinem kaiserlichen Herrn nicht mehr wie 1630 durch Absetzung zu lösen. Was blieb, war Mord.

„Wallensteins Zug nach Eger", Gemälde von Karl von Piloty, um 1861.

„Musketier und Piketier zur Zeit des Dreißigjährigen Krieges", Holzstich von W. Diez, um 1890.

Der Westfälische Frieden

Am Nachmittag des 24. Oktober 1648 wird im Großen Saal des Rathauses von Münster ein umfangreiches Vertragswerk unterzeichnet. 111 deutsche und 38 nicht-deutsche Gesandte hatten sich zuvor in Osnabrück und Münster zusammengefunden, um eine gemeinsame Friedenslösung zu erarbeiten. Endlich ist der große Krieg in der Mitte Europas, der dreißig Jahre wütete, zu Ende. 70 Geschütze donnern Salut, alle Kirchenglocken der Stadt läuten. Am folgenden Tag, einem Sonntag, wird ein großer Dankgottesdienst abgehalten, und im Anschluß daran verliest der Stadtsekretär von festlich geputztem Pferde herab den Artikel über die Einstellung der Kriegshandlungen.

„Friedenstraktat von Münster",
das Exemplar des Kurfürsten von Sachsen.

„Der Friedensschwur von Münster", Gemälde von Gerard ter Borch, 1648.

Begonnen hatte dieser Krieg mit einer Rebellion der protestantischen Stände in Böhmen gegen die katholischen Habsburger. Dieser zunächst lokale Konflikt weitete sich zu einem jahrzehntelangen kriegerischen Wüten aus, in dem religiöse Motive, eng verquickt mit macht- und territorialpolitischen Interessen, immer wieder neue kriegerische Impulse gaben. Separate Friedensverhandlungen und Friedensschlüsse zwischen einzelnen der beteiligten Parteien beendeten den Krieg nicht, denn immer wieder schalteten sich neue Mächte ein, um Deutschland nicht zur Ruhe kommen zu lassen. Nur eine umfassende Friedenslösung konnte die sich überlagernden Konflikte, die Deutschland zum Schlachtfeld Europas machten, beenden.

„Plünderung eines Dorfes", zeitgenössisches Gemälde von Sebastian Vranx (1573–1647).

Seit Herbst 1644 stritt man um Verfahrensfragen und Rangordnungen, wirklich zur Sache kam man ab Sommer 1645. Im katholischen Münster verhandelt eine kaiserliche Delegation mit französischen, im protestantischen Osnabrück mit schwedischen Gesandten. Außer England, Rußland und der Türkei sind alle europäischen Mächte vertreten, wobei der Papst und die Republik Venedig als neutrale Vermittler fungieren. Insgesamt sind 149 Gesandte, davon 38 ausländische an den Verhandlungen beteiligt. Am Verhandlungstisch wiederholt sich der Streit zwischen Zentral- und Territorialmacht, der auch den Krieg entscheidend mitgeprägt hatte. Der Kaiser will durch Wiederherstellung aller geistlichen Territorien nach dem Stand von 1555 – dem Zeitpunkt des Augsburger Religionsfriedens – seine Macht im Reich befestigen; die Reichsfürsten hingegen

„Der Frieden machet froh und mehrt/ Der Krieg betrübet und zerstört". Schmuckblatt aus dem Stammbuch des Magisters Johannes Frenzel.

wollen möglichst viel Eigenständigkeit gegenüber dem Kaiser und möglichst viel territorialen Gewinn. Angesichts solcher Gegensätze haben es sowohl Frankreich als auch Schweden leicht, ihre Interessen an deutschen Territorien durchzusetzen. Frankreich rückt durch Hoheitsrechte im Elsaß bis an den Oberrhein vor und setzt eine Entmilitarisierung der deutschen Westgrenze durch, Schweden bekommt alle Mündungen deutscher Ströme in die Nord- und Ostsee in seine Hand. Eine Reihe deutscher Territorialstaaten kann im Gegenzug durch französische und schwedische Unterstützung Gebietszuwachs verbuchen. Französisches Kalkül, dem Kaiser in Süddeutschland einen starken Widerpart zu verschaffen, bringt Bayern erheblichen Zuwachs, gleichgelagerte schwedische Absichten für Norddeutschland haben dieselben Folgen für Brandenburg. Die Schweiz und die Niederlande scheiden endgültig aus dem Deutschen Reich aus.

Verbissen wird über die konfessionelle Zugehörigkeit der Territorialstaaten gerungen. Die Protestanten streben 1618 als das „Normaljahr" an, was bedeutet, daß der damalige Status quo von Konfession und kirchlichem Besitz als verbindlich festgeschrieben werden soll. Dies hätte zur Folge, daß in Böhmen und Mähren die von den Habsburgern erzwungene Gegenreformation wieder rückgängig gemacht würde. Von kaiserlich-katholischer Seite wird das „Normaljahr" 1629 angepeilt, als in den kaiserlich besetzten Gebieten bis zur Nord- und Ostsee die Gegenreformation in vollster Blüte stand. Schließlich wird 1624 festgeschrieben, ein Kompromiß, der von beiden Seiten Zugeständnisse verlangt. In Erweiterung des Augsburger Religionsfriedens zwischen Katholiken und Lutheranern werden nun auch die calvinistischen Reformierten als gleichberechtigte Konfession anerkannt. Noch schließt das Verständnis von landesherrlicher Obrigkeit konfessionelle Toleranz innerhalb der eigenen Machtsphäre aus. Der 1555 in Augsburg festgeschriebene Grundsatz „cujus regio, ejus religio" (Wessen Land, dessen Religion) gilt weiterhin. Immerhin wird Andersgläubigen das Recht auf Ausübung ihrer Konfession jenseits der Landesgrenzen und auf Auswanderung unter Mitnahme des beweglichen Besitzes zugestanden.

Der Westfälische Frieden bewirkt endlich ein Ende der verheerenden Kriegszüge, ein Ende der Ausplünderung kommt erst im Laufe mehrerer Jahre. Die Entlassung der Heerhaufen und die Wiedereingliederung der zurückkehrenden Soldaten bringen erhebliche Probleme. Das Marodieren bleibt noch lange eine Plage. Der größte Teil Deutschlands liegt verwüstet, die Bevölkerungszahl ist um ein Drittel gesunken, Gewerbe und Handel liegen am Boden, Produktionsstätten sind zerstört, die Äcker unkrautüberwuchert, Zugvieh ist Mangelware. Deutschland, über eine Generation Schlachtfeld Europas wird lange Zeit brauchen, um sich von den Folgen des Krieges zu erholen.

Die Hinrichtung Karls I.

„Karl I.", Gemälde aus der Werkstatt von Anthonis van Dyck, um 1632.

„Gebt mir ein Hemd mehr, als ich gewöhnlich trage; das Wetter ist so rauh, daß ich vielleicht zittern könnte, was Beobachter meiner Furcht zuschreiben könnten. Ich möchte nicht, daß mich dieser Vorwurf trifft, denn ich fürchte den Tod nicht", erklärt der englische König Karl I. am Morgen des 30. Januar 1649 seinem Kammerdiener. Er weiß, daß es sein letzter Morgen ist, denn für diesen Tag ist seine Hinrichtung angesetzt. Noch kennt die Weltgeschichte kein Beispiel dafür, daß ein gekröntes Haupt durch den richterlichen Schuldspruch seiner Untertanen öffentlich exekutiert wird. Doch ein außerordentliches Gericht hat drei Tage zuvor sein Todesurteil gefällt, weil er als Tyrann, Mörder und öffentlicher Feind der Nation nichts anderes verdient habe. Aus einem Zimmer im königlichen Palast Whitehall tritt der König gegen zwei Uhr nachmittags direkt auf das vor dem Schloß aufgeschlagene Schafott – man hat eigens ein Fenster zu einer Türöffnung erweitert. Nachdem er sein Haupt auf den Richtblock gelegt hat, gibt er dem schwarzmaskierten Scharfrichter durch einen Wink seiner Hand selbst das Zeichen zur Exekution.

Bei aller Parteinahme der Londoner für das Ringen des Parlaments um die Zurückweisung angemaßter königlicher Rechte erscheint doch vielen diese Art der Lösung übertrieben. Zwar hatte der 1625 auf den Thron gelangte Karl I. die Aufrichtung einer absoluten Herrschaft, in der alle Macht beim König lag, angestrebt, aber das taten die gekrönten Häupter in Spanien, Frankreich und im Deutschen Reich zu dieser Zeit ebenso, wobei Karl auch noch seine Stellung als Haupt der anglikanischen Staatskirche für sein Ziel einsetzte. Absolutismus und Anglikanismus trafen aber auf den erbitterten Widerstand der Puritaner, die im handel- und gewerbetreibenden Bürgertum sowie auf dem Lande zahlreiche Anhänger hatten. Politische und konfessionelle Motive vermischten sich so zu einem schier unentwirrbaren Knäuel. Der König glaubte es nur lösen zu können, indem er 1629 das Parlament nach Hause schickte.

Erst elf Jahre später, in denen ein Terrorregime in England und Schottland 65 000 Puritaner zur Auswanderung veranlaßt hatte, berief Karl das Parlament wieder ein, damit es neuen Steuern zustimme. Es widersetzte sich jedoch den Geld-

forderungen der Krone und wurde nach drei Wochen entlassen. Ein landesweiter Steuerstreik war die Folge, so daß Parlamentsneuwahlen zugestimmt werden mußte. Unter den 511 Abgeordneten des neuen Unterhauses befanden sich fast nur noch Puritaner. Sie waren fest entschlossen, Zustände wie in dem eben durchlebten Willkürregime nicht mehr zuzulassen. Im August 1642 eröffnete Karl I. daraufhin den offenen Bürgerkrieg, in dem er zunächst siegreich war, da der militärisch geübte Adel zu ihm stand, und das Parlament in der Eile neben den städtischen Milizen nur ein schlechtes Söldnerheer aufstellen konnte. Jedoch veranlaßten die Erfolge der von dem Unterhausmitglied Oliver Cromwell aufgestellten teilgepanzerten freibäuerlichen Reiterei das Parlament 1645 zur Aufstellung einer neuen Musterarmee von 22 000 Mann. Sie brachte am 14. Juni 1645 der königlichen Armee bei Naseby eine vernichtende Niederlage bei. Karl floh nach Schottland. Damit schien die Auseinandersetzung zwischen Krone und Parlament ihr Ende gefunden zu haben. An eine Beseitigung des legitimen Monarchen war nicht gedacht, sondern er sollte nur dem Parlament größere Freiheiten zugestehen. Um bessere Verhandlungspositionen zu haben, kaufte das Parlament den Schotten den König ab und internierte ihn im Schloß Holmby.

Schwere finanzielle Belastungen zwangen das Parlament zur Entlassung des größten Teils des Heeres. Die radikal gesinnte puritanische Armee dachte jedoch nicht daran, sich auflösen zu lassen. Sie bemächtigte sich des Königs und besetzte am 6. August 1647 London. Cromwell, der zu den radikalen Abgeordneten gehörte, verhandelte als einer der obersten Armeeführer mit Karl, der die drei Forderungen des Parlaments – Verzicht auf sein absolutes Veto gegen Parlamentsbeschlüsse, Ausschaltung der Royalisten aus den Staatsämtern für fünf Jahre sowie Abschaffung der kirchlichen Hierarchie und Versteigerung ihrer Ländereien – ablehnte. Stattdessen nutzte er die heftigen Flügelkämpfe innerhalb der puritanischen Partei zwischen Gemäßigten und Radikalen im Frühjahr 1648 zur Flucht auf die Insel Wight. Dort stellte er sich in den Mittelpunkt einer royalistischen Verschwörung, zu der sich auch die wankelmütigen Schotten gesellten. Cromwell ließ Karl I. auf der Insel festnehmen, marschierte am 2. Dezember in London ein und vertrieb 150 gemäßigte Abgeordnete aus dem Unterhaus. Das nun mehrheitlich vom radikalen Flügel beherrschte Parlament erklärte sich am 4. Januar 1649 zum Träger der höchsten Gewalt in England. In dieser Eigenschaft benannte das Parlament ein Höchstes Gericht von 135 Personen, das am 20. Januar nach Fertigstellung der Anklage gegen Karl I. eröffnet wurde. Wie fragwürdig die Verurteilung eines Monarchen „von Gottes Gnaden“ durch dieses Gericht war, zeigt das Fernbleiben von 94 der 135 ernannten Richter vom Prozeß mit seinem vorher festgelegten Urteil.

Griff eines Prunkschwertes, angefertigt von Antonio Piccini für Erzherzog Ferdinand von Tirol, um 1570.

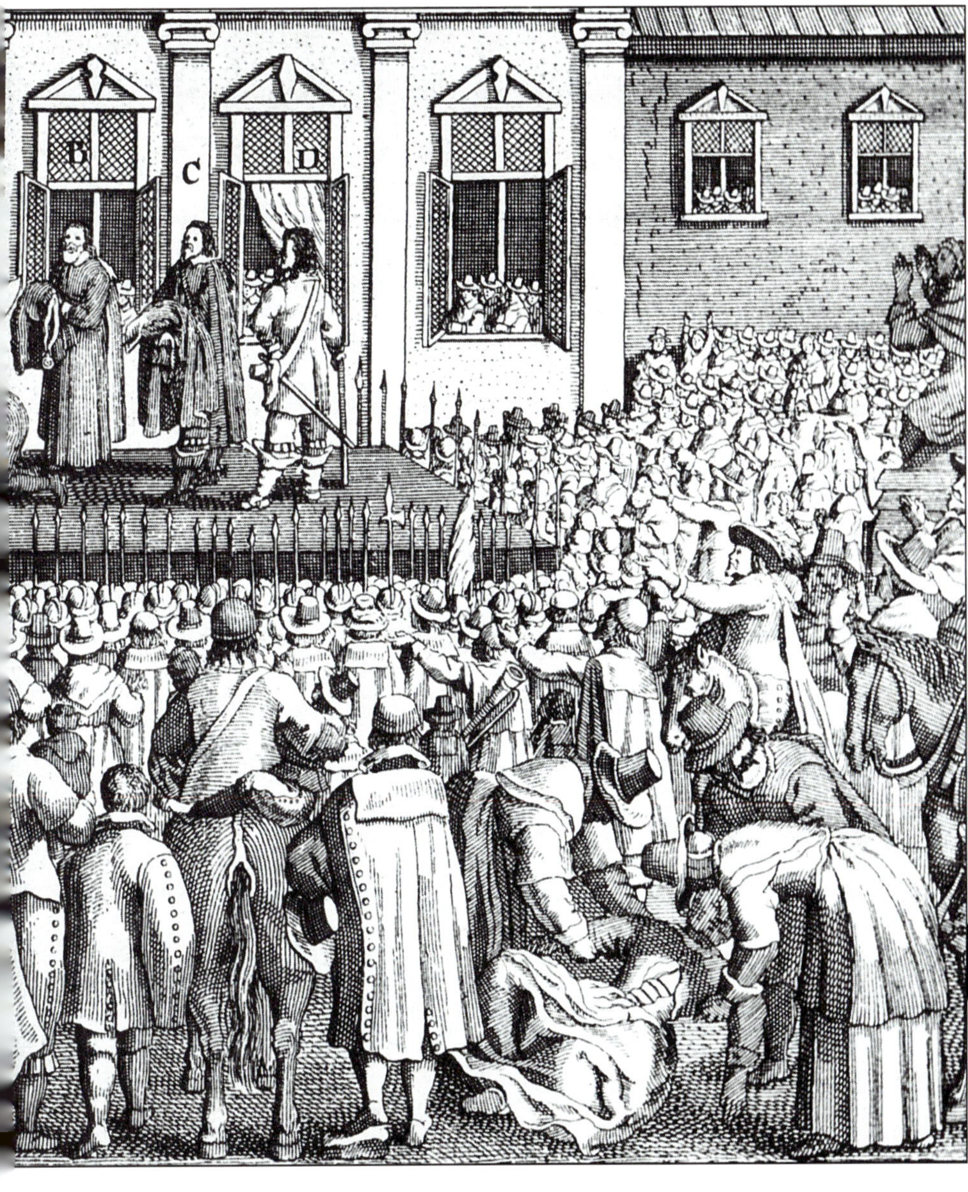

„Die Hinrichtung Karls I. am 30. Januar 1649“, zeitgenössischer Kupferstich.

Zeittafel

1534 Der englische König Heinrich VIII. löst mit der "Suprematsakte" die englische Kirche aus der päpstlichen Kirchenorganisation und begründet die anglikanische Staatskirche. Anlaß für diesen Akt ist die Weigerung des Papstes, Heinrich die Genehmigung zur Scheidung von seiner ersten Frau, Katharina von Aragon, zu erteilen.

Cartier in Kanada, Ausschnitt aus einer Landkarte von Pierre Descaliers, 1536 oder 1542.

1534 Gründung des Jesuitenordens in Spanien, der zu einem der wichtigsten Träger der katholischen Gegenreformation wird.

1535 Jaques Cartier gründet Neu-Frankreich am Lorenzstrom in Kanada.

1536 Johann Calvin verfaßt seine Prädestinationslehre, die zur Grundlage des sich vor allem in der Schweiz, den Niederlanden, England und Frankreich ausbreitenden Calvinismus wird.

1538 Spanien gründet Buenos Aires in Südamerika.

1541 Die Türken erobern Ofen (das spätere Budapest). Der größere Teil Ungarns fällt damit unter türkische Herrschaft.

1542 Spanien gründet in Südamerika das Vizekönigreich Peru mit der Hauptstadt Lima, das Peru, Chile, Paraguay und Argentinien umfaßt. Bereits sieben Jahre früher wurde das Vizekönigreich Neuspanien in Mittelamerika eingerichtet.

1543 Der Astronom Nikolaus Kopernikus aus Thorn veröffentlicht sein Werk "De revolutionibus orbium coelestium", mit dem er das mittelalterliche Weltbild umstößt, das die Erde als Zentrum des Universum sah.

Die Durchbrechung des mittelalterlichen Weltbildes, Holzschnitt von 1888.

1555 Im Augsburger Religionsfrieden werden Katholizismus und Protestantismus als gleichberechtigte Religionen anerkannt. Für die Landeskinder gilt, daß sie die Religion ausüben müssen, der ihr Landesherr anhängt.

Der Prager Fenstersturz am 23. Mai 1618 löste den Dreißigjährigen Krieg aus.

1556 Karl V. dankt ab, nachdem sein Ziel, die Glaubenseinheit im Universalreich der Habsburger zu wahren, gescheitert ist. Das Habsburgerreich wird aufgeteilt. Karls Sohn Philipp II. erhält Spanien und die Niederlande, Karls Bruder Ferdinand, bereits seit 1521 sein Stellvertreter im Reich und seit 1526 König von Böhmen und Ungarn, die österreichischen Besitzungen.

1556 Der Mogulherrscher Akbar erobert und vereinigt fast ganz Indien.

1557 Die Portugiesen erhalten den Handelstützpunkt Macao in China.

Die Schlacht bei Lepanto am 7. Oktober 1571, Gemälde von Sebastian de Caster, 1630/40.

1563 Ende des seit 1545 mit Unterbrechungen tagenden Konzils von Trient. Durch einer Erneuerung der Kirche an Haupt und Gliedern werden die Stellung des Papsttums gefestigt und Ausgangspositionen für die Gegenreformation geschaffen.

1563 Durch die von Königin Elisabeth geförderten "39 Artikel" werden calvinistische Elemente in die anglikanische Staatskirche verankert.

1571 Die türkische Flotte wird bei Lepanto von einer italienisch-spanischen Flotte vernichtend geschlagen.

1579 Die niederländischen Provinzen schließen sich zur Union von Utrecht zusammen und sagen sich zwei Jahre später von Spanien los.

1580 Portugal gerät bis 1640 unter spanische Herrschaft und verliert in diesen sechzig Jahren fast seine gesamten Kolonien.

1581 Die Jesuiten beginnen, in China zu missionieren.

1582 Papst Gregor führt den Gregorianischen Kalender ein. Alle vier Jahre wird nun ein Schalttag eingeschoben. Damit Kalender und Sonnenjahr übereinstimmen.

1588 Die englische Flotte schlägt die spanische Armada im Ärmelkanal.

1593 Heinrich IV. tritt aus politischen Gründen zum Katholizismus über, garantiert aber 1598 im Edikt von Nantes den Calvinisten Religionsfreiheit und beendet damit die seit 1562 währenden Religionskriege in Frankreich.

1603 Tod der englischen Königin Elisabeth I., unter deren Herrschaft England zur Seemacht aufstieg.

1603 Beginn des Shogunats der Tokugawa in Japan.

1608 Gründung von Quebec in Kanada.

1614 Die Niederländer gründen Neu-Amsterdam am Hudson, das 1664 englisch und in New York umbenannt wird.

1618 Mit einer Rebellion der protestantischen Stände in Böhmen gegen die Politik der katholischen Habsburger beginnt ein Konflikt, der sich zum Dreißigjährigen Krieg ausweitet, in den fast alle europäischen Staaten verwickelt werden.

1620 Die ersten Puritaner landen in Nordamerika und beginnen mit der Gründung englischer Kolonien.

1620 Die Mandschu erobern Mukden und machen es 1625 zur Hauptstadt der Mandschurei.

1634 Der vom Kaiser abgesetzte Generallissimus Wallenstein wird ermordet.

1639 Japan schließt seine Häfen. Nur auf der künstlichen Insel Deshima vor Nagasaki dürfen die Holländer einen Stützpunkt behalten.

1644 Die Mandschu ziehen in Peking ein. Sie stellen bis 1911 die chinesischen Kaiser.

1648 Mit der Verkündigung des Westfälischen Friedens endet der Dreißigjährige Krieg.

1649 Der englische König Karl I. wird hingerichtet. England wird unter der Herrschaft des Lordprotektors Cromwell Republik (bis 1660).

Akbar I. überquert den Ganges, aus einer Mogulhandschrift, um 1600.

Kampf um die Vorherrschaft in Europa

1683–1763

1683 Die Türken vor Wien: Ein vereinigtes deutsch-polnisches Heer schlägt Kara Mustafas Armee.

1704 Schlacht bei Höchstädt: Frankreich verliert seine Vormachtstellung in Europa.

1709 Poltawa: Rußland steigt zur europäischen Großmacht auf.

1763 Frieden von Hubertusburg: Der Siebenjährige Krieg beendet den österreichisch-preußischen Dualismus nicht.

„Der Sieg Friedrichs des Großen bei Zorndorf am 25. August 1758", Gemälde von Albrecht Adam, 1862.

Die Türken vor Wien

„Heute war ich in der Stadt, die sich nicht mehr länger als fünf Tage hätte halten können. Das menschliche Auge hat niemals solche Sachen gesehen wie jene, die dort durch die Minen angerichtet worden sind: die gemauerten Basteien, fürchterlich mächtig und hoch, haben sie in entsetzliche Felsbrocken verwandelt und so ruiniert, daß sie weiter nicht mehr standhalten konnten. Die kaiserliche Burg ist total von Kugeln zerschossen". Dies berichtet der polnische König Johann III. Sobieski am 13. September 1683 seiner Gattin in einem Brief, den er im Zelt des türkischen Großwesirs vor den Toren Wiens schreibt. Am Vortag hat ein deutsch-polnisches Heer die Türken zwischen dem Höhenzug Kahlenberg und Wien geschlagen und damit die türkische Belagerung Wiens aufgebrochen, welche die deutsche Kaiserstadt seit dem 15. Juli in tödlicher Umklammerung umfangen gehalten hatte.

Seit der ungarische König Ludwig II. 1526 in der Schlacht von Mohács gegen die Türken gefallen war, stritten sich die Osmanen als Eroberer und die Habsburger als legitime Erben um Ungarn. Nach jahrzehntelangen Grenzkriegen einigten sich die Gegner 1606 darauf, daß Westungarn und die Slowakei bei Habsburg und Ostungarn beim Sultan bleiben sollten. Aber dieser Kompromiß erwies sich nicht als beständig. Ein Aufstand ungarischer Magnaten gegen Bestrebungen des Hauses Habsburg, in Ungarn der Gegenreformation zum Siege zu verhelfen, bewog Istanbul 1683, die alte Offensivpolitik in Richtung Westen wieder aufzunehmen. So wälzte sich im Frühsommer 1683 unter dem Befehl des Großwesirs Kara Mustafa ein Heerwurm von fast 100 000 Mann von Belgrad aus die Donau entlang und erreichte Mitte Juli Wien. Hunderte von Dörfern brannten in der Umgebung. Daß die Türken als „Renner und Brenner" berüchtigt waren, lag an der osmanischen Militärverfassung. Neben Berufssoldaten, den Janitscharen, und den Spahis (berittener Kleinadel) stellte die aus Bauern bestehende türkische Landwehr einen großen Teil des Heeres, deren Sold nur in ihrer Beute bestand. Den Belagerern hatten die Verteidiger nur 22 000 Mann unter Einschluß der Wiener Bürgermiliz und 370 Geschütze entgegenzustellen. Aber schon einmal, 1529, war die Stadt mit weit unterlegenen Kräften erfolgreich gegen eine türkische Belagerung verteidigt worden. Inzwischen war sie zu einer starken Festung ausgebaut worden, die durch geschickt einander zugeordnete Basteien, Vorwerke und vorgeschobene Gräben den Angreifer stets einem Kreuzfeuer der Verteidiger aussetzte. Um bis an den vorgeschobenen Hauptgraben zu gelangen, brauchten die Türken allein drei Wochen. Dann ließen sie durch Mineure Stollen graben, um unter die Basteien zu gelangen und sie in die Luft zu sprengen. Ausfälle und Gegenstollen der Belagerten machten das zu einem mühseligen und verlustreichen Unternehmen. Erst am 10. September konnte an der ersten Bastei eine Mine gezündet werden. Die gefürchtete türkische Artillerie beschoß die Stadt zudem ununterbrochen, in der Verluste unter der Zivilbevölkerung und drohende Hungersnot den Mut sinken ließen.

Sattel, Marschallstab und Köcher des Großwesirs Kara Mustafa.

„Die Schlacht am Kahlenberg am 12. September 1683“, im Vordergrund stürmt der polnische König das Zelt von Kara Mustafa. Gemälde von Franz Geffels, um 1688.

Türkisches Rundschild, um 1530/50.

„Die Schlacht bei Belgrad“ am 18. August 1718, in der das kaiserliche Heer unter Prinz Eugen die Türken schlägt. Gemälde, Ilario Spolverini zugeschrieben, um 1720.

Der türkische Angriff hatte vorher zerstrittene Partner schnell wieder einander nähergebracht. Im März 1683 war ein Bündnis zwischen dem Kaiser und Polen abgeschlossen worden, die sich der Gefahr bewußt waren, die ein türkischer Sieg über die habsburgischen Lande für Polen heraufbeschwören würde. Auch die Kurfürsten von Bayern und Sachsen konnten sich ausrechnen, daß der Fall Wiens einen Vormarsch der Türken entlang der Donau bis ins bayrische Kernland und über die Moldauebene bis in die Elbauen möglich machen würde. Am 6. September traf das kaiserliche Entsatzheer, verstärkt durch bayrische, sächsische und südwestdeutsche Korps bei Tulln, ca. 35 km vor Wien, mit Sobieski und seiner Armee zusammen – alles in allem rund 80 000 Mann, davon fast ein Viertel Kavallerie.

Da die Türken die zwischen Tulln und Wien liegenden nördlichen Ausläufer des Wienerwalds mit ihrer höchsten Erhebung, dem Kahlenberg, überhaupt nicht besetzt hatten, bemächtigen sich die Verbündeten des Höhenzugs am 11. September. Erst daraufhin teilt Kara Mustafa seine Belagerungsarmee, läßt etwa 30 000 Janitscharen vor den Mauern Wiens und stellt sich mit 85 000 Mann dem Entsatzheer entgegen. Das greift am nächsten Morgen von den Höhen her an und kämpft sich Schritt für Schritt vorwärts. Am Nachmittag bringt eine stürmische Kavallerieattacke von 20 000 Reitern auf dem rechten Flügel unter dem Befehl Sobieskis die Entscheidung. Am Abend befindet sich das türkische Heer in voller Auflösung. Wien ist frei! Der völligen Vernichtung auf den Donauwiesen entgehen die Türken nur, weil die Sieger lieber das zurückgelassene türkische Lager plündern. Einige Säcke mit gebrannten braunen und schwarzen Bohnen, die einem Kenner türkischer Trinkgewohnheiten in die Hände fallen, begründen bei dieser Gelegenheit die Wiener Kaffeehaustradition. Der Sieg in der Schlacht um Wien beendet die türkische Westexpansion. Die an der Donau gelegenen türkischen Festungen Ofen (ungarisch: Buda) und Belgrad werden 1686 und 1688 erobert. Im Frieden von Karlowitz 1699 fallen ganz Ungarn und Siebenbürgen an den Kaiser. Die Türkengrenze ist so weit vorgeschoben, daß die Türkengefahr für immer von den Grenzen des Deutschen Reiches gebannt ist. In der Schlacht bei Belgrad 1718 wird ein zweiter Vorstoß der Türken zurückgeschlagen, im darauffolgenden Frieden erreicht das Habsburger Reich seine größte Ausdehnung. Österreich aber hat mit der neuen Landmasse zugleich sein politisches Interesse an den Angelegenheiten Südosteuropas entdeckt.

Schlacht bei Höchstädt

In beschwerlichen Märschen sind die besten Korps des englisch-niederländischen Heeres unter dem Herzog von Marlborough im Laufe des Mai/Juni 1704 von den Niederlanden bis nach Schwaben gezogen. Sie vereinigen sich am 22. Juni in der Nähe von Donauwörth mit der kaiserlichen Armee unter Prinz Eugen von Savoyen, dem seit seinen spektakulären Siegen über die Türken bereits ein legendärer Ruf vorausgeht. Gegner ist das bayrische Heer unter dem mit Frankreich verbündeten Kurfürsten Max Emanuel, der beabsichtigt, entlang der Donau in Österreich einzufallen und sich unter den Mauern Wiens mit aufständischen Ungarn zu treffen. Anfang August trifft eine französische Armee bei Augsburg ein und schließt sich mit den Bayern bei Höchstädt an der Donau zu einer Armee mit 56 000 Mann zusammen.

Am Mittag des 13. August dringen Engländer und Kaiserliche, zusammen 54 000 Soldaten, auf die feindliche Stellung bei Höchstädt ein. Die Engländer attackieren das französische Lager und die Deutschen konzentrieren sich auf die Bayern. Gegen 18 Uhr drängt ein Reiterangriff von 100 Schwadronen unter Marlboroughs Führung die gegnerische Kavallerie und die französi-

„Ludwig XIV. von Frankreich als Kriegsherr", Gemälde von Jean-Baptiste Martin, um 1688/89.

„Der französische General Tallard kapituliert in der Schlacht bei Höchstädt und übergibt seinen Degen." Holzstich von Wilhelm Camphausen, um 1855.

„Die Verwüstung der Pfalz 1689 durch die französischen Truppen unter General Melac." Zeitgenössischer Kupferstich.

sche Infantrie unter hohen Verlusten gegen das Dorf Blindheim und zwingt sie zur Kapitulation. Der bayrische Flügel kann sich nach Höchstädt zurückziehen und tritt den Rückzug an. Der englisch-kaiserliche Sieg ist total, wenn auch blutig erkämpft: Marlborough und Eugen von Savoyen müssen 12 000 Tote und Verwundete verbuchen. Aber der Gegner ist mit wesentlich höheren Verlusten geschlagen: 6000 Tote, 12 000 Verwundete, 13 000 Gefangene – darunter der französische Befehlshaber, Marschall Tallard, – 221 Geschütze und 5300 Wagen mit der gesamten Ausrüstung der französischen Armee. Die französische Militärgeschichte kennt keine Katastrophe von solchem Ausmaß.

Der Sieg bei Höchstädt ist von großer strategischer Bedeutung, denn er vernichtet französische Pläne zum Vorstoß auf Wien und verschafft Süddeutschland jahrzehntelang Ruhe vor französischen Invasionen. Seit Ludwig XIV. im Jahre 1661 selbst die französischen Regierungsgeschäfte übernommen und sich als absolutistischer „Sonnenkönig" weitgesteckte innen- und außenpolitische Ziele gesetzt hatte, waren mehrere französische Kriegszüge über deutsche Westgebiete hinweggezogen. 1672–1678 wurden das Elsaß, Kurtrier, Kurköln und der Breisgau heimgesucht, 1681 die Reichsstadt Straßburg mitten im Frieden überfallen und dem „Sonnenkönig" untertan gemacht und 1684 Luxemburg annektiert. In dem 1688 von Ludwig XIV. begonnenen Pfälzischen Erbfolgekrieg wütete das französische Militär besonders verheerend nach dem Prinzip der verbrannten Erde. Weil man die besetzten pfälzischen und kurkölnischen Gebiete nicht halten konnte, wurde systematisch das aufzugebende Territorium zerstört, fruchtbares Land zur Einöde gemacht, eine Vielzahl von Städten niedergebrannt und Burgen und Schlösser gesprengt. Diesen Eroberungsfeldzügen fiel auch das kurfürstliche Schloß von Heidelberg, ein prächtiger Renaissancebau, zum Opfer.

Bei seinem jüngsten Kriegsabenteuer hat sich der „Sonnenkönig" offenbar verkalkuliert. Sein Bestreben, nach dem Aussterben der spanischen Linie der Habsburger im Jahre 1700 seinen Enkel auf den spanischen Thron zu setzen, schafft eine große europäische Koalition gegen ihn. Sie beschert ihm Kriegsschauplätze in den südlichen Niederlanden, in Spanien, in Deutschland, in Oberitalien und in Frankreich selbst. In den ersten Jahrzehnten seiner Regierung hatte Ludwig XIV. dem Wirtschaftsfachmann Colbert freie Hand gelassen, der als Generalkontrolleur der Finanzen für vermehrte Staatseinnahmen gesorgt und ein System von Fördermaßnahmen für heimisches Gewerbe und gewerbliche Großbetriebe – Manufakturen – in Kraft gesetzt hatte, das die Produktion im Lande ankurbelte. Schutzzölle gegenüber ausländischen Produkten und staatliche Anreize für den Exporthandel sowie koloniale Eroberungen waren in der Staatskasse mit Überschüssen zu Buche geschlagen. Die Militärverfassung beruhte auf einem Aushebungssystem, das auf Söldnerarmeen verzichten konnte. Für die neugeschaffene Flotte wurde eine Marinedienstpflicht der Schiffer und Fischer eingeführt. Aber nach einem Vierteljahrhundert war dieses System dem ständig steigenden Finanzbedarf des Hofes nicht mehr gewachsen. Unermeßliche Bestechungssummen an auswärtige Höfe für die Unterstützung der Pariser Politik, gewaltige Gelder für Subventionen der gewerblichen Wirtschaft und des Handels, enorme Ausgaben für prunkende Bauten, riesige finanzielle Aufwendungen für das dauernde Kriegführen – das alles zusammen vertrug der Staatshaushalt nicht. Der 1701 von Frankreich begonnene Spanische Erbfolgekrieg führt zur wirtschaftlichen Erschöpfung Frankreichs, und die vielen militärischen Niederlagen im Laufe der folgenden dreizehn Jahre zerstören auch den Nimbus der französischen Militärmacht. Die französische Vorherrschaft in Europa geht zu Ende.

Peter der Große, bestrebt, Rußland dem westlichen Standard anzupassen, besichtigt 1698 das Deptford Dock in England. Gemälde von Daniel Maclise (1806–1870).

Karikatur auf die Reformen Peters des Großen: Einem Reaktionär wird der Bart abgeschnitten. Volkstümlicher Holzschnitt, um 1700.

Eigentlich beabsichtigte der schwedische König Karl XII. 1706, auf direktem Weg von Dresden nach Moskau zu marschieren: von der Residenz Augusts des Starken zu der von Peter I. Damit wollte er seinen Triumph über die Große Koalition – Dänemark, Polen und Rußland – vollenden, die Schweden, das die Ostsee fast in ein schwedisches Binnenmeer verwandelt hatte, im Jahre 1700 zum Nordischen Krieg herausgefordert hatte. Dänemark konnte er gleich im ersten Kriegsjahr zum Friedensschluß zwingen, nachdem er überraschend mit einem starken Heer auf der Hauptinsel Seeland gelandet war. Die Russen schlug er noch im selben Jahr vernichtend bei Narwa – so vernichtend, daß sie ihre gesamte Artillerie verloren. Dann war er gegen Polen marschiert und hatte das Land bis 1704 in seine Hand und einen ihm ergebenen Kandidaten auf den polnischen Thron gebracht. Den sächsischen Kurfürsten August den Starken, der 1694 zum polnischen König gewählt worden war, ließ er absetzen. Dann war er August nach Sachsen gefolgt und hatte ihn 1706 gezwungen, auf die polnische Krone zu verzichten, das Bündnis mit den Russen aufzukündigen und ihm eine hohe Kriegsentschädigung zu zahlen. Nun galt es nur noch, dem russischen Zaren in seiner Residenz in Moskau die Friedensbedingungen zu diktieren. Aber der direkte Weg nach Moskau zeigt sich versperrt. Die russische Armee weicht einer Schlacht aus. Es ist überhaupt erstaunlich, daß Zar Peter I. nach der vernichtenden Niederlage bei Narwa wieder so viele und so gut ausgerüstete Soldaten ins Feld stellen kann. War es vielleicht ein Fehler gewesen, den Zaren zu unterschätzen und ihm damals im Jahre 1700 nach der Schlacht von Narwa nicht auf den Fersen geblieben zu sein, als man sich nach den Annehmlichkeiten Warschaus sehnte und nach Polen abbog? Tatsächlich hat Peter I. gezielt auf den Wiederaufbau seiner Armee hingearbeitet. Das Volk stöhnte zwar unter den Lasten, aber es brachte die geforderten Leistungen. Über 90 Prozent der Staatseinnahmen flossen in die Armee. Neue Steuern wurden auf Post, Fische, Salz, Tran, Tabak, Teer, Kreide, Wagenschmiere und Schweineborsten gelegt sowie Mühlen und Schenken in die Steuer-

Die Erbfürsten-Krone König Karls X. Gustav von Schweden, 1650.

Der verwundete König von Schweden läßt sich auf einer Bahre aus der Schlacht tragen. Lithographie von Johann Nepumuk Geiger, 1860.

mangel genommen; staatlich lizenzierte Falschmünzerei, die sich „Vertrauensgeld" nannte und das gute Geld in die Schmelze fließen ließ, stockte den Staatsschatz enorm auf. Die Aushebung von Soldaten aus der bäuerlichen Bevölkerung nahm einen solchen Umfang an, daß 1707 auf fünf Bauern ein Soldat kam. Eine neu errichtete Waffenfabrik wurde mit eingezogenen Kirchen- und Klosterglocken beliefert und stellte Geschütze in großen Stückzahlen her, für die der Zar die fahrbare Lafette einführte, eine militärtechnische Neuheit in Europa. Eine besondere Artillerie-Offiziersschule nahm ihren Unterricht auf. Und zu vielen tausenden wurden warm gefütterte Uniformen angefertigt.

Allein von Januar 1706 bis Juni 1708 braucht Karl, um von der Weichsel zur Beresina zu gelangen. Eine Bestandsaufnahme seiner Heeresmacht läßt ihn zweifeln, ob er über genügend militärische Stärke verfügt, den Hauptschlag bis Moskau zu führen. Gerade noch 20 000 Mann – unterernährt und schlecht ausgerüstet – hat er bei sich. Zur Verstärkung beordert Karl die schwedische Kurland-Armee heran. 11 000 Mann mit 7000 Wagen voller Lebensmittel und Munition sollen ihn südöstlich von Smolensk treffen. Aber die Hifsarmee stößt südlich von Mohilew auf einen russischen Sperrgürtel. Die Schweden werden in die Flucht geschlagen und lassen ihren gesamten Troß zurück. Nur noch 5000 entkräftete Soldaten kann Karl in seinem Lager begrüßen. Daraufhin beschließt er, in die fruchtbare Ukraine zu ziehen, um dort seine Soldaten wieder herausfüttern und sich mit dem gegen Moskau aufständischen Hetman (Oberhaupt) der Kosaken zu vereinigen. Aber als Karl mit seinem Heer an der Desna auf den Hetman trifft, hat der sein Volk nicht hinter sich und bringt statt der versprochenen 40 000 Kosaken ganze 1500 mit. Im Mai 1709 trifft Karl vor den Wällen der ukrainischen Stadt Poltawa ein. Eine große russische Armee ist in Anmarsch, der sich Karl mit seinem gesammelten Heer stellen will. Die Russen wissen, daß sie den Vorteil haben, im eigenen Land zu stehen, deshalb graben sie sich ein und warten ab. Um endlich ungehindert weiterziehen zu können, befiehlt der schwedische König für den frühen Morgen des 8. Juli 1709 den Angriff. Im Kampf Mann gegen Mann wirkt sich bald die zahlenmäßige Überlegenheit der Russen aus, sie bringen 42 000 Mann ins Gefecht, die Schweden 22 000. Am Abend drängen sich die Reste des schwedischen Heeres, 13 000 Mann, am Ostufer des Dnjepr und kapitulieren, nur Karl XII. kann fliehen. Als Peter I. am Abend den Sieg mit einem Festbankett begeht, lädt er die gefangene schwedische Generalität dazu: einen Feldmarschall, zehn Generalmajore, neunundfünfzig Generalstäbler und auch den schwedischen Premierminister. „Ich trinke auf die Gesundheit jener, die mich die Kunst des Siegens gelehrt haben!" ruft ihnen der Zar in seinem Eröffnungstoast zu.

Karl XII. entkommt in die Türkei, wo er den Sultan zum Krieg gegen Rußland anzustacheln vermag. Die Großmachtstellung Schwedens ist jedoch nicht mehr zu retten. Dänemark und Sachsen treten wieder in den Krieg ein, 1715 auch Preußen. August der Starke kehrt auf den polnischen Thron zurück. Als 1721 der Frieden von Nystadt den Nordischen Krieg beendet, muß Schweden alle ihm 1648 nach dem Dreißigjährigen Krieg zugefallenen Territorien an der deutschen Nordseeküste und seine Besitzungen an der Ost- und Südküste der Ostsee abgeben. Die Rolle der Großmacht am Baltischen Meer übernimmt Rußland.

Frieden von Hubertusburg

Seit dem 24. November 1762 herrscht schon Waffenstillstand zwischen Preußen und Österreichern: Der 1756 durch Friedrich II. begonnene Krieg, der Nord- und Mitteldeutschland sechs Jahre lang in Unruhe gehalten hat, aber nach seiner Beendigung Siebenjähriger Krieg genannt wird, geht wie jeder lange Krieg allmählich an Erschöpfung zugrunde. Als Verhandlungsort wählen Preußen, Österreich und Sachsen nach längerem Hin und Her das Jagdschloß Hubertusburg bei Leipzig, wo am 15. Februar 1763 der Friede unterzeichnet wird.

„Sieg der Österreicher über die Preußen in der Schlacht bei Hochkirch am 14. Oktober 1758", zeitgenössisches Gemälde.

Der preußisch-österreichische Gegensatz geht auf das Jahr 1740 zurück. In diesem Jahr überfiel Friedrich II., gerade auf den preußischen Thron gekommen, Österreich, um Schlesien zu rauben. Dabei nutzte er bewußt die schwache Position aus, in der sich Österreich zu diesem Zeitpunkt befand. Dort hatte soeben Maria Theresia das Erbe ihres Vaters, Kaiser Karls VI., angetreten, der keinen männlichen Thronfolger hatte. Obwohl viele Staaten die vom Kaiser 1713 in der „Pragmatischen Sanktion" verkündete Erbfolge seiner Tochter anerkannt hatten, drohten Maria Theresia jetzt von den verschiedensten Seiten Ansprüche auf die habsburgischen Kernlande. Nach den zwei Schlesischen Kriegen am Anfang der vierziger Jahre konnte Friedrich II. seinem Land die reiche Provinz einverleiben. Wien verschmerzte den Verlust Schlesiens nicht. Daher stand Österreich 1756 mit Frankreich, Rußland und Sachsen in einer Front bereit, das gefährlich groß gewordene Preußen auf das Maß eines deutschen Mittelstaates zurückzustutzen. Friedrich konnte dieser Koalition nur eine Allianz mit England entgegensetzen. Der Inselstaat bezahlte ihm erhebliche Summen, damit er in dem eben ausgebrochenen englisch-französischen Krieg das englische Kurhannover gegen französische Angriffe schützte. Überraschend war er allen Gegnern durch einen plötzlichen Einmarsch in Sachsen am 29. August 1756 zuvorgekommen. In einem Blitzfeldzug wollte er die Österreicher besiegen, bevor Frankreich und Rußland ihre Rüstungen abgeschlossen hatten. Am 18. Juni 1757 erlitt Friedrich jedoch bei Kolin in Böhmen eine so schwere Niederlage gegen die Österreicher, daß alle Träume von einem schnellen Sieg zuschanden waren. Die für eine Abschirmung gegen französische Vorstöße gedachte hannoveranisch-britisch-hessische Armee in Nordwestdeutschland unterlag den Franzosen, so daß diese nun zusammen mit der Reichsarmee in Thüringen einrückten und die westliche Flanke der Preußen bedrohten. Da stürzte sich Friedrich am 5. November 1757 bei Roßbach auf Reichsarmee und Franzosen und besiegte

„Friedrich II. mit Kommandostab", Gemälde von Johann Georg Ziesenius, 1763

Preußische Infanteriefahne aus dem Siebenjährigen Krieg.

sie binnen zweier Stunden so gründlich, daß beide fortan für die Kriegführung nicht mehr ins Gewicht fielen. Genau einen Monat nach Roßbach konnte Friedrich das Jahr mit einem glänzenden Erfolg über ein überlegenes österreichisches Heer bei Leuthen in Niederschlesien beschließen. Das Jahr 1758 brachte dann aber der preußischen Armee schlimme Niederlagen. 1759 stellte sie sich noch einmal gegen eine Vereinigung von Russen und Österreichern östlich Frankfurt/Oder zur Schlacht und wurde am 12. August bei Kunersdorf vernichtend geschlagen. Doch Uneinigkeit zwischen russischem und österreichischem Oberkommando verhinderte die Ausnutzung des Sieges von Kunersdorf, nicht einmal Berlin wurde erobert. So hoffte Friedrich auf etwaige Kriegsmüdigkeit im Lager seiner Gegner und führte den Krieg auf kleiner Flamme weiter. Nach einem Thron- und Kabinettswechsel stellte London 1762 die Subsidien ein. Nur noch ein Wunder konnte Friedrich helfen, den Krieg ohne Gebietsverluste zu überstehen. Das Wunder geschah: Am 5. Januar 1762 starb die Zarin Elisabeth, und der neue Zar Peter III., ein glühender Verehrer Friedrichs II., wechselte sofort die Front. Zwar wurde Zar Peter III. auf Initiative seiner Gemahlin Katharina am 28. Juni 1762 entthront und bald darauf ermordet, aber die Russen zogen sich trotzdem aus dem Krieg zurück. Da Frankreich und England ihren Kolonialkrieg, den sie in Übersee gegeneinander geführt hatten, 1762 beendeten, fehlte beiden Mächten ein Interesse an weiteren militärischen Operationen im Reich: Preußen und Österreich standen sich allein gegenüber.

So liegt die Einigung in Hubertusburg eigentlich auf der Hand: Der status quo von 1756 wird wiederhergestellt. Umsonst sind rund eine halbe Million Menschen geopfert und Landstriche verwüstet worden. Der preußisch-österreichische Dualismus besteht weiter und Schlesien kommt nicht zurück an Österreich. Jedoch ist nach dem Siebenjährigen Krieg klar, was nach dem Zweiten Schlesischen Krieg 1745 noch niemand auszusprechen wagte: Preußen war zur zweiten deutschen Großmacht aufgestiegen.

Allegorie auf den Hubertusburger Frieden. Dargestellt sind Friedrich II., August III. von Sachsen und Maria Theresia. Zeitgenössischer Kupferstich von Johann Daniel Schleuen.

Zeittafel

Peter der Große gründet St.Petersburg. Gemälde von Alexander von Kotzebue, 1862.

1659 Ende des französisch-spanischen Krieges mit dem Pyrenäenfrieden, Frankreich löst Spanien als europäische Großmacht ab.

1660 England kehrt zur Monarchie zurück. Mit Karl II. besteigt ein katholischer König den Thron.

1661 Ludwig XIV. übernimmt die Regierung in Frankreich. Unter seiner Regierungszeit Höhepunkt des Absolutismus, charakterisiert durch Ludwigs Devise "Der Staat bin ich".

1663 Der Reichstag in Regensburg wird zur ständigen Gesandtenkonferenz der Reichsstände.

1682 Frankreich gründet die Kolonie Louisiana am Mississippi.

1683 Die Türken werden in der Schlacht am Kahlenberg vor Wien besiegt.

1683 China erobert Formosa.

1683 William Penn gründet die Quäkerkolonie Pennsylvania mit Philadelphia als Hauptstadt.

1685 Ludwig XIV. hebt das Religionsedikt von Nantes auf. Ca. 500 000 Hugenotten emigrieren, hauptsächlich nach Holland und Brandenburg-Preußen.

1687 Die ungarischen Stände übertragen dem Haus Habsburg die ungarische Krone, damit beginnt die Geschichte der Doppelmonarchie Österreich-Ungarn.

1688 "Glorreiche Revolution" in England. Das katholische Königshaus der Stuarts wird vertrieben und stattdessen der Protestant Wilhelm III. von Oranien englischer König.

1689 China und Rußland legen im Vertrag von Nertschinsk den Verlauf ihrer gemeinsamen Grenze am Fluß Amur in Sibirien fest.

1689 John Locke veröffentlicht seine Zwei-Gewalten-Theorie, welche die Trennung von Legislative und Exekutive fordert. Von Montesquieu 1748 weiterentwickelt durch die Hinzufügung der Judikative wird sie Grundlage der heute in demokratischen Ländern geltenden Staatsverfassungen.

August der Starke, Kurfürst von Sachen und König von Polen, Medaillon von 1709 mit einer Einfassung von Melchior Dinglinger aus dem Jahre 1731.

1692 Das Fürstentum Hannover erhält die Kurwürde.

1697 August der Starke, seit 1694 Kurfürst von Sachsen, wird zum König von Polen gewählt.

1697 Ende des Pfälzischen Erbfolgekriegs mit dem Frieden zu Rijskwijk: Frankreich muß Lothringen und die von ihm eroberten rechtsrheinischen Gebiete abtreten, aber die Annexion von Straßburg wird anerkannt.

Ludwig XIV., Gemälde von Hyacinthe Rigaud, 1709.

1699 Österreich erhält im Frieden von Karlowitz Ungarn und Siebenbürgen von den Türken. Durch den Landgewinn auf dem Balkan wird Österreich zur europäischen Großmacht.

1701 Kurfürst Friedrich III. von Brandenburg krönt sich in Königsberg zum "König in Preußen".

1703 Zar Peter der Große gründet Petersburg an der Newa.

1704 Schlacht bei Höchstädt.

1704 Gibraltar wird von England erobert.

1707 England und Schottland schließen unter dem Namen Großbritannien eine Union.

1709 Schlacht bei Poltawa

1713 Pragmatische Sanktion von Kaiser Karl VI., um mangels eines männlichen Erbfolgers die Thronfolge seiner Tochter in Österreich zu sichern.

1713 Der Friede von Utrecht beendet den spanischen Erbfolgekrieg. Spanien mit einem Bourbonen auf dem Thron behält zwar seine Kolonien, aber die europäischen Nebenlande kommen zu Österreich. England erhält Gibraltar und Menorca von Spanien sowie Neufundland und Neuschottland von Frankreich.

1713 Friedrich Wilhelm I. besteigt den preußischen Thron. Unter der Regierung des Soldatenkönigs wird das preußische Heerwesen ausgebaut, aber nicht ein einziger Krieg geführt.

1714 Der Kurfürst von Hannover wird englischer König. Die Personalunion besteht bis 1837.

Die Lage des Königreichs Polen im Jahre 1773, Kupferstich von J.E. Nilson.

1718 Ende des Dritten Türkenkriegs, nachdem ein Jahr zuvor auch Belgrad von den Österreichern erobert worden war. Serbien, Bosnien und die Walachei kommen zu Österreich. Die Vorherrschaft der Türken auf dem Balkan wird durch die Österreichs abgelöst.

1722 Rußland erobert Baku und setzt seine Mitte des 16. Jahrhundets begonnene Expansion in Richtung Osten auf asiatischem Boden fort.

1731 Der Fürsterzbischof von Salzburg vertreibt 26 000 Protestanten aus seinem Herrschaftsgebiet, die in Brandenburg-Preußen aufgenommen und vorwiegend in Ostpreußen angesiedelt werden.

1735 Beginn des russisch-österreichischen Krieges um den Einfluß im Balkan, der 1739 mit dem Frieden von Belgrad endet. Österreich verliert Teile der 1718 von den Türken eroberten Gebiete. Damit beginnt der sich bis 1918 hinziehende Konkurrenzkampf zwischen Rußland und Österreich um die Vorherrschaft auf dem Balkan.

1740 Friedrich II. von Preußen sowie Maria-Theresia von Österreich besteigen ihre Throne. Beginn des Ersten Schlesischen Krieges.

1763 Mit dem Frieden von Paris endet der seit 1754 währende französisch-englische Kolonialkrieg. Frankreich verliert den größten Teil seiner Kolonien in Indien und Amerika, England wird größte Kolonialmacht.

1763 Ende des Siebenjährigen Krieges mit dem Vertrag von Hubertusburg.

1765 Josef II., Sohn von Kaiserin Maria Theresia, wird nach dem Tode seines Vater Franz I. Mitregent in Österreich und versucht, von der Aufklärung inspirierte Reformen durchzusetzen.

1772 Erste polnische Teilung: Preußen, Rußland und Österreich verleiben ihrem Territorium Teile des polnischen Staates ein, Polen bleibt aber noch bestehen.

William Penn schließt 1683 einen Vertrag mit den Delaware-Indianern in Shakamaxon, amerikanische Kreidelithographie, 1855.

1775–1815

1775 Boulton & Watt: Die industrielle Revolution nimmt ihren Lauf.

1776 Amerikanische Unabhängigkeitserklärung: Die englischen Kolonien in Nordamerika sagen sich von ihrem Mutterland los.

1783 Der erste Ballonaufstieg: Der Traum vom Fliegen wird wahr.

1789 Die Französische Revolution: Der Dritte Stand fordert sein Recht.

1792 Kanonade von Valmy: Die Revolution in Frankreich ist nicht aufzuhalten.

1805 Trafalgar und Austerlitz: Napoleon erobert den europäischen Kontinent, aber nicht England.

1814/15 Der Wiener Kongress: Die Neuordnung Europas wird beraten.

„Der Sturm auf die Bastille am 14. Juli 1789", zeitgenössisches Gemälde.

Boulton & Watt

Die Neuigkeit, daß der Tüftler, Erfinder und Patentinhaber James Watt zusammen mit Matthew Boulton, dem erfolgreichen Geschäftsmann und Besitzer einer gutgehenden Metallwarenfabrik, 1776 für die Bloomfield-Kohlengrube eine neuartige Dampfmaschine installiert hat, die auf dem von Watt herausgefundenen Prinzip der Bewegung des Maschinenkolbens durch die Anwendung von Niederdruck basiert, eilt rasch durch die Kontore der Bergbauunternehmen. Maschinen, die Wasserdampf erzeugen und damit ein Gestänge in Bewegung setzen, gibt es zwar schon seit dem Anfang des 18. Jahrhunderts, aber sie verschlangen unendlich viel Brennmaterial bei geringer Leistung. Schnell spricht sich herum, daß die von Boulton & Watt gelieferte Maschine zwei Drittel weniger an Kohle als die herkömmlichen Feuermaschinen verbraucht. Noch im selben Jahr wird eine weitere Wattsche Maschine in einer Eisenhütte montiert, die dort den Antrieb der Hochofengebläse übernimmt. Da auch hier die Kohleersparnis überzeugend ist, setzt ein wahrer Ansturm auf die Auftragsbücher von Boulton & Watt ein, denn Kohle ist teuer und muß oft von weit her transportiert werden. Bereits 1783 sind alle bisherigen Dampfmaschinen durch solche von Boulton & Watt ersetzt. „Ich verkaufe Ihnen, was alle Welt begehrt: Kraft!" ist Boultons Devise seit seiner Geschäftsverbindung mit Watt. Und Maschinenkraft ist das, was das britische Gewerbe bei seinem Übergang vom Handwerk zur Industrie braucht.

Der Feinmechaniker James Watt beschäftigte sich seit 1762 mit dem Einsatz von Dampf zur Gewinnung von Energie. 1764 fertigte er ein erstes Labormodell, an dem er seine Erkenntnis der Anwendung von Niederdruck am arbeitenden Objekt erfolgreich überprüfte. Aber als eine einsatzfähige Maschine entstehen sollte, nahmen die Schwierigkeiten kein Ende. Erst durch die Bekanntschaft mit dem wissenschaftsinteressierten Unternehmer John Roebuck gelangte Watt an ausreichende Geldmittel, um weitere Experimente und Teilneubauten finanzieren zu können. Als jedoch auch die von Roebuck in Auftrag gegebene Kraftmaschine nicht vorankam, überredete dieser Watt, auf der Grundlage seiner kleinen Modellmaschine ein Patent zu beantragen. Das am 5. Januar 1769 unter der Registriernummer 913 eingetragenen

„A Pithead", Erster Einsatz einer Dampfmaschine im Kohlebergbau. Englisches Gemälde, 1792.

„Eisenwalzwerk", Gemälde von Adolph von Menzel, 1875.

Patent für „Verfahren zur Verringerung des Brennstoffverbrauchs" war so weit gefaßt, daß noch eine Reihe weiterer bedeutender Verbesserungen abgedeckt war.

Um 1770 begann Watts Freundschaft mit Matthew Boulton, einem höchst erfolgreichen Unternehmer, der in der Mode-Metallbranche erhebliche Gewinne einfuhr und für technische Neuerungen stets ein offenes Ohr hatte. Er entschädigte Roebuck für seinen finanziellen Aufwand bei Watts Tüfteleien und war, voller Glauben an Watt, entschlossen, auch große Summen für die praktische Verwertung seiner Erkenntnisse zu investieren. 1775 sorgte er erst einmal für die Verlängerung von Watts Patent bis zum Jahre 1800. Im gleichen Jahr gründete er mitten

Der „Medarhammer", eine mit Wasserkraft betriebene Hammerschmiede. Lithographie, um 1850.

Eine 1847 hergestellte Zylinderdampfmaschine, die bis 1936 im Einsatz war.

im Herzen der englischen Industriegegend eine Maschinenfabrik in Soho mit 800 Arbeitern. Diese mußte noch auf Jahre hinaus Metallknöpfe und metallene Schuhschnallen in Massenproduktion absetzen, wobei Boulton sich ein bißchen am Rande der Gesetze bewegte, um die auf Paris fixierten englischen Modetorheiten für die Kapitalbeschaffung zugunsten verbesserter Dampfmaschinen zu nutzen. Er schickte seine Erzeugnisse nach Frankreich und ließ sie nach dem Re-Import als Pariser Ware verkaufen. Der Gewinn der Firma aus den Dampfmaschinen setzte erst nach und nach ein, da die Zahlungen ratenweise nach der im Verhältnis zum früheren Verbrauch eingesparten Kohle der Bergwerke berechnet wurden.

Vorausschauend beschränkte sich Boulton nicht auf die Entwicklung von Dampfmaschinen für den Bergbau, sondern wollte die expandierende Textilindustrie als weiteren Abnehmerkreis gewinnen. Dort war die Handarbeit zwar bereits durch Maschinen abgelöst, aber noch von der saisonbedingt schwankenden Antriebskraft des Wasser abhängig. Watt konstruiert unter diesem Gesichtspunkt eine Dampfmaschine, die ihren Kolbenhub in eine Drehbewegung verwandeln kann. 1782 liefern Boulton & Watt die erste Dampfmaschine, die über eine Pleuelstange ein Mühlengetriebe bewegt. Im selben Jahr nimmt Watt ein Patent auf eine ganz entscheidende Weiterentwicklung seines Energielieferanten: Er macht die einfach wirkende Dampfmaschine zu einer doppeltwirkenden, die gleichmäßiger läuft, doppelte Leistung bei gleicher Tourenzahl oder kleinere Abmessung bei gleicher Leistung bringt. Nun expandiert die Nachfrage schnell über den Bergbau hinaus. Als 1800 Watts Patent abläuft, haben Boulton & Watt etwa 500 Dampfmaschinen, davon zwei Drittel Drehbewegungsmaschinen, gebaut. Ihre Maschinen sind der entscheidende Motor der ersten Industriellen Revolution, denn erst sie ermöglichen es den aufstrebenden Unternehmen, ihren Standort unabhängig von Wasserkraft und Kohlevorkommen zu wählen.

Amerikanische Unabhängigkeitserklärung

„Wir halten diese Wahrheiten für unmittelbar einleuchtend: daß alle Menschen gleich geschaffen sind; daß sie von ihrem Schöpfer mit gewissen unveräußerlichen Rechten ausgestattet sind, darunter Leben, Freiheit und Streben nach Glück; daß zur Sicherung dieser Rechte Regierungen unter den Menschen eingesetzt sind, die ihre gerechten Vollmachten von der Einwilligung der Regierten herleiten; daß, wenn immer eine Regierungsform diesen Zielen zum Schaden gereicht, es das Recht des Volkes ist, sie zu ändern oder abzuschaffen und eine neue Regierung einzusetzen, wie sie am geeignetsten erscheint, seine Sicherheit und sein Glück zu schaffen." Diese Sätze stehen in dem Dokument „Die einstimmige Erklärung der dreizehn Vereinigten Staaten von Amerika". Es wird am 2. Juli 1776 von den zum Zweiten Kontinentalkongreß versammelten 55 Delegierten der dreizehn bisherigen britischen Kolonien in Nordamerika verabschiedet. Zwei Tage später wird die inzwischen in tausenden von Exemplaren gedruckte Unabhängigkeitserklärung vom Kongreß offiziell bekanntgemacht. Der Bruch mit der britischen Krone und dem Londoner Parlament ist endgültig.

Noch im englisch-französischen Krieg von 1755 bis 1762, der den Engländern das bis dahin französische Kanada einbrachte, standen die amerikanischen Kolonien Englands treu an der Seite des Mutterlandes. Aber danach wurden englische Bestrebungen, die lästig werdende Konkurrenz amerikanischer Produkte in England und im Überseehandel zurückzudrängen, immer spürbarer. Ab 1764 führte London eine dem Geschäftsleben in den amerikanischen Kolonien abträgliche Steuer nach der anderen ein. Erfolg dieser Maßnahmen war, daß sie die amerikanische Bevölkerung gegen die britische Kolonialpolitik aufbrachten. Ausgehend von einer Bewegung gegen die 1765 eingeführte Stempelsteuer, trat noch im selben Jahr ein Kongreß

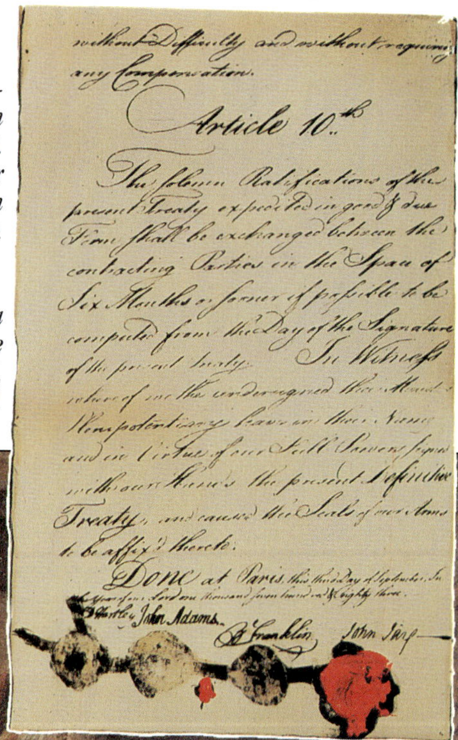
without Difficulty and without requiring any Compensation.

Article 10th

The solemn Ratifications of the present Treaty expedited in good & due Form, shall be exchanged between the contracting Parties in the Space of Six Months or sooner if possible to be computed from the Day of the Signature of the present Treaty. In Witness whereof we the undersigned their Ministers Plenipotentiary have in their Name and in Virtue of our Full Powers signed with our Hands the present Definitive Treaty, and caused the Seals of our Arms to be affix'd thereto.

Done at Paris,

John Adams. B Franklin John Jay

Vertrag über die Anerkennung der Souveränität der Vereinigten Staaten im Frieden von Paris am 3. September 1783. Urkunde mit den Unterschriften der Amerikaner John Adams, Benjamin Franklin und John Jay.

„Die 55 Delegierten des in Philadelphia tagenden Kongresses unterzeichnen die Unabhängigkeitserklärung", Gemälde von John Trumbull.

von neun Kolonien in New York zur Wahrung gemeinsamer Interessen zusammen, der erstmals ein Gemeinschaftsgefühl der Betroffenen offenbarte. Es entstanden von der Krone völlig unabhängige Bürgerausschüsse, welche die 13 Kolonien wie ein Netz überzogen.

Eine neue Steuer auf Tee brachte 1773 die Wut zum Überschäumen: Beim „Bostoner Teesturm" im Dezember warfen nur notdürftig als Indianer verkleidete Bostoner in ihrem Hafen auf Beschluß einer Bürgerversammlung die Ladung von drei englischen Teeklippern demonstrativ über Bord. Die Antwort aus London war rigoros: Bostons Hafen wurde gesperrt und das Geschäftsleben der Stadt somit zum Tode verurteilt. Bostons Schicksal ließ aber die anderen Kolonien nicht unberührt. Im September 1774 kam ein Erster Kontinentalkongreß in Philadelphia zusammen, der einschneidende Maßnahmen für das Verhältnis zum Mutterland beschloß: absoluter Handelsstopp mit englischen Häfen und Kontrolle der Blockade durch Sicherheitsausschüsse sowie volle Solidarität mit den Bürgern von Boston und Massachusetts. An vielen Orten entstanden Selbstschutzverbände, die als „Minuten-Männer" jeden Moment zur Waffe greifen konnten. Am 19. April 1775 holte sich eine Abteilung britischer Infanteristen bei Lexington nahe Boston blutige Köpfe, als sie ein Waffenlager der Volksmiliz ausheben wollte. Wenige Wochen später trat am 10. Mai 1775, wieder in Philadelphia, ein Zweiter Kontinentalkongreß zusammen, der die Aufstellung einer Armee von 20 000 Mann aus Kontingenten der einzelnen Kolonien und die Schaffung einer Marine beschloß. Oberbefehlshaber der Armee wurde George Washington, ein Grundbesitzer aus Virginia und erfahrener Milizoffizier. Die Kolonie New Hampshire schritt am entschlossensten auf dem einmal eingeschlagenen Weg voran, indem sie im Januar 1776 eine erste schriftlich niedergelegte Verfassung annahm, die auf die Billigung durch das Londoner Parlament bzw. die englische Krone verzichtete und offen republikanischen Inhalts war. London hatte dem gut vorgearbeitet, indem es im Oktober 1775 die amerikanischen Untertanen Seiner Majestät zu Aufrührern erklärt hatte, die den Galgen verdienten. Die Bereitschaft zu einer endgültigen Trennung von London wuchs immer mehr, und am 7. Juni 1776 brachte der virginische Delegierte Lee vor dem Kontinentalkongreß den Antrag ein, die Unabhängigkeit zu erklären. Ein fünfköpfiger Ausschuß entwarf daraufhin im Auftrag des Kongresses eine entsprechende Deklaration, die am 28. Juni dem Kongreß vorgelegt und am 1. Juli beraten wurde. Dabei verschwand, auf Veranlassung der im Süden gelegenen Staaten South-Carolina und Georgia, der Abschnitt, welcher die Sklaverei verurteilte; das unveräußerliche Recht auf Freiheit galt eben doch nicht für alle Geschöpfe Gottes.

„The Spirit of 76", Gemälde von A.M. Willard.

Die „Boston Tea Party" am 16. Dezember 1773. Lithographie, 1846.

Auf die Unabhängigkeitserkärung von 1776 folgt der Unabhängigkeitskrieg gegen England. In dessen Verlauf zeichnet sich klar ab, daß die Engländer diesen Krieg in einer ihnen feindlich gesonnenen Umgebung nicht gewinnen können. Ende 1781 schlafen die militärischen Operationen nach schweren englischen Niederlagen ein und Ende 1783 beendet der Friede von Paris die Geburtswehen des unabhängigen Amerika.

Der erste Ballonaufstieg

„Etienne & Joseph Montgolfier", Stahlstich, um 1850, nach einem Relief von Jean Houdon aus dem Jahre 1783.

„Aufstieg einer Montgolfière", französisches Gemälde, Ende des 18. Jahrhunderts.

Die Bauern von Gonesse, 22 km vor den Toren von Paris, sehen am 27. August 1783 ein riesenhaftes buntes Getier vom Himmel herab auf ihr Dorf zukommen. Es setzt sich im Geäst eines Baumes unweit des Dorfrandes fest und zuckt, offenbar verwundet, hin und her. Nachdem es sich nach einer Stunde entgegen der Hoffnungen der Dorfbewohner nicht wieder erhoben hat, um davonzufliegen, schießt endlich ein beherzter Bauer auf das Ungetüm, das laut aufstöhnt und in sich zusammenfällt. Nun wächst natürlich der Mut der in respektvoller Entfernung Wartenden enorm, und mit Dreschflegeln und Forken machen sie dem Untier endgültig den Garaus. Da treffen Reiter aus Paris ein, die nach dem Verbleib der „Charlière" forschen – einem um fünf Uhr nachmittags vom Pariser Marsfeld aufgestiegenen Ballon, der nach den Berechnungen und Plänen des Physikers Jacques-Alexandre Charles im Auftrag der Académie Française gebaut und gestartet worden ist. Mit einem Durchmesser von etwa 4 m ist er schon mit einem großen Vogel zu verwechseln, wenngleich ihm das Federkleid fehlt. Er besteht aus gummiertem Seidentaft und schwebt dank einer Wasserstoffüllung.

Noch redet ganz Paris von diesem epochalen Ereignis, als die eigentlichen Initiatoren des Ballonaufstiegs dort eintreffen. Es sind die Brüder Etienne und Joseph Montgolfier aus Annonay, einem südfranzösischen Städtchen zwischen der Rhône und den Cevennen, in deren Nachbarschaft ihr Vater eine über die Landesgrenzen hinaus bekannte Papiermanufaktur betreibt. Von Jugend an mit komplizierten Produktionsvorgängen und physikalischen Prozessen vertraut, haben sie sich naturwissenschaftlichen Experimenten verschrieben. Dabei erkannten sie auch Zusammenhänge zwischen aufsteigendem Dampf und Wolkenbildungen. 1782 kam Joseph Montgolfier auf den Gedanken, für eine Ballonkonstruktion als Material Stoff zu nehmen und den Auftrieb nicht durch das Verbrennen festen Materials zu erreichen. Am 4. Juni 1783 führten sie der Ständeversammlung ihrer Heimatregion Vivarais auf dem

Ballonaufstieg von Testu-Brissy, auf einem Pferd sitzend, in Meudon am 16. Oktober 1798. Zeitgenössische Aquatinta.

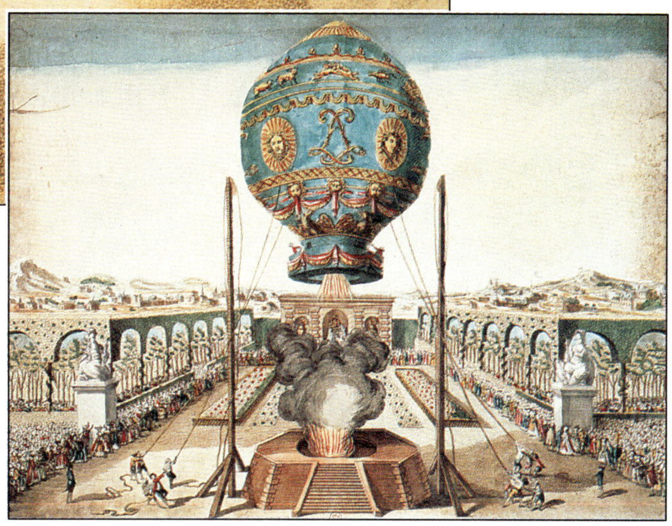

Aufstieg einer Montgolfière im Garten des Pariser Papierfabrikanten Reveillon 1783. Zeitgenössische Radierung nach einer Zeichnung von Louis Desrais.

Marktplatz von Annonay den Aufstieg eines Ballons von 12 m Durchmesser vor, der aus mit Papier beschichteten Leinwandbahnen bestand. Der Ballon hob sich mehr als 1000 m in die Höhe und schwebte zehn Minuten lang, bevor er in ca. 2 km Entfernung niederging.

Das Ereignis wurde sofort der Académie Française gemeldet, welche die Brüder zur Vorführung nach Paris einlud. Jedoch hielten geschäftliche Angelegenheiten die Montgolfiers in der Papiermanufaktur zurück, und die ungeduldige Akademie vergab ihren Auftrag an Professor Charles. Als sich die Brüder nun melden, ist die Akademie sofort bereit, auch ihre Vorführung zu unterstützen. Der Ballon, den sie in der Pariser Tapetenmanufaktur eines Geschäftsfreundes herstellen lassen, hat eine Stoffhülle von 18 m Höhe und 13 m Breite. Am 19. September 1789 stellen sie ihr Experiment in Versailles der Öffentlichkeit vor. Trotz eines Risses in der Ballonkappe steigt das Gefährt auf und bleibt acht Minuten in der Luft, bevor der entstandene Riß größer wird und in 3,2 km Entfernung die Landung erzwingt.

Unter den zuerst am Landeplatz Eintreffenden befindet sich der junge Ingenieur Pilâtre de Rozier, der selbst mit einem Ballon durch die Luft schweben möchte. Im Beisein de Roziers lassen die Brüder Montgolfier sofort einen neuen – 22 m hohen und 14,5 m breiten – Ballon anfertigen. Unter die Öffnung wird eine Galerie gehängt, in deren Mitte ein Becken mit glühenden Kohlen steht. Am 21. November startet die erste bemannte Luftfahrt. Gegen Mittag erhebt sich die große „Montgolfière" aus dem Park des Jagdschlosses Muette im Bois de Boulogne, bemannt mit Pilâtre de Rozier und dem Marquis d'Arlandes. Sie bleiben 25 Minuten in der Luft und treiben, von einem sanften Wind geschaukelt, in etwa 100 m Höhe über Paris hinweg. Die sich in den Straßen von Paris drängenden Zuschauer jubeln den beiden Ballonfahrern zu, die ihrerseits mit Fähnchen zurückwinken, bevor sie nach 9 km am Rande der Stadt sanft landen. Denkenden Zeitgenossen ist bewußt, daß sie Zeugen des Beginns eines neuen Abschnitts im Verhältnis des Menschen zur ihm umgebenden Natur sind. Die in Kupfer gestochenen Porträts der Gebrüder Montgolfier als erste Luftfahrtpioniere der Menschheit gehen ebenso um die Welt wie Gedenkmedaillen, Gedichte und Kompositionen zu ihren Ehren. In der Begeisterung geht ein klein wenig unter, daß schon zehn Tage nach der bemannten „Montgolfière" sich eine mit drei Luftschiffern bemannte „Charlière" in die Lüfte erhebt. Sie startet ebenfalls in Paris, bleibt zwei Stunden in der Luft und bewegt sich 40 km weit. Es sind die Prinzipien von Professor Charles, denen die Luftfahrt mittels Freiballon künftig folgt: Kugelform, Innengummierung der Hülle, Wasserstoffüllung, Seilzugventil zum Entgasen, Sandballast, Höhenmesser. Dennoch wird der Name der Brüder Montgolfier in die Annalen der Eroberung der Luft durch den Menschen tiefer eingraviert als der von Jacques-Alexandre Charles. Bei Zeitgenossen wie Nachgeborenen wird die „Montgolfière" zum festen Begriff, wohingegen die „Charlière" nur Spezialisten kennen.

Die Französische Revolution

Graf Mirabeau weigert sich im Namen des Dritten Standes am 23. Juni 1789, den Sitzungssaal der Generalstände zu verlassen. Gemälde von Joseph Desire Court (1797–1865).

König Ludwig XVI. hebt ein wenig seine Stimme, als er zum Schluß seiner Ansprache vom 23. Juni 1789 kommt: „Meine Herren! Wir befehlen Ihnen, sich jetzt sofort zu trennen und sich morgen früh jeder in die Kammer seines Standes zu begeben, um die Verhandlungen dort nach Ständen getrennt fortzusetzen.“ Viele Vertreter des Ersten Standes, die Adligen, und des Zweiten, die Kleriker, klatschen Beifall. Der unverschämten Anmaßung der Repräsentanten des Dritten Standes, die rund 90 % der Bevölkerung vertreten, entgegen der Tradition über gleich viele Stimmen wie der Adel und der Klerus gemeinsam verfügen zu wollen, hatte der König eine klare Absage erteilt. Ludwig XVI. verläßt nach seiner Rede majestätisch den Saal, und die hohen Adligen und die Prälaten folgen ihm. Die Vertreter des Dritten Standes bleiben aber einfach sitzen, und auch viele Abgesandte des niederen Klerus folgen ihrem Beispiel. Als der Oberhofmarschall um die Räumung des Saales bittet, ist es ein liberaler Graf, der ihm antwortet, daß man durch den Willen des Volkes hier versammelt sei und allenfalls der Macht der Bajonette weichen werde. Hatte sich der Dritte Stand doch sechs Tage zuvor, am 17. Juni, mit seinen 604 Abgeordneten zur Natio-

„Der Freiheitsbaum“ Entwurf für eine Fächerdekoration. Kolorierte Radierung, um 1789.

nalversammlung erklärt, die das Recht der Steuerbewilligung beanspruchte und sich drei Tage später im Ballspielhaus geschworen, nicht auseinanderzugehen, bevor das Königreich Frankreich eine Verfassung habe. An den nächsten Tagen stoßen immer mehr Delegierte des Ersten und des Zweiten Standes zu der Natio-

Der Sturm auf die Bastille am 14. Juli 1789, zeitgenössisches Aquarell von J. P. Houel.

Karikatur auf den Ständestaat: Der Bauer trägt Adel und Klerus auf seinem Rücken. Kolorierte Radierung, um 1789.

nalversammlung, und am 27. Juni bleibt dem König nichts anderes übrig, als Adel- und Klerusrepräsentanten die Teilnahme daran zu befehlen. Damit sind die Generalstände auch offiziell verschwunden und in eine Nationalversammlung umgeformt worden, in der nach Köpfen, nicht mehr nach Ständen abgestimmt wird.

Grund für die Einberufung der Generalstände war die katastrophale Situation der Staatsfinanzen. Da die Krone dringend Geld brauchte, berief Ludwig XVI. notgedrungen für den Mai 1789 die Generalstände ein, die seit dem Mittelalter das Recht der Steuerbewilligung hatten. Statt mit den Generalständen muß der König nun mit einer Nationalversammlung verhandeln, und die kommt zielstrebig zur Sache. Über Konzepte, die Staatsfinanzen zu sanieren, will sie nur diskutieren, wenn gleichzeitig sicher gestellt wird, daß der Hof und seine Günstlinge nicht mehr unkontrolliert mit den Staatsgeldern umgehen können. Eine Verfassung soll garantieren, daß die Steuerzahler ein Kontroll- und Mitspracherecht über Staatshaushalt und Regierung ausüben können. Am 7. Juli 1789 beruft die Versammlung einen Verfassungsausschuß ein, zwei Tage später erklärt sie sich selbst zur Verfassunggebenden Versammlung. Der Übergang von der absolutistischen zu einer an die Verfassung gebundenen – „konstitutionellen" – Monarchie scheint ohne das Vergießen auch nur eines Tropfen Blutes vonstatten zu gehen.

Aber der König sinnt auf energische Gegenmaßnahmen und plant einen Staatsstreich, für den er besonders königstreue Regimenter mit Schweizer und deutschen Soldaten bei Paris zusammenzieht. Gleichzeitig beruft er am 11. Juli ein hochkonservatives Kabinett. Beide Faktoren zusammen werfen den zündenden Funken in das hochexplosive, schon lange vor Unzufriedenheit gärende Paris. Arsenale und Waffenläden werden erbrochen, Zollhäuser erstürmt, Lebensmittellager geplündert. Die 407 betuchten bürgerlichen Wahlmänner, die im Frühjahr die Pariser Abgeordneten des Dritten Standes gewählt haben, berufen am 13. Juli eine neue Stadtverwaltung, die sofort an die Aufstellung einer Bürgerwehr geht. Am 14. Juli requiriert die Bürgerwehr, die sich in Anlehnung an die Nationalversammlung jetzt Nationalgarde nennt, in den königlichen Arsenalen 30 000 Gewehre. Mittags beginnt der Angriff auf die Bastille, das berüchtigte Pariser Gefängnis, das für die Pariser schon immer ein Symbol der Willkürherrschaft war. Nach vier Stunden kapitulieren die Verteidiger der Zwingburg – 80 Invaliden und 30 Schweizergardisten. Die Nachricht vom Fall der Bastille löst in vielen Pariser Stadtvierteln Freudentaumel aus. Es wird gefeiert und getanzt, aber auch geplündert und gelyncht. Als die Nachricht vom Fall der Bastille und den sich anschließenden Pariser Vorgängen in Versailles eintrifft, muß Majestät bereits aus dem Schlaf geholt werden. „Aber das ist ja eine Revolte!" kommentiert er schlaftrunken. „Nein, Sire," antwortet ihm der Bote, ein Herzog, „das ist eine Revolution."

Und so begreift man das draußen im Lande auch. In den Städten übernehmen neue Stadtverwaltungen die lokale Macht und die Bauern greifen nach den Dokumenten und Herrschaftszeichen der Adelsvorrechte, um sie zu verbrennen. Der Druck aus dem ganzen Land ist so stark, daß es der Verfassungsgebenden Versammlung leicht fällt, die Adelsdelegierten zu einem demonstrativen Akt des Verzichts zu bewegen. In der Nachtsitzung vom 4. auf den 5. August bringen adlige Abgeordnete selbst Anträge für die Abschaffung aller Steuerprivilegien, Frondienste, Leibeigenschaftsgelder und Jagdrechte ein. Auch der Kirchenzehnt fällt. Am 11. August wird die kostenlose Rechtssprechung, Gleichheit beim Zugang von Ämtern sowie aller Bürger vor dem Gesetz eingeführt. Der bürgerliche Rechtsstaat nimmt im Gefolge der revolutionären Ereignisse vom Juni und Juli 1789 auch auf dem europäischen Kontinent deutliche Konturen an.

Kanonade von Valmy

Bei dem Dorfe Valmy über einem Argonnenpaß auf der Straße Châlons-Paris liegt das Armeekorps Kellermann mit der Pariser Nationalgarde und hindert durch sein Geschützfeuer die preußische Infanterie am Sturmangriff. Der 20. September 1792, ein Tag voller Sprühregen und Nebel, vergeht mit gegenseitigem Artilleriebeschuß. Am Abend nach der Kanonade ziehen sich die Invasionstruppen zurück und überlassen den Franzosen das Feld. Es wird berichtet, daß Kellermann mit dem sich weiter verbreitenden Ruf „Vive la nation" seine wankende Armee zum Ausharren bewegt haben soll. Ein Augenzeuge – Johann Wolfgang von Goethe – notiert am Abend dieses Tages in sein Tagebuch: „Von hier und heute geht eine neue Epoche der Weltgeschichte aus, und Ihr könnt sagen, Ihr seid dabeigewesen." Er bekommt schon innerhalb weniger Tage Recht: Am 21. September tritt in Paris der Anfang September neugewählte Konvent zusammen und proklamiert die Republik.

Dabei schien die Französische Revolution im September 1791 ihren Abschluß gefunden zu haben, als die Verfassunggebende Versammlung die neue Verfassung verabschiedet hatte, die eine bürgerlich geprägte konstitutionelle Monarchie vorsah. Am 1. Oktober trat die aufgrund einer Vermögensklassifizierung der Bürger nur von einer Minderheit, den „Aktivbürgern", gewählte Gesetzgebende Versammlung zusammen. Aber seit die königliche Familie im Juni 1791 erfolglos versucht hatte, ins Ausland zu fliehen, herrschte Mißtrauen hinsichtlich der redlichen Absichten des Monarchen, sich an die parlamentarischen Spielregeln zu halten. Hinzu kam, daß sich Kaiser Leopold II., der Bruder der französischen Königin Marie Antoinette, am 27. August mit dem preußischen König getroffen und der Welt mitgeteilt hatte, daß es an der Zeit sei, die volle königliche Gewalt in Frankreich wiederherzustellen. Preußen und Österreich seien bereit, dafür auch Streitkräfte einzusetzen. Im Februar 1792 schlossen der Kaiser und Preußen einen förmlichen, gegen Frankreich gerichteten Militärpakt, was in Frankreich als Affront gewertet wurde. Ludwig XVI., der davon überzeugt war, daß das aus der Revolution hervorgegangene Frankreich in einem Kriege schnell zusammenbrechen werde, förderte die Kriegsstimmung in Frankreich, indem er im März 1792 die kriegsunwillige französische Regierung durch eine von der kriegsbereiten linken Parlamentsminderheit gestellte ersetzen ließ. Am 20. April erklärte er selbst auf der Basis einer Parlamentsabstimmung Österreich den Krieg.
Bei den schon im April einsetzenden Grenzscharmützeln ziehen die Franzosen regelmäßig den kürzeren. Es fehlt der Revolutionsarmee an militärisch erfahrenen Führern, denn ein großer Teil des adligen Offizierkorps hatte es zu Beginn der Revolution vorgezogen, zu emigrieren. So ist es denn kein Wunder, daß der Oberkommandierende der zur Intervention aufgebotenen preußischen Armee, Herzog Ferdinand von Braunschweig, zunächst von einem militärischen Spaziergang spricht. Der Beginn des Interventionsfeldzuges scheint ihm voll und ganz Recht zu geben. Die Grenzfestung Longwy fällt nach nur scheinbarem Widerstand schon am 23. August, und die starke Festung Verdun, die die Vormarschroute nach Paris sperren soll, ergibt sich am 2. September, nachdem Königsanhänger im örtlichen Offiziers-

„Fröhlicher Abmarsch der Freiwilligen zur Armee", Gouache, um 1792.

Die Kanonade von Valmy, Kopie von J. B. Mauzaisse nach einem Gemälde von Horace Vernet, 1831.

korps den Kommandanten ermordet haben, der Widerstand leisten wollte.
Den Verrat von Longwy und Verdun nehmen die radikalen Anhänger der Revolution zum Anlaß, die königlichen Garderegimenter aufzulösen und alle Priester zu deportieren, die den Eid auf die Verfassung aus religiösen Gründen verweigern. Neue Freiwilligeneinheiten werden aufgestellt. Allein in Paris melden sich 15 000 zu den

Die Hinrichtung Ludwigs XVI. auf der Place de la Republique am 21. Januar 1793, zeitgenössische Radierung.

Waffen. Am 25. Juli teilt der preußische Oberbefehlshaber den Franzosen mit, sollte der königlichen Familie „die mindeste Gewalttat oder Beleidigung" widerfahren, dann würden die verbündeten Majestäten von Preußen und Österreich dafür Rache nehmen. Hatte der Herzog von Braunschweig geglaubt, mit dieser Provokation die Franzosen einschüchtern zu können, so hatte er sich geirrt. Im Gegenteil: Immer lauter hört man in Paris und andernorts den Ruf nach der Republik. Bereits am 10. August stürmten aufgebrachte Volksmassen unter hohen Verlusten die Tuilerien und verhafteten die dort lebende königliche Familie. Die radikalisierten Massen in Paris zwingen das Parlament, Anfang September Neuwahlen für einen Konvent auszuschreiben, bei denen alle männlichen Erwachsenen Stimmrecht haben. Zur gleichen Zeit kommt es zu Massakern in den Gefängnissen, wo die Insassen – Kriminelle wie Adlige und Priester – wahllos umgebracht werden. Dann marschiert die Pariser Nationalgarde an die Front in den Argonnen ab, wo sie in Valmy ihr erstes großes Erfolgserlebnis hat. Nach der Ausrufung der Republik gewinnen die Radikalen immer weiter die Oberhand. Am 11. Dezember beginnt vor dem Konvent der Prozeß gegen den abgesetzten König und am 21. Januar 1793 wird Ludwig XVI. guillotiniert. Die Jakobinerherrschaft kündigt sich an.

Trafalgar und Austerlitz

„Die Übergabe von Ulm" an Napoleon am 20. Oktober 1805 nach der Kapitulation der österreichischen Armee. Gemälde von Charles Thevenin (1764–1838).

Am 19. Oktober 1805 signalisiert das Linienschiff „Mars" durch Flaggenzeichen dem britischen Geschwader vor der Bucht von Cádiz, daß der Gegner den schützenden Hafen verläßt. Zwei Tage dauert die Verfolgungsjagd. Kurz nach Anbruch des dritten Tages, am 21. Oktober, sieht man den Feind, die französisch-spanische Flotte, in einer langen Linie auf die Straße von Gibraltar zusegeln. Die Flotte soll auf Befehl Napoleons ins Mittelmeer fahren, aber die englischen Schiffe versperren ihr den Weg. Nach den Erfahrungen in der Seeschlacht vor Abukir 1798, als eine englische Flotte das französische Mittelmeergeschwader vernichtet hatte, ginge der französische Admiralsstab den Briten lieber aus dem Weg, zumal auf der gegnerischen Seite wieder, wie bei Abukir, Lord Nelson das Oberkommando führt. Der englische Admiral ist wegen seiner taktischen Neuerungen gefürchtet. Doch ist die Schlacht unvermeidbar, will man den von Napoleon befohlenen Kurs einschlagen. Zwischen elf und zwölf Uhr mittags fällt auf der Höhe von Kap Trafalgar der erste Schuß. Die doppelreihig aufgefahrenen Engländer dringen mit dem Wind in die halbmondförmig gebogene lange Linie der Verbündeten ein, wobei sich die beiden Spitzenschiffe jeweils auf das Flaggschiff des französischen und des spanischen Admirals stürzen – die „Victory" also auf die „Bucentaure" Villeneuves. Dabei muß sie aber an der „Redoutable" vorbei, in deren Masten es von sicher postierten Scharfschützen wimmelt. Da Nelson ungeschützt auf Deck steht und seine volle Ordenspracht angelegt hat, bildet er ein ausgezeichnetes Ziel. Er wird tödlich getroffen und stirbt nach einem dreistündigem Todeskampf gegen halb fünf Uhr. Die Schlacht ist zu diesem Zeitpunkt schon gewonnen und die französische und spanische Flotte als Beute genommen oder vernichtet. Den eindeutigen Sieg trotz zahlenmäßiger Unterlegenheit verdanken die Engländer vor allem dem hohen Ausbildungsstand ihrer Schiffsartillerie, die viel schneller und wesentlich genauer schießt als die französische und spanische.

„Napoleon", Kleinplastik, um 1860.

Seit 1804, als nach einer nur vierzehn Monate währenden Friedenszeit zwischen Briten und Franzosen wieder der offene Krieg ausgebrochen war, durchlebten die Engländer sehr schwere Wochen und Monate. Napoleon war fest entschlossen, eine militärische Landung auf der Insel zu wagen und zog zu diesem Zweck eine gewaltige Armee bei Boulogne zusammen. Die englische Diplomatie arbeitete emsig an einer neuen Koalition mit Österreich und Rußland, um Napoleon die in London so beliebten „Festlandsdegen" entgegenstellen zu können. Als 1805 diese Koalition auch zustandekam, konnte man in England bald mit Erleichterung feststellen, daß sich das Lager von Boulogne rasch leerte. Napoleon brauchte seine Armeen für den Krieg östlich des Rheins. Aber was würde aus seinen sicher nur aufgeschobenen Invasionsplänen, wenn er – im Besitz einer intakten, großen Flotte – wieder einmal als strahlender Sieger nach Frankreich zurückkehren würde?

Und nach einem weiteren Siegesfeldzug Napoleons sah es aus. Das für den Angriff über den Rhein vorgesehene österreichische Heer zwang Napoleon am 17. Oktober 1805 bei Ulm zur Kapitulation. Am 13. November rückte er in die Kai-

Das französische Schlachtschiff „Redoutable" in der Seeschlacht bei Trafalgar. Zeitgenössisches Gemälde von A. E. F. Mayer.

„Im Lager von Boulogne wandte er ohn' Unterlaß seinen Blick gegen England", Illustration zu einem französischen Kinderbuch über das Leben des großen Napoleon, 1894.

serstadt Wien ein. Jetzt erst stießen russische Truppen zu den verbündeten Österreichern, die nicht einmal den französischen Donauübergang in Richtung Norden störten. Bei Austerlitz unweit Brünn am 2. Dezember 1805 trafen die Verbündeten auf Napoleon und seine Armee. Der Kaiser der Franzosen errang einen glänzenden Sieg. Im österreichischen Hauptquartier nahm Kaiser Franz II. und im russischen Zar Alexander an der Schlacht teil, weshalb sie als „Drei-Kaiser-Schlacht" in die Geschichte eingeht. Ihre Folgen sind gravierend, denn Österreich scheidet unmittelbar danach aus der Koalition aus und muß Landabtretungen hinnehmen, insbesondere sich ganz aus Italien zurückziehen, wo Napoleon im Norden ein Königreich Italien gründet, dessen Krone er sich der Einfachheit halber gleich selbst aufsetzt. Österreich ist als europäische Großmacht schwer angeschlagen, Rußland, das weiter im Kriegszustand mit Frankreich bleibt, hinter Pufferstaaten abgedrängt.

Napoleon beherrscht nun West-, Mittel- und Südeuropa. Er ist jedoch seiner Kriegsflotte beraubt, die er benötigt, um auch den britischen Löwen in die Knie zwingen zu können. So ist es verständlich, daß er bei der Nachricht von der Seeschlacht bei Trafalgar vor Wut schäumt und sich sein Zorn über Admiral Villeneuve ergießt. Dieser wird, von den Engländern gefangengenommen und im April 1806 freigelassen, auf der Reise nach Paris in einem Hotel in Rennes angeblich Opfer seiner Depressionen und begeht Selbstmord. Aber welcher Selbstmörder fügt sich wohl selbst sechs tiefe Dolchstiche zu?

Der Wiener Kongreß

Ratifizierungsurkunde vom Wiener Kongreß, Wien, 12. November 1815

Ein Vierteljahrhundert nach dem Ausbruch der Französischen Revolution tritt am 1. November 1814 in der Kaiserstadt Wien ein großer Fürsten- und Diplomatenkongreß zusammen. Nachdem die letzten beiden Jahrzehnte von Kriegen im Gefolge der Französischen Revolution geprägt waren, soll nun eine Beständigkeit versprechende Friedensregelung gefunden werden. Grundgedanke ist, nach den Erfahrungen der jüngeren Vergangenheit ein ausgewogenes Gleichgewicht zustande zu bringen, ohne daß eine der Großmächte die Vorherrschaft bekommt. Die Forderung nach Sicherheit und machtpolitischer Ausgewogenheit wurde schon in den Vertragstext des Pariser Friedens vom 30. Mai 1814 zwischen den Verbündeten Großbritannien, Österreich, Preußen, Rußland einerseits und Frankreich andererseits aufgenommen. Ebenso wurde dort auch bereits festgelegt, daß die einzelnen deutschen Staaten unabhängig bleiben sollten, denn weder Rußland noch England oder Frankreich waren an einer starken Zentralmacht in Mitteleuropa interessiert.

Vertreter von rund 200 Staaten, Städten, Herrschaften und Körperschaften nehmen an dem Kongreß teil, aber den Ton bei der Neuordnung Europas geben Österreich, England, Frankreich, Rußland und Preußen an. Allerdings führt das von rauschenden Festen umrahmte Feilschen der friedlieben Mächte um Völker und Territorien aus der Ländermasse, die Napoleon erobert hatte und die nun neu verteilt werden sollte, zu heftigen Auseinandersetzungen und bis an den Rand neuer bewaffneter Konflikte. Die Abschlußverhandlungen werden jedoch seit März 1815 wesentlich beschleunigt durch das unerwartete Wiedererscheinen Napoleons auf der politischen Bühne. Am 8. Juni, zehn Tage vor Waterloo, wo Napoleons Traum von einer Rückkehr an die Macht endet, wird die Schlußakte des Kongresses verkündet. Sorgfältig wird darauf geachtet, daß keine zu große Territorialmacht im Herzen Europas entsteht, was besonders Österreich und Preußen betrifft. Österreich bekommt zwar seine Besitzungen in Oberitalien und in Galizien zurück, muß aber die südlichen Provinzen der Niederlande, die 1713 an die österreichischen Habsburger gefallen waren, an das Königreich Niederlande abtreten. Preußen kann sein Territorium im Osten durch das Posener Land und im Norden durch Schwedisch-Pommern mit Stralsund und Rügen arrondieren, gibt aber im Westen Hildesheim, Goslar und Ostfriesland an Hannover und im Süden Ansbach und Bayreuth an Bayern ab. Zu seinen Besitzungen im Rheinland und Westfalen kommt noch die Rheinprovinz mit Aachen, Köln und Trier hinzu, die aber durch das zum Königreich erhobene Kurfürstentum Hannover vom preußischen Kernland getrennt wird. Den größten Territorialgewinn kann Rußland verbuchen. Das von Napoleon gegründete Herzogtum Warschau wird als – formal noch selbständiges – Königreich Polen durch Personalunion an das Zarenreich gekettet. Bayern, Württemberg und Sach-

sen bleiben Königreiche, wozu sie von Napoleon erhoben worden waren. Frankreich hatte bereits im Pariser Frieden seine Grenzen von 1792 bestätigt bekommen, und England ist zufrieden, mit dem Erwerb von Helgoland, Malta, Ceylon und der Kapkolonie weitere Stützpunkte für seine Herrschaft über die Weltmeere zu haben, zumal es mit Hannover, das noch immer in Personalunion mit dem englischen Königshaus verbunden ist, ein Standbein auf dem Kontinent hat.

Das Heilige Römische Reich Deutscher Nation wird nicht wieder ins Leben gerufen, sondern statt dessen durch die Bundesakte vom 8. Juli 1815 der Deutsche Bund gegründet, dem 35 souveräne Staaten und vier freie Städte beitreten. Der nationale Einheitsstaat, auf den sich die Hoffnung eines Teils der Bevölkerung, vor allem in Preußen, gerichtet hatte, wurde dadurch nicht geschaffen. Vielmehr war der Deutsche Bund eine lockere Föderation der deutschen Staaten. Ebensowenig, wie bei der Neuordnung der deutschen Ländermasse Rücksicht auf das erwachte Nationalgefühl genommen wird, beachten die Entscheidungsträger auf dem Wiener Kongreß – ganz im Stil der Diplomatie des 18. Jahrhunderts – die spezifischen Nationalbefindlichkeiten in Italien, Polen und den südlichen Niederlanden, dem späteren Belgien. Binnen kürzester Frist entstehen hier Krisenherde, die das Wiener Europamodell zum Scheitern bringen werden. Der Austausch von Fürsten und die Umverteilung von Territorien allein genügen nicht, um einen langfristigen Frieden in Europa zu sichern.

„Versammlung bedeutender Staatsmänner zur Zeit des Wiener Kongresses“: Talleyrand, Montgelas, Hardenberg, Metternich, Gentz, Gemälde von Engelbert Seibertz, um 1865.

„Fest im Redoutensaal der Wiener Hofburg“, Radierung von Josef Schütz, um 1815.

„Der Wiener Kongreß nach dem endgültigen Sturz Napoleons“, anonyme französische Karikatur, 1815.

Zeittafel

1775 Unabhängigkeitskrieg der britischen Kolonien in Nordamerika beginnt.

1776 Die erste von James Watt konstruierte Dampfmaschine nimmt ihre Arbeit auf.

1780 Tod der Kaiserin Maria Theresia; Joseph II. wird Kaiser.

1782 Letzte Hexenhinrichtung in der Schweiz.

1783 Der erste bemannte Flug im Heißluftballon.

1787 Ein Verfassungskonvent verabschiedet die Verfassung der USA.

1788 Beginn der Besiedlung Australiens mit Europäern durch die Einrichtung einer britischen Sträflingskolonie in Sydney.

1789 George Washington wird der erste Präsident der USA.

1789 Beginn der Französischen Revolution.

1792 Kriegserklärung Frankreichs an Österreich und Beginn des Ersten Koalitionskriegs (bis 1797). Die französischen Truppen siegen bei Jemappes und erobern Belgien.

1792 Der französische Nationalkonvent schafft die Monarchie ab und verkündet die Republik.

1793 Diktatur der Jakobiner unter Führung von Robespierre.

1793 Zweite polnische Teilung durch Rußland, Preußen und Österreich, es bleibt ein Restpolen bestehen.

1794 Seit Beginn der Jakobinerherrschaft werden über 1200 Personen guillotiniert.

1794 Sturz und Hinrichtung Robespierres und seiner Mitstreiter.

1795 Preußen schließt den Frieden zu Basel als einen Sonderfrieden mit Frankreich und scheidet aus dem Koalitionskrieg aus.

Napoleon auf der Brücke von Arcole in der Schlacht gegen die Österreicher am 15./17. November 1796, Gemälde von Antoine-Jean Gros, 1797.

1795 Dritte polnische Teilung. Polen wird vollständig zwischen Preußen, Rußland und Österreich aufgeteilt.

1795 Direktoriumsverfassung in Frankreich: Ein Direktorium als Exekutive, Wahl der Volksvertretung nach dem Zensuswahlrecht, welches das besitzende Bürgertum begünstigt.

1797 Frieden von Campo Formio zwischen Frankreich und Österreich. Frankreich erhält von Österreich die Lombardei und Belgien. Die Republik Venedig fällt an Österreich.

1798 Französischer Feldzug in Ägypten, um die englische Herrschaft im Mittelmeerraum zu schwächen. Napoleon erobert Kairo. Der britische Seesieg bei Abukir über die französische Flotte stärkt aber die britische Vormachtstellung im Mittelmeer.

Einzug Napoleons in Berlin durch das Brandenburger Tor am 27. Oktober 1806, zeitgenössisches Gemälde von Charles Meynier (Ausschnitt).

Der Kampf vor dem Grimmaischen Tor während der Völkerschlacht bei Leipzig am 19. Oktober 1813, zeitgenössisches Gemälde von Ernst Wilhelm Straßberger.

1799 Beginn des Zweiten Koalitionskrieges.

1799 Sturz des Direktoriums durch Napoleon, der eine durch die sogenannte Konsularverfassung verbrämte Militärdiktatur errichtet.

1800 Errichtung des "Vereinigten Königreichs Großbritannien und Irland" nach der Niederschlagung von Unruhen in Irland.

1803 Napoleon verkauft den USA die französische Kolonie Louisiana für 15 Millionen Dollar.

1803 Reichsdeputationshauptschluß: Im Deutschen Reich verlieren alle geistlichen Territorien mit Ausnahme von Mainz, 45 der 51 Reichsstädte und diverse andere bisher reichsunmittelbare Herrschaftsgebiete ihre politische Selbständigkeit. Ihre Territorien werden Baden, Bayern, Preußen und Württemberg einverleibt.

1804 Napoleon krönt sich selbst zum Kaiser der Franzosen.

1805 Aufstand und Unabhängigkeitserklärung von Frankreich in Haiti.

1805 Dritter Koalitionskrieg.

1806 Franz II. verzichtet auf die deutsche Kaiserkrone, damit endet das "Heilige Römische Reich Deutscher Nation".

1806 Bayern wird von Napoleon zum Königreich erhoben.

1806 Napoleon zieht, nachdem er das preußisch-sächsische Heer in der Doppelschlacht von Jena und Auerstedt besiegt hat, in Berlin ein.

1806 England erobert Kapland (Südafrika).

1807 Englische Truppen unter Führung von General Arthur Wellesley (ab 1814 Herzog von Wellington) landen in Spanien und Portugal und unterstützen den antifranzösischen Widerstand.

1809 Russisch-schwedischer Krieg. Rußland erobert das bis dahin zu Schweden gehörende Finnland.

1810 Andreas Hofer, der seit 1809 einen Volksaufstand in Tirol anführt, wird in Mantua von den Franzosen erschossen.

1811 Beginn der Unabhängigkeitsbewegung in Venezuela gegen die spanische Kolonialherrschaft.

1811 Paraguay wird von Spanien unabhängig.

1812 Napoleon überschreitet mit seinen Truppen den Njemen, um ohne Kriegserklärung Rußland anzugreifen. Der Feldzug gerät im russischen Winter zur Katastrophe. Von den ca. 600 000 Soldaten der Grande Armée kehren Ende 1812 nur noch ca. 5 000 wieder zurück.

1813 Völkerschlacht bei Leipzig: Napoleon verliert gegen das Koalitionsheer und zieht sich mit seinen Truppen über den Rhein zurück.

1814 Die Verbündeten ziehen in Paris ein; eine provisorische französische Regierung erklärt Napoleon für abgesetzt. Dieser dankt ab und wird nach Elba verbannt. Die Alliierten schließen mit Frankreich Frieden.

1814 Dänemark muß Norwegen an Schweden abtreten, das diesem in Personalunion angeschlossen wird.

1814 Beginn des Wiener Kongresses zur Neuordnung Europas.

1815 Napoleon landet in Cannes, sammelt seine Anhänger und zieht in Paris ein. Ludwig XVIII. flieht. Blücher und Wellington besiegen das napoleonische Heer bei Waterloo. Napoleon wird nach St. Helena verbannt.

1815 Gründung des Deutschen Bundes mit dem Bundestag in Frankfurt/Main unter österreichischem Vorsitz.

Abtransport von Opfern der Terrorherrschaft der Jakobiner, zeitgenössisches Aquarell von Bericourt.

Eine Epoche der Revolutionen

1819–1854

1819 Bolívar: Die Kolonien in Südamerika schütteln die spanische Herrschaft ab.

1829 Lokomotivenwettfahrt in Rainhill: Ein neues Verkehrsmittel tritt seinen Siegeszug an.

1830 Pariser Julirevolution: Das Bürgertum wählt sich einen Bürgerkönig.

1848 Völkerfrühling: Der Kampf um politische und soziale Freiheiten scheitert.

1853/54 Japan öffnet seine Häfen: Das Inselreich beginnt seinen Weg in die Moderne.

„Die Freiheit führt das Volk", Allegorie auf die Julirevolution 1830 von Eugène Delacroix.

Bolívar

„Bolívars Triumpheinzug in Caracas", Kreidelithographie von P. Weibezahl, Meißen 1832.

Wappen von Kolumbien mit der roten Jakobinermütze, die den Einfluß der Französischen Revolution auf die kolumbianische Unabhängigkeitsbewegung demonstriert.

„Der Rebell Bolívar hat Bogotá genommen. Er wird von den Einwohnern unterstützt und ist niemandem Rechenschaft schuldig. Seine Armee wächst durch unsere Deserteure, durch Unzufriedene und Menschen verschiedener Klassen und Stände, die sich ihr unterwegs anschließen…" berichtet der spanische Marschall Morillo Mitte August 1819 nach Madrid. Die Bevölkerung des spanischen Vizekönigreichs Neugranada, das die heutigen Staaten Kolumbien, Equador, Venezuela und Panama umfaßt, wirft unter der Führung Simon Bolívars die Kolonialherrschaft ab. Es gibt handfeste ökonomische Gründe, die spanische Macht abschütteln zu wollen, denn das Mutterland schottet seine amerikanischen Länder vom Welthandel ab und besteht auf sein Monopol im Verkehr mit den Kolonien, so daß zur politischen Abhängigkeit auch eine starke wirtschaftliche Ausbeutung hinzukommt.

In Madrid ist der Name des Rebellenführers Bolívar keineswegs mehr unbekannt. Er war einer der führenden Köpfe beim Sturz des Generalkapitäns der Krone in Venezuelas Hauptstadt Caracas im April 1810. Im Juli 1811 wurde dort die unabhängige Republik Venezuela ausgerufen, die aber schon zwei Jahre später von königlichen spanischen Truppen beseitigt wurde. Mit nur ein paar hundert Bewaffneten wagte Bolívar im Juni 1813 einen wiederholten Angriff auf Caracas. Am 6. August 1813 zog er erneut dort ein und rief wieder eine Republik Venezuela ins Leben. Doch auch der zweiten Republik war keine lange Lebensddauer beschieden. Sie wurde durch einen royalistischen Aufstand der Viehhirten gestürzt. Bereits im Juni 1814 saß wieder ein königlicher Gouverneur in Caracas.

Bolívar entkam nach Jamaika, wo er mit englischer Duldung Freiwillige anwarb. Waffen bekam er aus Haiti. 1816 kehrte er nach Venezuela zurück und begann einen Guerillakrieg, wobei er von den Viehhirten unterstützt wurde. Diese waren zutiefst enttäuscht darüber, daß die Spanier ihnen gegenüber keinerlei Dankbarkeit zeigten – hatten sie doch eine wesentliche Rolle beim Sturz der Zweiten Republik von 1813/14 gespielt. Die Rebellen veranstalteten Wahlen zu einem Nationalkongreß, der am 15. Februar 1819 in der Siedlung Angostura am Orinoco mit 26 Abgeordneten eröffnet wurde. Wie unsicher ihre Lage war, zeigt die Wahl des Ortes für das neue Parlament: Dort legten häufig englische Schiffe aus Trinidad an, auf denen man notfalls schnell entkommen konnte. Bolívar wurde zum Präsidenten der Republik mit diktatorischen Vollmachten ernannt und die Anwerbung ausländischer Freiwilliger gebilligt. War Bolívar zwar für ganz Neugranada zum Präsidenten ernannt worden, so beherrschten die Rebellen im Frühjahr 1819 lediglich das Tal des Rio Casanare zwischen der Hochebene im Osten und dem Hochgebirge im Westen, der Rest befand sich unter der militärischen Kontrolle des spanischen Marschalls Murillo.

Mit seiner höchstens 3000 Mann starken Rebellenarmee setzte Bolívar im Sommer 1819 zum Überraschungsangriff an, aber nicht dort, wo ihn die Spanier erwarteten, nämlich im Osten an der Atlantischen Küste, sondern jenseits der Anden, womit kein Spanier rechnete. Ende Mai – zu Beginn der Regenzeit – muß Bolívars Armee in Richtung Westen aufgebrochen sein und sich über einen Monat unter furchtbaren Strapazen durch Sümpfe und über Gebirgspässe gequält haben, bis sie Anfang Juli in der kolumbischen Hochebene stand. Die Aussicht, im Falle einer Niederlage wieder in die Berge zurück zu müssen, verhalf den Rebellen bei zwei Begegnungen mit den überraschten spanischen Truppen zu einem derartigen Angriffsschwung, daß sie trotz zahlenmäßiger Unterlegenheit beide siegreich bestanden. Nach dem zweiten Sieg am 7. August am Rio Boyacá stand ihm der Weg nach Bogotá, der Hauptstadt des Vizekönigreiches, offen.

„Simon Bolívar", Holzstich, 1859.

„Die Reede von Angostura", Gemälde von Ferdinand Bellermann, 1842–45.

Im Dezember 1819 proklamiert der Nationalkongreß die Republik Groß-Kolumbien, der Venezuela, Neugranada (das spätere Kolumbien) und die Provinz Quito (das spätere Ecuador) angehören. Allerdings sind die Provinz Quito und der Großteil Venezuelas noch in spanischer Hand, aber im Frühjahr 1821 wird Venezuela befreit und im Juni zieht Bolívar zum dritten Mal in Caracas ein. Im Sommer 1822 gelangt auch die ganze Provinz Quito in die Hand der Republikaner. Groß-Kolumbien hat endlich die Kolonialtruppen von seinem gesamten Territorium vertrieben.

Auch Argentinien, Paraguay und Chile hatten sich seit 1810 die Unabhängigkeit erkämpft. 1823/24 vertreiben Groß-Kolumbien, Argentinien und Chile gemeinsam die Spanier aus Peru. Südamerika ist unabhängig. Wirtschaftliche und politische Gründe veranlassen die USA, den neuen unabhängigen Staaten im Süden des Doppelkontinents zur Seite zu stehen. Amerika den Amerikanern, heißt die neue Devise der USA, die Präsident Monroe 1823 freundlich, aber bestimmt verkündet. Die USA würden sich nicht in die Angelegenheiten Europas einmischen, nähmen dafür aber auch eine Einmischung Europas in der Neuen Welt nicht mehr hin.

Lokomotivenwettfahrt in Rainhill

Etwa 10 000 Neugierige haben sich zu einer besonderen Lokomotivenwettfahrt eingefunden. Die Direktion der Gesellschaft für den Bau der Eisenbahnstrecke Liverpool-Manchester hatte für den 6. Oktober 1829 auf den schon fertiggestellten Streckenabschnitt bei Rainhill eingeladen. Dem Sieger winken als Preis 500 Pfund Sterling. Das Rennen ist der Abschluß einer Ausschreibung der Eisenbahngesellschaft für die Konstruktion einer Lokomotive nach festgelegten Vorgaben, was Leistung, Größe, Geschwindigkeit und Herstellungskosten angeht. Drei Lokomotiven wollen nun in der Ebene von Rainhill auf einer Strecke von 2,4 km ihre Leistungsfähigkeit vorführen. Am Start erscheinen die „Rocket" von George und Robert Stephenson, die „Novelty" von John Braithwaite und John Ericsson sowie die „Sanspareil" von Timothy Hackworth.

Die Lokomotiven sollen die Strecke zwanzigmal hin- und herfahren. Insgesamt sind das 48 km, was genau der Trassenlänge Liverpool/Docks bis Manchester/Endstation entspricht. Neben den Sensationshungrigen verfolgen auch Experten und Gelehrte das Schauspiel. Die „Sanspareil" scheitert am übergroßen Dampfverlust, der allerdings kein Konstruktionsfehler ist, sondern durch einen Gußlunker in einem der beiden Zylinder verursacht wird. Die „Novelty" bringt es auf stolze 45 Stundenkilometer, läuft sich aber im Dauerbetrieb heiß, weil ihr Gebläse nicht stark genug ausgelegt ist. Unbeirrt dagegen fährt und fährt die „Rocket". Sie hat ein Eigengewicht von 4,5 t und zieht einen Tender mit 3,4 t und zwei beladene Waggons mit 9,11 t bei 21 km in der Stunde. Am zweiten Tag stellt die Stephenson-Lokomotive eine Lastbewältigung von 40 t hinter dem Tender vor, wobei die Stundengeschwindigkeit auf 13,3 km absinkt. Als am dritten Tag der Wettbewerb schon abgeschlossen ist, führt die „Rocket" noch einmal vor, was alles in ihr steckt: Sie bringt es mit 30 Passagieren auf eine Stundengeschwindigkeit von 45 km. Die bewundernde Presse schwärmt von einem „Schienenflug". Die Stephensons haben mit der „Rocket" aus ihrer 1824 gegründeten Lokomotivenfabrik einen durchschlagenden Erfolg errungen. Die Direktion der Bahnlinie Liverpool-Manchester bestellt sofort sieben weitere Lokomotiven. Am 15. September 1830 wird die Strecke dann in Anwesenheit des britischen Premierministers, des Herzogs von Wellington, mit großem Pomp eröffnet.

Die erste öffentliche Dampfeisenbahnstrecke wurde bereits im September 1825 zwischen Stockton und Darlington in Betrieb genommen. Zeitgenössische Darstellung.

Der Plan einer Bahnverbindung zwischen dem Hafen Liverpool und der Textilhochburg Manchester stammte aus dem Jahre 1822. Seit langem gab es im Bergbau Transportwagen auf Schienen. 1804 hatte Richard Trevithick, Techniker in einer Eisenhütte, eine betriebsfähige mobile Dampfmaschine zum Einsatz auf der 15 km langen Schienenstrecke des Hüttenkom-

Erst die Erfindung der Eisenbahn ermöglichte die Erschließung Nordamerikas, indem sie quer über den Kontinent Atlantik und Pazifik verband. „Across the continent" ist der Titel dieser 1868 in New York veröffentlichten Kreidelithographie.

plexes gebaut. Diese Lokomotive war nach etlichen Monaten treuer Pflichterfüllung jedoch an den häufigen Brüchen der gußeisernen Schienen gescheitert, für die sie zu schwer war. 1811, 1813 und 1814 waren neue Konstrukteure mit neuen Lokomotivbauten aufgetaucht. Die von 1814, auf den Namen „Bluecher" getaufte Lokomotive stammte von einem Ingenieur, der für die Kohlegruben von Newcastle arbeitete: George Stephenson. Seine Konstruktion überzeugte so, daß er für eine Werkbahn in der Grube von Hetton bei Sunderland 1822 fünf seiner „eisernen Pferde" liefern durfte und beim Bau der Transportbahn von Darlington zum Hafen Stockton in Nordengland 1823 bis 1825 die technische Leitung übernahm.

Die Bahnlinie Darlington-Stockton, am 27. September 1825 im Beisein von etwa 40 000 Schaulustigen eingeweiht, lieferte wertvolle Erkenntnisse über den wachsenden Anteil des Personenverkehrs auf einer Strecke, die hauptsächlich nur für den Warentransport angelegt worden war. Deutlich zeigten sich die Nachteile einer eingleisigen Strecke, so daß sich die Gesellschafter der geplanten Verbindung Liverpool-Manchester entschlossen, ihre Strecke von vornherein zweigleisig anzulegen. Nach den Testläufen auf der Ebene von Rainhill, bei denen sich übrigens auch die durchgängige Verwendung geschmiedeter Schienen bewährte, stiegen die Aktien der Eisenbahngesellschaft an der Börse im Handumdrehen um 10 Prozent. Die Zuversicht der Aktionäre war gerechtfertigt. War die Geschäftsleitung bei den Kalkulationen von täglich 200 Passagieren auf der Strecke Liverpool-Manchester ausgegangen, so zeigte das Betriebsergebnis von 1831, daß sie viel zu vorsichtig gerechnet hatte. Im Durchschnitt nutzten 1300 Personen die neue Verbindung. Das neue Transportmittel hat sich bewährt. In rascher Folge entstehen nun neue Eisenbahnlinien, nicht nur in England, sondern auch auf dem europäischen Kontinent und in Amerika: Die Industriegesellschaft hat das erste Verkehrssystem gefunden, das ihrem Bedürfnis nach mehr Mobilität gerecht wird, Zeit und Raum bekommen eine neue Bedeutung.

Stephensons Preislokomotive „Rocket", zeitgenössischer Holzstich.

Pariser Julirevolution

Kokarde aus der Zeit der Revolution 1789–1799.

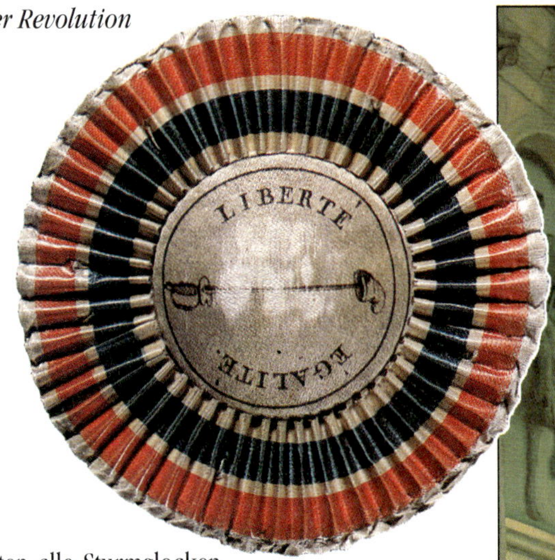

„In der Nacht läuteten alle Sturmglocken, die Vorräte von Waffen... wurden verteilt, wer keine Flinte hatte, nahm einen Degen, wer keinen Degen besaß, einen Stock, ja ohne alle Anführung, ohne Waffen stellten sich Menschen aller Art zum Angriff. Es war nicht der Pöbel, nicht eine Partei; es war der allgemeine Wille, die höchste Begeisterung aller, welche Kampf und Sieg herbeiführte." berichtet der Berliner Historiker Friedrich von Raumer in einem Brief vom 31. Juli 1830 aus Paris den Verwandten und Freunden zu Hause über die „drei glorreichen Tage" vom 27. bis 29. Juli 1830.

Nach Napoleons erzwungenem Abgang 1814 war wieder das alte Königshaus auf den französischen Thron gekommen. König Ludwig XVIII., ein Bruder des 1793 hingerichteten Ludwig XVI., verzichtete jedoch klugerweise darauf, wieder die Zustände von vor 1789 herzustellen, sondern akzeptierte eine Verfassung, eine parlamentarisches Leben vermittelnde Deputiertenkammer und eine beachtliche Pressefreiheit. Sein jüngster Bruder Karl X., der 1824 den Thron bestieg, nahm hingegen weniger Rücksicht auf die seit 1789 stattgefundenen gesellschaftlichen Veränderungen, begünstigte den Adel und verscherzte sich die Sympathien des Bürgertums. Die Wahlen zur Deputiertenkammer brachten 1827 eine deutliche Mehrheit für Konstitutionelle und Liberale, und bei der Parade der Pariser Nationalgarde im selben Jahr wurde bataillonsweise „Nieder mit den Ministern!" skandiert. Die Pariser Nationalgarde, eine aus der Revolutionszeit herrührende Bürgermiliz, wurde daraufhin aufgelöst. Im Sommer 1830 sorgten die rund 100 000 Bürger, die

Straßenschlacht vor dem Rathaus in Paris während der Julirevolution 1830, zeitgenössisches Gemälde von Jean Victor Schnetz.

„Der Schwur Louis-Philippes auf die Verfassung von 1830 in Versailles", Farbskizze von Eugène Deveria, 1836. (Abbildung unten rechts).

aufgrund ihrer hohen Steuerlast wahlberechtigt waren, wieder für eine liberale Parlamentsmehrheit. Da entschloß sich Karl X. zu einem Staatsstreich. Am 25. Juli erließ er sechs Dekrete („Ordonnanzen"), mit denen die eben erst gewählte Kammer wieder aufgelöst, das Wahlrecht auf Grundbesitzer eingeengt, die geheime Abstimmung abgeschafft und die oppositionelle Presse verboten wurde. Gleichzeitig wurden in Vincennes bei Paris Schießübungen der Artillerie angesetzt, so daß am folgenden Tag das Grollen von etwa 100 Geschützen über Paris lag. Aber die Pariser nahmen das Verbot der Zeitungen und die gewaltsame Demontage ihrer Druckerpressen am 26. Juli nicht ruhig hin. Es kam zu Massenansammlungen. Am Dienstag, dem 27. Juli, schossen in der Rue St. Honoré herbeibeorderte Soldaten in die Menge. Noch in der Nacht formierten sich die ersten Einheiten der vor drei Jahren aufgelösten Nationalgarde neu und brachten am nächsten Tag das Pariser Rathaus in ihre Gewalt. Den Angriffen der lustlosen französischen Truppen in dem engen, durch Barrikaden zusätzlich unwegsam gemachten Gassengewirr der östlichen Stadtteile war kein Erfolg beschieden. Bevor sie ganz und gar zum Volke übergingen, zog sie ihr Befehlshaber in die westlichen Vororte zurück. Nachdem Karl X. am Mittag des 29. Juli aus Paris geflohen war, zog das Militär vollständig ab. Das Volk hatte gesiegt.

Die liberale Opposition übernahm die politische Führung. Eine Beseitigung der Monarchie wurde dabei nicht angestrebt, lediglich die durch Karl X. wieder in Mißkredit gebrachte Bourbonenherrschaft sollte ein Ende finden. Neuer König wurde das Haupt des Hauses Orléans, einer unter dem Sonnenkönig begründeten Seitenlinie des Königshauses. Louis Philippe hatte als junger Mann 1792 als Offizier in der Revolutionsarmee gekämpft und war Anhänger bürgerlicher Wirtschaftsvorstellungen. Er versöhnte zunächst wieder die Finanz- und Handelsbourgoisie mit der Monarchie. Industrielle und Großbankiers wurden während der Regierungszeit des „Bürgerkönigs" tonangebend in Politik und Gesellschaft und bereiteten damit den Aufstieg Frankreichs zur Industrienation vor.

„Die Bedrückung des französischen Volkes unter dem absoluten Königtum", Karikatur auf die Wiederherstellung der Monarchie unter Ludwig XVIII. Zeitgenössische Radierung.

Völkerfrühling

Revolution in Wien: Ermordung des österreichischen Kriegsministers Latour am 6. Oktober 1848, Zeitgenössisches Aquarell von Johann Christian Schöller.

Lombardisch-venezianische Aufstände gegen die österreichische Herrschaft: „Der Kampf um die Porta Tosa in Mailand, 22. März 1848", zeitgenössisches Gemälde von Carlo Canella.

„Blick auf die Place de la Bastille am 25. Juni 1848" während der Niederwerfung des Juni-Aufstands der Pariser Arbeiterschaft. Zeitgenössisches Gemälde von Jean Jacques Champin.

Schüsse peitschen, einige Männer in der ersten Reihe der Demonstration fallen getroffen zu Boden. Darauf folgt ein Chaos. Was als friedliche Demonstration für eine Ausweitung des Wahlrechts auf ärmere Bevölkerungsgruppe begonnen hat, wird in kürzester Zeit zu einer Revolution, die zwischen dem 22. und 25. Februar 1848 die Abdankung des Bürgerkönigs Louis Philippe erzwingt, die Monarchie in Frankreich beseitigt und zur Ausrufung der Republik führt. Neben der Forderung nach mehr demokratischer Mitbestimmung kommen soziale Aspekte hinzu. Erst ansatzweise, aber bald schon deutlicher schälen sich im Gefolge der Industriellen Revolution einzelne Klassen heraus, von denen die ärmeren, gesellschaftlich benachteiligten aber im Gegensatz zu früheren Jahrhunderten beginnen, mehr Selbstbewußtsein zu entwickeln und sich als politische Kraft zu verstehen. Ein dritter, gerade jetzt die Bereitschaft zur Revolution fördernder Faktor ist eine seit 1846 spürbare Wirtschafts- und Ernährungskrise, die zu größerer Arbeitslosigkeit und drastischen Lebensmittelverteuerungen führte. Die neue Republik trägt der Tatsache Rechnung, daß sich auch viele Arbeiter unter den Revolutionären befunden haben, die sich von einer Wandlung der politischen Verhältnisse eine Verbesserung der sozialen Bedingungen erhoffen. Für die zahllosen Arbeitslosen, die infolge der Finanz- und Produktionskrise ohne Beschäftigung sind, werden aus öffentlichen Mitteln finanzierte Nationalwerkstätten eingerichtet.

Die Pariser Ereignisse gaben in Deutschland, Italien, Polen, Ungarn und Rumänien den Startschuß für ein revolutionäres Vorgehen gegen die unbefriedigenden Zustände im eigenen Land. Häufig wurden politische, wirtschaftliche und soziale Forderungen mit der nach nationaler Emanzipation verknüpft. Österreich ebenso wie Preußen beschreiten unter dem Druck revolutionärer Ausbrüche in ihren Hauptstädten noch im März 1848

„Freiheitsheld vom 18. und 19. März 1848 in Berlin", Neuruppiner Bilderbogen mit Szenen aus der 48er Revolution in Berlin.

Freiheitsbestrebungen der polnischen Bevölkerung in der preußischen Provinz Posen werden niedergeschlagen: „Polnische Gefangene in Magdeburg 1849", Gemälde von Polykarp Guminski, 1849.

den Weg zu einem Verfassungsstaat und proklamieren Presse- und Versammlungsfreiheit. Im Frühjahr 1848 wird in Deutschland darangegangen, aus 35 Einzelstaaten einen föderalen Nationalstaat zu schaffen. Das erste gesamtdeutsche Parlament, das in der Paulskirche der alten Reichs- und Kaiserstadt Frankfurt (Main) tagt und in intellektuell brillanten Debatten auch eine Verfassung für einen bürgerlichen demokratischen Rechtsstaat ausarbeitet, versagt jedoch angesichts der Frage des Umgangs mit anderen Nationalitäten. Das Recht auf nationale Selbstimmung gilt in den Augen der Abgeordneten nicht für die Polen, Dänen, Italiener und Ungarn, die auf dem Territorium des deutschen Nationalstaates oder der Habsburger Monarchie leben. Damit gibt die Nationalversammlung den Militärbefehlshabern, die im März vor den Revolutionsbarrikaden kapitulieren mußten, die Chance, ihr Selbstbewußtsein im erfolgreichen Kampf gegen Polen, Italiener, Dänen unter dem Beifall deutscher Liberaler und Demokraten zu regenerieren.

Die revolutionäre Welle ebbt seit Sommer 1848 zusehends ab. Die entscheidende Wende bringt bereits der Juni, als die republikanische Regierung in Paris mit der Illusion aufräumt, die Republik garantiere Fortschritte bei der Bewältigung der „sozialen Frage". Das von der Republik eingeführte allgemeine Wahlrecht bringt aufgrund der Überzahl bäuerlicher Wähler ein moderat-konservatives Parlament, das sich den Luxus der Nationalwerkstätten nicht länger erlauben will – es veranlaßt deren Schließung. Als die Pariser Arbeiter dagegen massiv aufbegehren, setzt die Regierung Militär gegen sie ein. Das Vorbild, wie man mit einem Teil des Revolutionspotentials in der eigenen Bevölkerung umzugehen hat, wirkt auf die Vertreter der alten Mächte ermutigend und regt zur Nachahmung an – zunächst im August in Messina, dann im Oktober in Wien, schließlich im November in Berlin. 1849 gibt es nur noch z. T. heroische, auf jeden Fall opferreiche Rückzugsgefechte der Revolution in Deutschland, in Italien, in Ungarn. Der Aufbruch in den Völkerfrühling von 1848 endet für nicht wenige Revolutionäre im Sommer und Herbst 1849 mit der Exekutionswand, dem Galgen oder der Galeere. Doch werden durch das Zusammentreffen der politischen, der sozialen und der nationalen Emanzipationsbewegung im europäischen Maßstab Strömungen deutlich, welche die zweite Hälfte des 19. Jahrhunderts prägen werden: Nationalismus, Liberalismus und Sozialismus.

Japan öffnet seine Häfen

„Der Shogun Yoritomo", japanische Malerei.

Europäer mit seiner japanischen Frau in europäischer Kleidung. Japanischer Farbholzschnitt, 19. Jahrhundert.

Der erste Shogun aus der Sippe der Tokugawa schaltet 1615 eine rivalisierende Familie endgültig aus, Ausschnitt aus einem zeitgenössischen japanischen Wandschirm.

Mächtige schwarze Rauchfahnen stoßen die beiden dampfgetriebenen amerikanischen Kanonenboote „Susquehanna" und „Mississippi" aus, als sie am 8. Juli 1853 in die Bucht vor dem japanischen Regierungssitz Edo einlaufen und Anker werfen. Der Kommandeur der kleinen Flotte, Kommodore Matthew G. Perry, Chef des Ostindiengeschwaders der US-Kriegsmarine, läßt sechs Tage lang an Bord exerzieren, täglich die aus den Geschützklappen blinkenden Rohre seiner Schiffsartillerie putzen und täglich eine Musikkapelle Marschmelodien schmettern. Am 14. Juli geht er mit großem Pomp an Land und überreicht einem ranghohen Abgesandten aus Edo ein Schreiben der amerikanischen Regierung. Darin wird der Abschluß eines Rahmenvertrages gefordert, der dann auf diplomatischem Wege mit konkreten Punkten ausgestaltet werden soll. Perry, ein erfahrener Seeoffizier, reicht noch ein persönliches Schreiben nach, in dem er – als Militär weniger verbindlich – droht, er gäbe Bedenkzeit, werde aber bald wiederkommen, um sich eine Antwort abzuholen.

In der japanischen Führungsschicht kommt es zu heftigsten Meinungsverschiedenheiten über die richtige Antwort auf die ausländische Erpressungspolitik. Endlich setzt sich eine Gruppe großer Feudalherren aus den wirtschaftlich entwickelteren Küstenstrichen durch, die sich von einer Öffnung des Landes gegenüber anderen Staaten Vorteile verspricht, auch wenn damit eine Politik verabschiedet werden muß, die über fast ein Vierteljahrtausend Japan vor sämtlichen ausländischen Einflüssen abschottete. Zusätzlich stellt sich die Frage, ob man einem Angriff der fremden Barbaren überhaupt standhalten könne, oder nicht eher wie

China 1841/42 im Opiumkrieg gegen die Engländer schmählich verlieren würde.

Exakt sieben Monate nach seinem ersten demonstrativen Besuch fährt Kommodore Perry wieder mit seiner kleinen Flotte in die Bucht von Edo ein. Am 31. März 1854 wird der Vertrag von Kanagawa unterzeichnet, der zwei Häfen für amerikanische Schiffe zur Bunkerung von Kohle freigibt und dort jeweils einen amerikanischen Konsul zuläßt. Eine Öffnung für den Handel sieht der Vertrag allerdings nicht vor, aber den Amerikanern ist es zunächst gelungen, überhaupt einen Fuß in die bisher geschlossene Tür zu setzen.

Seit 1638 sind Fremde nämlich aus Japan ausgeschlossen, nachdem die einheimische Feudalkaste sehr unangenehme Erfahrungen mit dem Einsickern christlichen Gedankenguts im Gefolge portugiesischer, holländischer, spanischer und englischer Händler gemacht hatte. Die Lehre von der Gleichheit aller vor Gott hatte dazu geführt, daß 1636/37 30 000 Bauern der Insel Kyushu einen großen Aufstand unter christlichen Symbolen versuchten. Der die faktische Regierungsgewalt innehabende Shogun (eigentlich ein oberster Feldherr und Kriegsminister, tatsächlich der Regierungschef), der seit 1603 erblich aus der Tokugawa-Sippe kam, hatte daraufhin entschieden, die ausländischen Einflüsse mit der Wurzel auszurotten und das Inselland Japan von der Außenwelt zu isolieren. Spärliche Handelsverbindungen mit der übrigen Welt waren nur noch über privilegierte chinesische Kaufleute und eine Handelsniederlassung der Holländer auf der künstlichen Insel Deshima in der Bucht vor Nagasaki erlaubt worden. Doch in der ersten Hälfte des 19. Jahrhunderts war dieses lange, gut funktionierende System der Abschießung brüchig geworden: Mit der unterschiedlichen wirtschaftlichen Entwicklung differenzierten sich auch die Interessen der großen Feudalherren.

Seit Kalifornien 1850 amerikanischer Bundesstaat geworden war, wuchs das Interesse der USA an Marinestationen im pazifischen Gebiet. Die amerikanische Geschäftswelt an der Pazifikküste strebte nach neuen Märkten und war zunächst noch unzufrieden mit dem von Perry abgeschlossenen Vertrag, da er die amerikanischen Handelsinteressen nicht berücksichtigte. Dies wurde aber 1858 mit einem Handelsvertrag nachgeholt. Es war ein ungleicher Vertrag, denn er machte die japanischen Zolltarife von amerikanischer Zustimmung abhängig, legte die Vermittlung zwischen Japan und anderen Mächten in amerikanische Hand und schrieb die Ausrüstung der japanischen Armee mit amerikanischen Waffen vor. Die USA, die ihre Art von Kolonialpolitik betrieben, glaubten, damit Japan in ihren Einflußbereich gezogen zu haben. Die Japaner wußten jedoch die Konkurrenz anderer Großmächte zu den amerikanischen Plänen geschickt auszunutzen. Sie schloßen bis 1861 ähnliche Verträge auch mit europäischen Staaten, die alle so angelegt waren, daß Japan nach dem Buchstaben benachteiligt war, aber die Vorherrschaft einer einzelnen westlichen Großmacht verhinderten.

In Japan selbst führte die Öffnung nach außen schnell zu innenpolitischen Veränderungen. Es kam zu einer Konfrontation zweier Richtungen: Um den Kaiser sammelten sich die Rückwärtsgewandten, welche die Eindringlinge möglichst wieder aus ihrem Land vertreiben wollten. Hochadel und Großkaufleute, die die Vorteile der Annahme westlicher Technik und des Gegeneinander-Ausspielens ausländischer Mächte schätzen gelernt hatten, arbeiteten dagegen gezielt auf die Verquickung von Autorität und Moderne hin, was sie mit dem überholten Shogunat für unmöglich hielten. 1868 hatten sie Erfolg: Der neue Kaiser, der mit 14 Jahren erst im Vorjahr auf den Thron gelangt war, übernahm wieder die oberste Repräsentanz in Japan und führte es in die Moderne.

„Samurai beim Angriff", Skulptur aus dem 19. Jahrhundert.

Zeittafel

1816 Die vereinigten Staaten am Rio de la Plata (Argentinien) erklären ihre Unabhängigkeit von Spanien.

1818 Chile wird von Spanien unabhängig.

1819 Proklamation von Groß-Kolumbien. Bolívár wird zum Präsidenten gewählt.

1820 Aufstand der Liberalen in Spanien gegen die reaktionäre Politik Ferdinands VII., der seinen Thron verlassen muß. Er kehrt aber 1822 mit französischer Hilfe zurück.

1821 Peru erklärt seine Unabhängigkeit von Spanien.

1821 Mexiko löst sich von Spanien und wird selbständig.

1821 Beginn des griechischen Freiheitskampfes (bis 1829) gegen die Türken.

Königin Viktoria im Krönungsornat, Gemälde von George Hayter, 1838.

1821 England dekretiert den Zwölfstundenarbeitstag und verbietet die gewerbliche Beschäftigung von Kindern unter neun Jahren.

1822 Brasilien löst sich von Portugal und erklärt seine Unabhängigkeit. Erster Kaiser wird Pedro I., der Sohn des portugiesischen Königs.

1824 Gesetzliche Anerkennung der Gewerkschaften in England.

1830 Frankreich erobert Algerien.

1830 Julirevolution in Frankreich. Karl X. dankt ab und Louis Philippe, der "Bürgerkönig" besteigt den Thron.

1830 Belgien trennt sich von den 1815 gebildeten "Vereinigten Niederlanden" und wird ein selbständiger Staat.

1830 Eröffnung der Eisenbahnlinie Liverpool-Manchester mit der von Stevenson konstruierten Lokomotive "Rocket".

Kinderarbeit im Stollen eines englischen Bergwerks, Holzstich aus der Illustrirten Zeitung, Leipzig 1844.

1825 Eröffnung der Eisenbahnlinie Darlington-Stockton in England.

1825 Süd-Peru trennt sich von Peru und erklärt sich zur Republik Bolivien.

1828 Uruguay wird selbständig.

1828 Ein englisch-französisch-russisches Geschwader vernichtet die Türkisch-ägyptische Flotte bei Navarino, wodurch das Ausscheiden Griechenlands aus dem osmanischen Reich verwirklicht werden kann.

1829 Ende der im Vorjahr begonnenen russisch-türkischen militärischen Auseinandersetzungen. Rußland erhält die Donaumündung.

1830 Ecuador und Venezuela scheiden aus Groß-Kolumbien aus.

1831 Letzte öffentliche Hinrichtung durch Enthaupten in Bremen.

1833 Preußen gründet den Deutschen Zollverein.

1833 Aufhebung der Inquisition in Spanien.

1833 Großbritannien verbietet die Sklaverei. Kinderarbeit wird auf acht Stunden täglich begrenzt.

1836 Napoleons Neffe Louis Napoleon versucht, sich in Straßburg zum Kaiser der Franzosen zu proklamieren. Der Putschversuch scheitert.

1837 Die 16jährige Viktoria besteigt in England den Königsthron.

1842 Großbritannien annektiert das Pandschab in Indien.

Franz Joseph I., Kaiser von Österreich und Kaiserin Elisabeth während iher Verlobungszeit, Porzellangemälde 1853.

1842 Die Buren gründen den Oranje-Freistaat.

1842 China verliert den seit 1836 währenden Opiumkrieg gegen England. Es muß seine Häfen den westeuropäischen Mächten öffnen und den britischen Opiumhandel dulden. Hongkong kommt zu England.

1845 Texas, das sich 1836 von Mexiko getrennt hatte, schließt sich den USA an.

1847 Nach Afrika zurückgekehrte Sklaven gründen den Staat Liberia.

1848 Februarrevolution in Frankreich. König Louis Philippe dankt ab und die Republik wird ausgerufen.

1848 Märzrevolutionen in Österreich und Deutschland. Die Deutsche Nationalversammlung nimmt in Frankfurt/Main ihre Arbeit auf.

1848 Revolutionen in Italien. Militärische Aktionen unter Führung des Königs Karl Alberts von Sardinien. Ein Einigung Italiens kommt nicht zustande.

1848 Oktoberrevolution in Österreich. Kaiser Ferdinand I. dankt ab und der 18jährige Franz Josef I. besteigt den Kaiserthron. Im November wird die Revolution in Wien militärisch niedergeworfen.

1848 Aufstände in Ungarn und Böhmen gegen die Herrschaft der Habsburger, sie werden im folgenden Jahr mit russischer Unterstützung niedergeworfen.

Barrikadenkampf in Dresden im Mai 1849, Gemälde von Julius Scholtz, 1849.

1848 Dänemark annektiert Schleswig. Preußen interveniert militärisch in Dänemark im Auftrage des Deutschen Bundes. Der Krieg muß jedoch auf englischen, französischen und russischen Druck hin abgebrochen und die Annektion anerkannt werden.

1848 Frankreich gibt sich eine republikanische Verfassung. Napoleons Neffe wird zum Präsidenten der Republik berufen.

1848 Karl Marx und Friedrich Engels veröffentlichen ihr "Kommunistisches Manifest", das zunächst nur wenig Beachtung findet.

1849 Der preußische König lehnt die ihm von der Nationalversammlung angetragene Kaiserkrone des Deutschen Reiches ab.

1850 England führt den Zehn-Stunden-Arbeitstag ein.

1850 Der Deutsche Bund beginnt wieder in Frankfurt/Main zu tagen.

1850 Preußen erhält eine konservative Verfassung mit Dreiklassenwahlrecht.

1851 Staatsstreich von Louis Napoelon, der die Kammer auflöst und eine neue Verfassung erläßt.

1852 Die Buren gründen Transvaal.

1852 Louis Napoleon läßt sich von den Franzosen in einer Volksabstimmung zum Kaiser Napoleon III. ernennen.

1853 Mexiko verkauft Süd-Arizona an die USA.

1854 Japan öffnet auf amerikanischen Druck westlichen Mächten seine Häfen.

1854 Friedrich Wilhelm Raiffeisen gründet die erste Spar- und Darlehnskasse für Bauern zur Finanzierung von Maschinen, Saatgut etc.

Nationale Reformen und Aufstände

1860–1876

1860 Garibaldis Zug der Tausend: Die italienische Nationalbewegung eint Italien.

1863 Die Aufhebung der Sklaverei in den USA: Die Nordstaaten siegen militärisch und moralisch über die Südstaaten.

1871 Proklamation des Deutschen Kaiserreichs: Deutschland wird mit Hilfe eines Krieges vereint.

1871 Pariser Kommune: Der erste Versuch städtischer Unterschichten, ein sozialistisches Gemeinwesen zu errichten, wird unterdrückt.

1871 Stanley trifft Livingstone: Die Erforschung Afrikas an der Wende zwischen Entdekkergeist und imperialistischer Besitznahme.

1876 Little Big Horn River: Der letzte große Kampf der Indianer gegen die Weißen scheitert.

„Ein französisches Hüttenwerk“, Gemälde von Fernand Cormon, 1893.

Garibaldis Zug der Tausend

Mit nur vierzehn Getreuen trifft Giuseppe Garibaldi am Morgen des 7. September 1860 in Neapel ein. Seine Streitmacht befindet sich noch auf dem Marsch hierher. Durch eine riesige jubelnde Menschenmenge zieht Garibaldi zum Königsschloß, begibt sich dort auf einen Balkon und begrüßt die Bürger der Hauptstadt des Königreichs Beider Sizilien, kurz Königreich Neapel genannt. Sein Ziel ist ein vereintes Königreich Italien unter der Herrschaft von Viktor Emanuel, zur Zeit noch König von Sardinien-Piemont. „Ich komme allein in Eure Mitte. Ich will Euch nicht erobern, sondern Euch die Hand reichen. Jetzt vereint, können wir alles wagen und unser Geschick erfüllen. Wir verlangen nichts von anderen; wir wollen unser Italien, und Italien wird unser werden!" Ein einziger Jubelschrei tönt ihm als Antwort entgegen.

Ein solcher Ausgang des Unternehmens hatte Garibaldi auch vorgeschwebt, als er im Mai 1860 Anhänger um sich gesammelt hatte, um durch eine kühne Aktion den italienischen Einigungsprozeß voranzutreiben. War trotz zahlreicher Aufstände in Italien der Traum von einer nationalen Einheit während des Völkerfrühlings

„Attacke des k.k. Husarenregiments Nr. 10 auf die französische Infantrie" in der Schlacht von Solferino am 24. Juni 1859. Zeitgenössisches Gemälde.

„Die Einschiffung der ‚Tausend' in Quarto bei Genua" am 6. Mai 1860, Gemälde von P. H. T. Tetar van Elven, 1889.

1848/49 nicht zu verwirklichen gewesen, so hatte sich seit 1859 eine neue Möglichkeit abgezeichnet. Mit Frankreichs diplomatischer und militärischer Unterstützung war es gelungen, die Österreicher nach den Schlachten bei Magenta und Solferino aus der Lombardei zu vertreiben. Sie fiel an das Königreich Sardinien, zu dem auch Piemont mit seiner Hauptstadt Turin gehörte. Frankreich bekam dafür zur Belohnung von Sardinien Nizza und Savoyen abgetreten. Das Kriegsgeschehen in der Lombardei nutzten die Fürstentümer Toscana, Parma und Modena, um auch ihre habsburgischen Herrscher zu verjagen. Auch die Romagna, die zum Kirchenstaat gehörte, ging zu den Aufständischen über. All diese Gebiete stimmten in einem Plebeszit im März 1860 für den Anschluß an Sardinien-Piemont. Nicht ganz unerwartet brach darauf Anfang April 1860 in Palermo ein Aufstand gegen die habsburgische Herrschaft im Königreich Beider Sizilien aus, der jedoch niedergeschlagen wurde. Garibaldi, kampferprobter Freischarenkommandeur, der sich bei den Kämpfen 1848/49 wie auch 1859 Lorbeeren verdient hatte, beschloß daraufhin, die Patrioten Siziliens zu unterstützen. Nach kurzen, aber intensiven organisatorischen Vorbereitungen war er mit 1085 Mann in der Frühe des 6. Mai 1860 auf zwei Dampfschiffen bei Genua aufgebrochen und am 11. Mai an der sizilianischen Westküste bei Marsala gelandet. Vier Tage später bestanden die Garibaldianer siegreich ihr erstes Gefecht. Am 27. Mai zogen Garibaldis Freischärler in Palermo ein und Ende Juli konnte Garibaldi die Trennung Siziliens vom Königreich Neapel proklamieren. Mit 20 000 Mann setzte er am 19. August über die Straße von Messina nach Kalabrien über, wo sofort ein Volksaufstand losbrach. Die königlich-neapolitanische Flotte hinderte ihn nicht an dem Übersetzmanöver, und die königlich-neapolitanische Armee setzte ihm vielfach nur scheinbaren Widerstand entgegen. Für eine offenbar verlorene Sache wollten weder Soldaten noch Offiziere ihr Leben riskieren.

„Die römische Volksabstimmung von 1870": Nach der Besetzung Roms durch italienische Truppen wird der Anschluß an das geeinte Italien durch Plebiszit bestätigt. Gemälde von Luigi Riva, 1874.

„Garibaldi", Kreidelithographie, um 1866, von der Druckerei Epinal als Bilderbogen verbreitet.

Mit dem Einzug in Neapel ist der Befreiungskrieg aber noch nicht beendet. Der königstreue Kern der neapolitanischen Armee in Stärke von immerhin noch 60 000 Mann bezieht Stellung am Volturno und geht zu Gegenangriffen über. Das ist nun für Sardinien-Piemont ein sehr willkommener Grund, mit seiner Armee in Süditalien einzugreifen und bei dieser Gelegenheit die notwendigerweise zu durchziehenden Kirchenstaatsprovinzen Marchia und Umbria gleich mit sardischer Besatzung zu versehen. Knapp drei Wochen nach Garibaldis Einmarsch in Neapel überschreitet die sardische Armee die Nordgrenze des neapolitanischen Königreichs. Sie greift am 1. Oktober in eine Schlacht der königstreuen Truppen mit den Garibaldianern am Volturno ein und verhilft den Patrioten zum Sieg. Am 21. Oktober erbringt eine Volksabstimmung über den Anschluß an Sardinien-Piemont 92 Prozent Ja-Stimmen. Das nun in Nord-, Mittel- und Süditalien (mit Ausnahme Latiums, das bis 1870 päpstlich, und Venetiens, das bis 1866 österreichisch bleibt) gewählte gesamtitalienische Parlament hebt am 21. März 1861 das Königreich Italien aus der Taufe – der italienische Nationalstaat ist in nicht einmal zwei Jahren Wirklichkeit geworden.

Aufhebung der Sklaverei in den USA

„Der mutige Angriff des aus Farbigen bestehenden 54. Regiments aus Massachusetts", Kreidelithographie, 1863.

„Freudenkundgebung über die Sklavenbefreiung", zeitgenössischer Holzstich.

Am Abend des Neujahrstages 1863 dröhnen in vielen großen Städten der Vereinigten Staaten von Amerika Salutschüsse. Gerade ist die Nachricht über Telegraphen verbreitet worden, daß Präsident Lincoln verordnet hat, daß alle in den Südstaaten als Sklaven gehaltenen Personen frei sein sollen. Die in den Nordstaaten in großer Zahl vorhandenen militanten Gegner der Sklaverei, allen voran die organisierten Abolitionisten (Abschaffer), haben schon seit Jahrzehnten die Sklaverei grundsätzlich bekämpft. Nun halten sie Freudenkundgebungen ab, die vielerorts lärmend die ganze Nacht hindurch anhalten und bei denen sich Jubel, Gesang und Gebete miteinander mischen.

Die Existenz der Sklaverei in den südlichen Staaten der Union hatte zunächst niemanden im Bundesstaat gestört, weil auch die Bevölkerung der nördlichen Staaten akzeptierte, daß die Plantagenwirtschaft der Südstaaten offenbar billige Arbeitskraft benötigte. Selbst der ärmste Schlucker in den Nordstaaten sah die schwere körperliche Anstrengung auf den Baumwoll-, Mais-, Zucker-, Reis- und Tabakplantagen nicht als erstrebenswerte Beschäftigung an, solange er an der amerikanischen „Grenze" im Westen siedeln und als freier Mann sein Leben selbst bestimmen konnte. Seit 1820 war es aber mehrmals zu bitteren Auseinandersetzungen darüber gekommen, ob die westlich des Mississippi gegründeten Staaten Sklaverei dulden sollten oder nicht, denn die sich dort ansiedelnden neuen Bewohner waren nicht darauf erpicht, vor Ort gegen die billige Arbeitskraft von Negersklaven konkurrieren zu müssen.

Je mehr sich der Norden industrialisierte, umso voreingenommener reagierte er jedoch auf die Sklaverei, die zum Symbol des reaktionären Südens wurde, denn es zeichneten sich immer stärker unterschiedlichen Interessen von Nord und Süd innerhalb der Vereinigten Staaten ab, die sich aus den strukturellen wirtschaftlichen Unterschieden ergaben. Der Norden war für Schutzzoll, der Süden für Freihandel; der Norden war für schnelle Gratis-Aufteilung öffentlichen Bodens an kleine Siedler, der Süden für große Grundstücke, die der Staat verkaufen solle; der Norden war für bessere Verkehrsverbindungen, der Süden war nicht daran interes-

„Sklavenmarkt in Richmond", Holzstich, 1861, nach einer Zeichnung von Edmond Morin.

„Schwarze Familie bei der Rückkehr von der Baumwollernte", anonymes Aquarell.

siert, bestellbaren Boden für Eisenbahnenlinien herzugeben; der Norden wollte ein zentrales Banksystem mit großzügiger Kreditgewährung, der Süden gut zu kontrollierende föderale Kleinbanken; der Norden war im großen und ganzen demokratisch, der Süden aristokratisch gesinnt. Solange die zentralen Institutionen des Bundesstaats – Präsident, Kongreß, Oberstes Gericht – stark vom Süden beherrscht wurden, sah dieser keine Bedrohung seiner gesellschaftlichen Struktur und seiner überkommenen Lebensart. Als aber bei den Präsidentenwahlen Ende 1860 der Republikaner Abraham Lincoln über drei Kandidaten der über die Sklavenfrage zerstrittenen Demokraten siegte, liefen einige Sklavenhalterstaaten des Südens Sturm gegen den Bundesstaat, von dem sie sich nichts Gutes mehr für die Beibehaltung oder gar Ausdehnung der Sklaverei versprachen.

Nachdem am 20. Dezember 1860 Süd-Karolina seine Zugehörigkeit zu den Vereinigten Staaten gekündigt hatte, folgten ihm bis Mai 1861 zehn weitere Südstaaten. Die Sezessionisten gründeten als Gegenstück zu den Vereinigten nun die Konföderierten Staaten. Fünf Wochen nach Lincolns Amtsantritt provozierten sie einen bewaffneten Konflikt durch den Beschuß des Bundes-Forts Sumter im Hafen von Charleston in Süd-Karolina. Der damit ausgelöste Bürgerkrieg zwischen der „Union" und der „Konföderation", der fast auf den Tag genau vier Jahre währen und mit dem Sieg des unionistischen Nordens über einen verwüsteten konföderalen Süden enden wird, wurde von den Abolitionisten sofort als ein Krieg für die Befreiung von der Sklaverei verstanden – schließlich war der Grund der südstaatlichen Loslösungsbewegung von den Vereinigten Staaten gerade in dem Bestreben zu suchen, sich bei der Sklavenhalterwirtschaft von niemandem stören zu lassen.

Lincoln ist von Anfang an entschlossen, die Vereinigten Staaten wieder im vollen Umfang herzustellen. Er macht auch gegenüber der Öffentlichkeit kein Hehl daraus, daß er die Sklavenbefreiung diesem Ziel untergeordnet sieht. Je nach der militärischen Lage wird also den Frontbefehlshabern gestattet oder verweigert, Negersklaven aus den Konföderationsstaaten zur Flucht aufzufordern oder unbewaffnet – in Ausnahmefällen sogar bewaffnet – in ihre Einheiten einzureihen. Können die Konförderierten auch zunächst praktisch alle waffenfähigen Männer mobilisieren, weil die meisten Sklaven bereitwillig unter der Aufsicht der weißen Frauen ihrer gewohnten Arbeit nachgehen, so macht sich im Laufe des vier Jahre währenden Krieges doch der gewaltige Aderlaß, den dieser fordert, bemerkbar.

In der Endphase des Krieges bieten sogar die Sklavenhalter selbst ihren Sklaven die Freiheit an, wenn sich diese als Soldaten in ihre Armee einreihen! Derart diskreditiert, empfängt die Sklaverei als rechtliche Institution ihren Todesstoß im Januar 1865 durch den Kongreßbeschluß über einen die Sklaverei aufhebenden Zusatzartikel zur Bundes-Verfassung von 1787. Währendessen liegt der Bürgerkrieg bereits in seinen letzten Zügen.

Proklamation des Deutschen Kaiserreichs

„Die Proklamierung des Deutschen Kaiserreiches", Gemälde von Anton von Werner, 1885.

„Wir wollen sein ein einig Volk von Brüdern", Gedenkmünze zum Deutsch-französischen Krieg und die Reichseinigung 1871.

35 Fürsten zählt der offizielle Bericht des preußischen „Staatsanzeigers" auf, die den Preußenkönig Wilhelm I. am Mittag des 18. Januar 1871 im Spiegelsaal des Sonnenkönig-Schlosses Versailles umringen. Musikalisch begleitet durch die Intonation von „Jauchzet dem Herrn aller Welt" durch einen Soldatenchor, betritt der Kaiser den mit Fahnen und Standarten festlich geschmückten und von etwa 600 Offizieren gefüllten Raum. Nach dem Festgottesdienst singen sie gemeinsam „Nun danket alle Gott", dann schreitet Wilhelm I. zu der Bühne des Saals, verliest die Urkunde über die Verkündung des Deutschen Kaiserreichs und gibt dann dem Bundeskanzler des Norddeutschen Bundes und preußischen Ministerpräsidenten Bismarck den Befehl, die „Proklamation an das deutsche Volk" vorzutragen. In ihr ist die Rede davon, daß die deutschen Fürsten und die drei Freien Städte den einmütigen Ruf an den preußischen König gerichtet haben, mit der Herstellung des Deutschen Reiches auch die seit 1806 ruhende Würde eines deutschen Kaisers wieder anzunehmen, was dieser hiermit tue. Dann bringt der Großherzog von Baden, der Schwiegersohn Wilhelms I., ein „Hoch!" auf Kaiser Wilhelm aus, die Kapelle schmettert „Heil Dir im Siegerkranz", und die Anwesenden stimmen begeistert ein.

Fürst Otto von Bismarck sieht sich am Ziel. Jahrelang hat er mit allen zur Verfügung stehenden Mitteln auf die deutsche Einheit hingearbeitet. Der erste entscheidende Schritt war im Jahre

1866 ein von Preußen provozierter Krieg gegen Österreich und den Deutschen Bund gewesen. Nach der für die Preußen erfolgreichen Schlacht bei Königgrätz verabschiedete sich Österreich aus der deutschen Politik, und der Deutsche Bund wurde aufgelöst. Preußen annektierte Hannover, Kurhessen, Nassau und die freie Reichsstadt Frankfurt/Main. Zusammen mit den anderen Staaten nördlich der Mainlinie gründete es 1867 den Norddeutschen Bund, dessen Verfassung mit Bundeskanzler und Bundestag Vorbild für die Verfassung des Deutschen Kaiserreiches nach 1871 werden sollte. Selbstverständlich wurde Preußen führende Macht im neuen Bunde und Bismarck sein Führer – d. h. der Bundeskanzler.

Um aber auch die süddeutschen Staaten für einen gesamtdeutschen Staat zu gewinnen, provozierte Bismarck den nächsten Krieg, diesmal mit Frankreich, das nur zu gern in die Falle tappte, da Napoleon III. außenpolitische Erfolge benötigte, um von innenpolitischen Schwierigkeiten abzulenken. Formaler Anlaß war eine Depesche aus Bad Ems, in der König Wilhelm von Preußen seinen Ministerpräsidenten Bismarck von einer Unterredung mit dem französischen Botschafter Benedetti berichtete. Durch geschickte Kürzungen im Telegramm, das er in der Presse veröffentlichen ließ, gab Bismarck Wilhelms Bericht eine für Frankreich so beleidigende Form, daß Napoleon meinte, dem Norddeutschen Bund dafür den Krieg erklären zu müssen, was Bismarck nur recht sein konnte. Bereits 1866 hatte der kluge Ministerpräsident mit den süddeutschen Staaten Schutzbündnisse im Falle eines Angriffs von außen geschlossen, die nun nach der französischen Kriegserklärung in Kraft traten.

Schmuckblatt zur Erinnerung an den Deutsch-französischen Krieg. Zeitgenössische Farblithographie.

Am 4. August hatte die Offensive der vereinten Nord- und Süddeutschen begonnen, die nach einer Reihe blutiger Schlachten in Lothringen am 1. September mit der Kapitulation der französischen Hauptarmee und der Gefangennahme Napoleons III. bei Sedan zunächst ihr Ende fand. Der Krieg ging jedoch noch weiter. Paris wurde eingeschlossen und das deutsche Hauptquartier in dessen Nähe nach Versailles verlegt. Der Jubel über die schwer erkämpften Siege beflügelte das deutsche Nationalbewußtsein stark. So konnte sich kein Herrscher in Süddeutschland angesichts dieser aus den militärischen Erfolgen resultierenden Begeisterung einer staatsrechtlichen Vollendung der deutschen Einheit widersetzen, die seit Mitte Juli auf deutschen Straßen und Plätzen bereits als Tatsache betrachtet wurde. Im Oktober/November 1870 hatte Bismarck in diplomatischen Verhandlungen den Beitritt der Süddeutschen zum Norddeutschen Bund erreicht. Dieser diplomatische Weg zum Nationalstaat durch reine Regierungsverhandlungen ohne Beteiligung des Volkes zeigte, daß Hoffnungen der liberalen Nationalbewegung auf eine mit dem Gründungsakt verbundene Umwandlung des obrigkeitlich geprägten Verfassungsstaates zum demokratisch-parlamentarischen Rechtsstaat vergebens gewesen waren. Aus den Reihen der deutschen Fürsten kam der Vorschlag, den neuen deutschen Staat nicht Bund, sondern Reich zu nennen, was gerne angenommen wurde. Derselbe Politiker, Eduard Simson, der bereits 1849 einem preußischen Monarchen die Kaiserwürde angetragen hatte, aber abschlägig beschieden worden war, trat nun vor König Wilhelm und bot sie diesem an, der nicht mehr nein sagte. Das Datum für die Kaiserproklamation, den 18. Januar, wählte Wilhelm persönlich aus. Hatte sich doch 170 Jahre früher sein Ururgroßvater Kurfürst Friedrich III. in Königsberg selbst zum König Friedrich I. gekrönt.

Pariser Kommune

„Der Sturz der Vendôme-Säule am 16. Mai 1871", Holzstich, 1872.

„Die von den Kommunarden am 24. Mai 1871 angezündeten Tuilerien." Zeitgenössische Lithographie von Eugène Louis Pirodon.

Der Vendôme-Platz in Paris ist am Nachmittag des 16. Mai 1871 voller Menschen. Endlich soll die auf Wunsch Napoleons I. aus eroberten Geschützrohren gegossene Säule, die die Statue des Kaisers trägt, gestürzt werden. Bereits kurz nach der Proklamation der Republik am 4. September 1870 war von der neuen Regierung beschlossen worden, dieses Symbol des Bonapartismus, der Frankreich in den Krieg gegen Preußen-Deutschland geführt hatte, zu beseitigen, aber der Abriß hatte sich verzögert. Nun hat die Kommune einen Termin anberaumt. Tagelang sind entsprechende Vorbereitungen getroffen worden. Um halb sechs intoniert die Musikkapelle der Nationalgarde die Marseillaise, eine große Kurbel wird gedreht und die Säule fällt auf das vorbereitete Sand- und Reisigbett. Die Napoleon-Statue zerbricht in drei Stücke. Das anwesende Volk jubelt. Auf dem nun säulenlosen Sockel wird die rote Fahne gehißt – die Fahne der Kommune.

Nach Napoleons III. Kapitulation am 2. September 1870 hatte die Deputiertenkammer in Paris, umlagert von wütenden Menschenmassen, die Republik proklamiert. Eine Regierung der nationalen Verteidigung wurde eingesetzt, um den drohenden Verlust französischer Landesteile zu vermeiden. Paris, seit dem 20. September von deutschen Truppen eingeschlossen, hatte in kurzer Zeit 350 000 Mann Nationalgarde mobilisiert, von denen der größte Teil aus den Arbeiterbezirken der östlichen Stadtteile kam. Dilettantisch geführte, äußerst verlustreiche Ausfälle gegen die zahlenmäßig unterlegenen Belagerer verbitterten viele Mitglieder der Nationalgarde, so daß seit Jahresende 1870 das Verhältnis zwischen Pariser Nationalgarde und Regierung immer gespannter wurde.

Nach dem Waffenstillstand vom 28. Januar 1871 hatten auf Bismarcks Geheiß am 8. Februar Wahlen zu einer Französischen Nationalversammlung stattgefunden, aus der die Monarchisten siegreich hervorgingen. Die neue Regierung wollte die radikal-republikanisch gesinnte Pariser Nationalgarde schleunigst auflösen, was aber am Widerstand der Arbeiterbevölkerung scheiterte. Die Regierung und ihre Truppen verließen fluchtartig Paris und siedelten nach Versailles über, während ein Zentralkomitee der Nationalgarden in der Stadt die Macht übernahm. Das Zentralkomitee organisierte sofort Gemeindewahlen und trat seine Macht am 28. März an den demokratisch legitimierten 85-köpfigen Gemeinderat – die Kommune – ab. Diverse Maßnahmen zugunsten der urbanen Unterschichten wurden beschlossen: Dekrete stundeten die Handelswechsel, unter denen besonders die Handwerker und Kleinhändler stöhnten, für drei Jahre; legten einen Mieterlaß für die Dauer von neun Monaten fest; befahlen die Rückgabe von Pfändern bis zum Wert von 20 Francs aus den Leihhäusern; beschlagnahmten leerstehende Wohnungen und wiesen Obdachlose darin ein; übergaben die Betriebe geflohener Besitzer an Genossenschaften der dort beschäftigten Arbeiter; hoben Lohnabzug in Form von Geldstrafen für Vergehen im Betrieb auf; schufen Betreuungsmöglichkeiten für Arbeitslose.

Die Antwort auf dieses leichte Kratzen an der Oberfläche der vom Geld geprägten Gesellschaft, die sich seit der Zeit Napoleons herausgebildet und bequem eingerichtet hatte, war ein von der monarchistisch gesinnten Nationalversammlung und der in ihrem Auftrag handelnden Regierung initiierter Bürgerkrieg gegen Paris. Am 2. April wurde mit den Feindseligkeiten begonnen, was die Kommunarden völlig unvorbereitet traf. Eine Woche später fing die Regierungsartillerie an, die Stadt zu beschießen. Dennoch verlief das Leben in Paris zunächst noch relativ normal. Einen Monat später, am 9. Mai, nahmen die Regierungstruppen das Fort d'Issy, das vom Südwesten her die Stadt beherrscht, vier Tage später das danebenliegende Fort de Vanves. Von diesen Ausgangspunkten her wird am 20. Mai der Sturm auf Paris befohlen, wo die Kommune sich bis dahin auf die Sicherheit der starken Befestigungen verlassen hatte, nun aber eiligst über 500 Barrikaden errichten ließ.

Je weiter die Armee in die Arbeiterviertel eindrang, umso erbitterter wurde der Widerstand, wobei ganze Straßenzüge in Brand gesetzt wurden. Auch die Tuilerien fielen den Flammen zum Opfer. Als sich ihre Niederlage immer deutlicher abzeichnete, erschossen die Kommunarden noch eine große Zahl von Geiseln. Aber auch die Regierungstruppen waren nicht zimperlich und räumten brutal unter den Kommunarden auf. Als die Waffen am 28. Mai endlich schwiegen, hatte die „blutige Woche" mindestens 30 000 Tote gefordert. Die Abrechnung mit denen, die am Leben geblieben waren, war damit aber nicht beendet: von etwa 45 000 Verhafteten kamen 36 000 vor die bis 1875 tagenden Kriegsgerichte, von denen etliche hundert erschossen, die meisten aber ins Zuchthaus geschickt oder deportiert wurden. Der erste Anlauf, im Namen und Interesse der Unterschichten die Staatsmacht zu gestalten, ist unterdrückt worden.

„Das Urteil des Paris", zeitgenössische Karikatur auf die in Paris durchgeführten Kommunalwahlen am 26. März 1871.

Die Leichen der von den Kommunarden im Mai 1871 getöteten Geiseln. Fotografie, Adolph-Eugene Disderi zugeschrieben.

Stanley trifft Livingstone

„Doktor Livingstone, wie ich vermute?" – „Ja!" – „Ich danke Gott, Doktor, daß es mir gestattet ist, Sie zu sehen." – „Und ich bin dankbar, daß ich Sie hier begrüßen kann." Diesen Dialog führten zwei Weiße am 10. November 1871 in Udschidschi, einer Siedlung am Ostufer des Tanganjikasees. Die Gesprächspartner sind der dreißigjährige Henry Morton Stanley, ein in den USA bekannter Journalist englischer Herkunft, und der 58jährige Arzt, Missionar und Forscher David Livingstone. Er ist durch seine Erforschung der Kalahari, des Verlaufs des Sambesi und der Entdeckung der Sambesi-Fälle schon als Afrikaforscher berühmt geworden und 1866 wieder einmal zu einer Forschungsreise aufgebrochen. Sie sollte der Erforschung der Wasserscheide zwischen Sambesi, Kongo und Nil dienen. Livingstone hatte bis 1868 auch noch vom Tanganjikasee Lebenszeichen nach Sansibar gesandt, aber dann war die Nachricht von seinem Tod eingetroffen, übermittelt von indischen Trägern, die Livingstone in seine Dienste genommen hatte. Aber als Briefe von ihm auftauchten, die er 1869, nach seinem angeblichen Todesdatum, verfaßt hatte, griff die englische Presse den Fall auf. „Wo ist Livingstone?" wurde zu einer stereotypen Frage vieler Presseorgane. Aber den medienträchtigen Einfall, die Suche nach Livingstone nicht von der Regierung einzufordern, sondern zur ureigenen Sache einer Zeitung zu machen, hatte kein englischer Zeitungsverleger, sondern ein amerikanischer. Der Direktor des „New York Herald", James G. Benett, witterte eine Exklusivstory großen Maßstabs und schickte den Journalisten Stanley auf die Suche nach dem Vermißten. Stanley reiste, von Bennett mit 20 000 Dollar ausgestattet, 1870 nach Sansibar, stellte sich dort eine Truppe von Bewaffneten, Trägern und Lasttieren zusammen und setzte Anfang 1871 nach Bagamoyo auf dem gegenüberliegenden Festland über. Livingstone war erheblich weiter südlich aufgebrochen, aber Stanley wollte einer Route zu der großen Nord-Süd-Seenkette folgen, die der Engländer Burton schon 1857 eingeschlagen

Urwald bei Viktoria, Farbfotographie, um 1910.

„Livingstone liest Eingeborenen in Afrika aus der Bibel vor." Holzstich aus einer Londoner Zeitschrift, 1874.

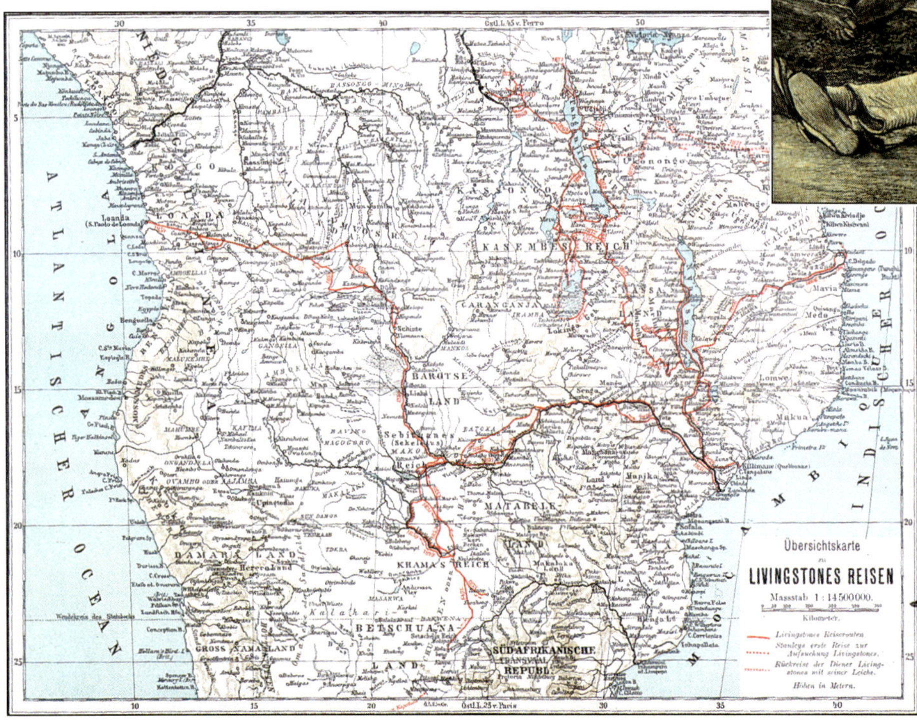

Übersichtskarte zu Livingstons Reisen in Zentralafrika.

hatte – ein Karawanenweg von Elfenbein- und Sklavenhändlern. Am 3. November 1871 begegnet ihm eine meerwärts ziehende Karawane aus Udschidschi, von der er erfährt, daß sich in dem Ort ein Weißer aufhalte: „Er ist alt, hat weißes Haar auf dem Gesicht und ist krank."

Genau eine Woche später rückt Stanley in Udschidschi ein und begegnet dem Gesuchten. Livingstone war von seinen Träger bestohlen und verlassen worden, die dann zu ihrer Rechtfertigung die Nachricht von seinem Tod verbrei-

tet hatten. Fast mittellos, gelegentlich dem Hungertod nahe, hat er seine wissenschaftlichen Arbeiten bei der Erforschung und Kartierung der Wasserscheide zwischen Njassa- und Tanganjika-See dennoch fortgesetzt. Stanley möchte Livingstone natürlich mit zurücknehmen in die Zivilisation, aber dieser will nicht. Als Krönung seines Lebenswerks hofft er die Quellen des Nil zu entdecken. Den ersten Schritt dazu meint er mit dem Auffinden des Lualaba getan zu haben, der westlich des Tanganjikasees in Süd-Nord-Richtung fließt. Stanley schlägt ihm eine Reise zum nördlichsten Punkt des Tanganjikasees vor, die beide dann auch unternehmen mit dem Ergebnis, daß dieser große See als Quellgebiet des Nil ausgeschlossen werden kann. Im Frühjahr 1872 tritt Stanley die Rückreise an, nicht ohne dem zurückbleibenden Livingstone einen Großteil seiner bis dahin mitgeführten Vorräte zu übergeben – darunter allein einen halben Zentner Glasperlen. Er scheidet von diesem in dem Bewußtsein, einen Europäer im Innern Afrikas zurückzulassen, dessen Unbeugsamkeit ihren Ursprung in einer Mischung aus Entdeckerleidenschaft und mystischem Sendungsbewußtsein hat, die fast an Märtyrertum grenzt. Und in der Tat: Dank Stanley neu ausgerüstet, bricht Livingstone von Udschidschi aus im August 1872 noch einmal zum Luluaba auf, dessen Zugehörigkeit zum Flußsystem des Nil für ihn außer Zweifel steht. Ende März 1873 packt ihn die Ruhr und schwächt ihn derart, daß er nicht mehr selbst gehen kann und sich in einem Bett tragen lassen muß. In der Nacht vom 30. April zum 1. Mai fällt er ihr in Chitambo am Luapula zum Opfer.

Mit Livingstone ist der letzte weiße Erforscher des Schwarzen Kontinents dahingegangen, dem es einzig und allein auf geographische Entdeckungen und Beschreibungen ankommt. Alle, die ihm nachfolgen, haben wirtschafts- oder geopolitische Interessen im Hinterkopf, wenn sie sich auf Entdeckungsreise begeben.

„Die Begegnung Stanley's und Livingstones in Udschidschi", Holzstich aus „Illustrierte Zeitung", 1872.

Auch Stanley läßt Afrika nach seinem Zug zu Livingstone nicht mehr los. Es motiviert ihn zu vier weiteren Expeditionen – er durchquert dabei 1876/1877 als erster Weißer Afrika vom Indischen zum Atlantischen Ozean und erforscht das Kongobecken. Er schwärmt lauthals von den großartigen Möglichkeiten für die europäische Wirtschaft. Ab 1879 dient er fünf Jahre lang dem belgischen König Leopold II. bei dessen großangelegtem Geschäftsunternehmen, das Kongobecken zu einem Gebiet wirtschaftlicher Ausbeutung zu machen. 1884 wird auf der Berliner Kongo-Konferenz Afrika von europäischen Mächten in koloniale Stückchen zerlegt und zum Zielpunkt imperialistischer Politik. Künftig entscheiden nicht mehr die Forscher, sondern die Beamten im Kolonialministerium, welche Landstriche Afrikas erforscht werden sollen.

Little Big Horn River

„Custers letzter Kampf“, Gemälde von Harold von Schmidt.

„Benteen, machen Sie los. Großes Dorf. Seien Sie schnell…“ lautet die Anweisung von General George Armstrong Custer, Kommandeur des 7. Kavallerie-Regiments der US-Army, die er am Mittag des 25. Juni 1876 seinem Colonel schicken läßt, der die Nachhut anführt. Indianische Späher im Dienste der Army haben auf der anderen Seite des Flusses Little Big Horn eine große Ansammlung indianischer Zelte gesichtet, die Custer anzugreifen beabsichtigt. Sein Regiment ist eigentlich nur als Vorhut gedacht. Zwei Infanterieregimenter, die zu der gegen die Indianer vorgehenden Division gehören, ziehen ihm nach und sollen sich mit Custer am 26. Juni an der Mündung des Big Horn in den Yellowstone treffen. Aber Custer ist ein sehr ehrgeiziger Offizier. Er gehört seit dem Ende des Amerikanischen Bürgerkriegs der eigens zum Zweck der Indianerbekämpfung gebildeten Missouri-Division an und ist hier zum Generalsrang aufgestiegen. Jetzt sieht er eine blendende Chance, seinen Vorgesetzen zu demonstrieren, wie hervorragend er Indianer zu besiegen weiß.

Ohne auf die Nachhut zu warten, greift Custer das Zeltlager an, um die Indianer zu überraschen. Aber kaum sind seine Kavalleristen von dem das Gelände beherrschenden Hügel zum Angriff in die Flußniederung hinabgestiegen, werden sie selbst Opfer eines Überraschungsangriffs. Indianer zu Pferd und zu Fuß kreisen sie ein und machen sie in blutigem Handgemenge Mann gegen Mann bis auf den letzten Soldaten nieder. Der auf dem Hügel postierte Custer findet entweder keinen Rückzugsweg mehr oder will das von ihm heraufbeschworene Desaster nicht überleben: Er und eine kleine Gruppe werden die letzten Opfer des Gemetzels. Von der ganzen Custer-Abteilung überlebt einzig ein Schimmel, den Colonel Benteen am nächsten Tag grasend inmitten der toten Kavalleristen findet.

„Häuptling Sitting Bull“, Gemälde von Henry Farny, 1905.

Custers Debakel führt in der amerikanischen Presse erneut zur Hetze gegen die Indianer und ihre Greueltaten, die in den amerikanischen Medien schon Tradition hat. Nur vereinzelte Stimmen fragen nach der rechtlichen Grundlage für das amerikanische Eindringen in ein Gebiet, das im Friedensvertrag von Fort Laramie 1868 von der amerikanischen Regierung den dort lebenden Dakota-Prärieindianern „auf ewig“ überlassen worden war. Das „Freie Territorium“ jenseits des Missouri mit den Black

„Buffalo Bull's Back Fat", Oberhäuptling der Schwarzfußindianer, Gemälde von George Catlin, 1832.

Hills als Kerngebiet war nur noch der Rest jenes 1837 von den Vereinigten Staaten großzügig geschaffenen „Indianer-Territoriums", das aber seither im Interesse weißer Siedler stetig verkleinert worden ist. Die Bundesstaaten Minnesota und Kansas sind z. B. auf dessen Boden entstanden. Nun will die Northern Pacific Railway Company ihren Schienenstrang durch das Indianerterritorium legen. Aus den Erfahrungen mit der Ost-West-Bahnlinie ist vorauszusehen, daß den Schienen an den Verkehrsknotenpunkten Ansiedlungen folgen werden. Für deren Gründung und spätere Blüte sind die staatsrechtlich fixierten Vorbehalte der Dakota aber ein juristisch schwer überwindbares Hemmnis. Noch schwerwiegender ist aber, daß seit 1872 Gerüchte von Goldfeldern in den Black Hills kursieren und prompt Abenteurer dort einsickerten, ohne die Rechte der Indianer zu achten. Im September 1875 versucht die Regierung den Dakota, auch Sioux genannt, die Black Hills für 6 Millionen Dollar abzukaufen, was diese aber ablehnen, da es sich nach ihrem Glauben um Heiliges Land handelt. Auf das Zuckerbrot folgt dann die Peitsche: Am 9. Dezember 1875 wird allen außerhalb staatlich geförderter Reservationen des ursprünglichen Indianerterritoriums lebenden Indianern befohlen, sich bis 31. Januar 1876 bei einer der Indianeragenturen zu melden; dort werde man sie in eine der bestehenden Reservationen einweisen. Nach Ablauf des Ultimatums sei mit dem Einsatz der Armee zu rechnen.

Das ist nun eine offene Kriegserklärung an die noch frei lebenden Dakota. Mehrere kleinere Indianerstämme schließen sich ihnen an, so daß deren Anführer, die Häuptlinge Sitting Bull und Crazy Horse, im Frühjahr etwa 30 000 Krieger aufbieten können. Diese bislang nie gesehene Größe einer indianischen Streitmacht gibt dem letzten großen Indianerkrieg in der Geschichte der USA einen besonderen Charakter. Aber einzelne spektakuläre Siege der Indianer können die langfristige Überlegenheit, die eine moderne trainierte und disziplinierte Armee im offenen Feldzug gegenüber Stammeskriegern besitzt, nicht wettmachen. Dies erweist sich auch 1876 im Territorium rund um die Black Hills als richtig. Ein beachtlicher Teil der indianischen Sieger zieht im Hochgefühl des Erfolgs wieder eigene Wege und wird einzeln aufgerieben. Crazy Horse und Sitting Bull trennen sich bewußt, um den Gegner zur Aufspaltung seiner Truppen zu zwingen, aber ersterer muß schon im Januar 1877 von Hunger entkräftet kapitulieren, während letzterer sich mit seiner dezimierten Abteilung bis nach Kanada durchschlagen kann. Das „Freie Territorium" ist damit dem Fortschritt erschlossen: Mit der 1882 fertiggestellten Northern Pacific Railway ergießt sich in das Gebiet ein Strom von Siedlern und Bergbauunternehmen, die schon lange ein Auge auf das „ungenutzte" Land geworfen hatten.

Maske der Nootka-Indianer von der Nordwestküste Amerikas.

Zeittafel

Der Suezkanal, Schulwandbild, um 1900.

1856 Ende des 1853 begonnenen türkisch-russischen Krimkrieges: Rußland verliert die Donaumündung an die Türkei.

1857 Erfolgloser Aufstand der indischen Truppen (Sepoy) gegen die britische Herrschaft in Indien.

1857 Wilhelm I. übernimmt die Regentschaft in Preußen für seinen geisteskranken Bruder Friedrich Wilhelm IV.

1858 Die Ostindien-Kompanie wird aufgelöst, Indien britisches Vizekönigreich.

1857 Benito Juárez verstaatlicht in Mexiko sämtlichen Kirchenbesitz. Ein Bürgerkrieg zwischen Liberalen und Klerikalen beginnt (bis 1861), in den europäische Truppen eingreifen.

1859 Sardinisch-französischer Krieg gegen Österreich auf italienischem Boden. Durch den Frieden von Zürich bleibt Venetien bei Österreich und die Lombardei fällt an Frankreich.

1860 Vertrag von Turin zwischen Sardinien-Piemont und Frankreich. Frankreich erhält Nizza und Savoyen, die vorher zum Königreich Sardinien gehörten, dafür erhält Sardinien die Lombardei.

1860 Garibaldis "Zug der Tausend" zur Befreiung Siziliens und Unteritaliens.

1860 Lincoln wird Präsident der USA.

1860 England und Frankreich besetzen Peking. China muß der Einrichtung europäischer Gesandschaften, der Freigabe des Handels und der christlichen Missionierung zustimmen.

1861 Aufhebung der Leibeigenschaft in Rußland.

König Wilhelm I. vor dem Babelsberger Schloß, Neuruppiner Bilderbogen, um 1865.

1861 Viktor Emmanuel II. wird König des geeinten Italiens. Nur noch Rom, das dem Kirchenstaat verblieben ist, und das österreichische Venedig fehlen.

1861 Die Türkei vereint die Moldau und die Walachei zu Rumänien.

1861 Beginn des Sezessionskriegs in den USA (bis 1865).

1861 Tod Friedrich Wilhelms IV., Wilhelm I. wird preußischer König.

1862 Bismarck wird preußischer Ministerpräsident und Außenminister.

1863 Französische Truppen ziehen in Mexiko ein. Eine Notablenversammlung proklamiert das Kaiserreich und ruft Kaiser Franz Josefs I. Bruder Maximilian auf den mexikanischen Thron. Die USA protestiert gegen den Bruch der Monroe-Doktrin. Die französischen Truppen ziehen aus Mexiko ab.

1864 Henri Dunant gründet das Rote Kreuz.

1864 Österreich und Preußen führen gemeinsam einen Krieg gegen Dänemark wegen der Herzogtümer Schleswig und Holstein. Dänemark verliert und muß Schleswig, Holstein und Lauenburg an die Sieger abtreten, die die neuen Gebiete gemeinsam verwalten.

1864 In London wird unter Beteiligung von Karl Marx die I. Internationale gegründet.

1864 König Ludwig II., der Märchenkönig, besteigt den bayrischen Königsthron.

1865 Der Sezessionskrieg in den USA endet mit dem Sieg der Nordstaaten über die Südstaaten. Die Sklaverei bleibt verboten.

1866 Von Bismarck bewußt provoziert, kommt es über die schleswig-holsteinische Frage zum Krieg zwischen Preußen und Österreich, den Preußen gewinnt.

„Lincoln in City Point", allegorische Darstellung auf Lincoln als Sklavenbefreier und Sieger im Sezessionskrieg, zeitgenössische Lithographie von F. Hartwich.

1866 Der deutsche Bund wird aufgelöst. Österreich trennt sich von Deutschland. Preußen annektiert Hannover, Kurhessen, Nassau und die freie Reichsstadt Frankfurt/Main.

1866 Italien unterstützt Preußen in seinem Krieg gegen Österreich. Es erhält dafür nach der Niederlage Österreichs Venetien. Südtirol und Istrien bleiben bei Österreich.

1867 Gründung des Norddeutschen Bundes unter preußischer Führung. Auf der Grundlage des allgemeinen, gleichen und geheimen Wahlrechts wird ein norddeutscher Bundestag gewählt, Bismarck wird Bundeskanzler. Frauen haben kein Wahlrecht.

1867 Infolge des Machtverlustes Österreichs kann das seit 1526 dem Hause Habsburg gehörende Ungarn durchsetzen, daß Österreich ihm mehr politische Selbständigkeit zugestehen muß.

Wilhelm I. überreicht seinem Sohn, Kronprinz Friedrich am Abend nach der Schlacht von Königgrätz einen Orden. Aquarell von Georg Koch, 1898.

1867 In Mexiko erobern die Republikaner die Macht zurück. Der von ihnen abgesetzte Kaiser Maximilian wird standrechtlich erschossen.

1869 In Ägypten wird der Suez-Kanal eröffnet.

1870 Papst Pius IX. verkündet während des Ersten Vatikanischen Konzils das Dogma von der Unfehlbarkeit des Papstes in katholischen Lehrmeinungen.

1870 Nach Frankreichs Niederlage besetzen italienische Truppen das zum Kirchenstaat gehörende Rom. Die italienische Reichseinigung ist abgeschlossen. Rom wird die Hauptstadt Italiens. Dem Papst verbleiben die Hoheitsrechte im Vatikanstaat in Rom.

1870 Erbprinz Leopold von Hohenzollern-Sigmaringen kandidiert, von Bismarck unterstützt, für den spanischen Königsthron. Frankreich, das eine Umklammerung durch das Haus Hohenzollern fürchtet, fordert den Verzicht Leopolds auf die Kandidatur, was dieser auch tut.

1870 Der französische Botschafter Benedetti verlangt vom preußischen König Wilhelm I. die bindende Zusage, auf keinen Fall eine erneute Kandidatur des Prinzen Leopold zu unterstützen. Bismarck, der einen Krieg gegen Frankreich als Mittel zur Reichseinigung anstrebt, verkürzt das Telegramm Wilhelms I. über die Unterredung mit Benedetti in einer für Frankreich verletzenden Form und übergibt es der Presse. Napoleon III. nimmt die "Emser Depesche" zum Anlaß, Preußen den Krieg zu erklären.

1870 Die süddeutschen Staaten stellen sich an die Seite des Norddeutschen Bundes und leisten militärische Hilfe. In Paris wird wenige Tage nach der Gefangennahme Napoleons III. nach der Schlacht bei Sedan die Republik ausgerufen. Der Krieg geht jedoch weiter.

1871 Wilhelm I. von Preußen wird im Spiegelsaal von Versailles zum Deutschen Kaiser proklamiert.

1871 Aufstand der Pariser Kommune, der nach rund zehn Wochen blutig niedergeschlagen wird.

1871 Frieden von Frankfurt/Main: Frankreich als Verlierer des Krieges muß Elsaß und Lothringen an Deutschland abtreten und 5 Mrd. Francs Kriegsentschädigung zahlen.

1871 In Japan wird die alte Feudalordnung abgeschafft. Europäische Berater werden für Reformen in allen Bereichen ins Land gerufen.

1875 Die britische Königin Viktoria nimmt den Titel "Kaiserin von Indien" an.

1875 In Deutschland vereinigen sich Allgemeine Deutsche Arbeiterpartei und Sozialdemokratische Arbeiterpartei in Gotha zur Sozialistischen Arbeiterpartei.

1876 Die letzte erfolgreiche Schlacht von Indianern gegen US-Truppen findet am Little Big Horn statt.

Die Erschießung von Kaiser Maximilian von Mexiko, Gemälde von Edouard Manet, 1867 (Ausschnitt).

Kolonialreiche und Kolonialpolitik

1879–1905

1879 Die erste E-Lok: Die Elektrizität eröffnet neue Transportmöglichkeiten

1899 Der Burenkrieg: Großbritannien betreibt eine unerbittliche Kolonialpolitik in Afrika.

1900 Der Boxeraufstand: Die Devise „Ausländer raus“ kann keine innen- und außenpolitischen Probleme lösen.

1905 Seeschlacht von Tsushima: Japan steigt zur Großmacht in Südostasien auf.

„The Germans to the front“.
Deutsche Truppen rücken auf Befehl des britischen Befehlshabers Lord Seymour gegen aufständische Chinesen vor.
Gemälde von Carl Röchling, 1902.

Die erste E-Lok

Elektromagnetischer Zeigertelegraph mit Schrittschaltwerk von Siemens & Halske, 1847.

Die erste elektrische Straßenbahn in Lichterfelde bei Berlin 1881, Holzstich, 1881.

Hauptattraktion der am 31. Mai 1879 in Berlin eröffneten Gewerbeausstellung ist eine neuartige Lokomotive der Firma Siemens & Halske. Ohne Dampf und Geschnaufe, nur mit einem leisen Summen, zieht sie auf einem Rundkurs von 300 m Länge drei angehängte beräderte Sitzbänke für jeweils sechs Personen mit einer Geschwindigkeit vom 6 km/h. Von Juni bis Ende September 1879 befördert die Eisenbahn insgesamt 86 398 Besucher. Die zweiachsige Lokomotive ist eigentlich nichts anderes als ein großer Elektromotor, dessen Abdeckblech zum Sitzplatz für den Lokomotivführer ausgeformt worden ist. Die Stromzuführung erfolgt über eine hochkant gelagerte Mittelschiene, mit welcher der Triebwagen über Bürsten aus Kupferdraht Kontakt hält – das Prinzip der Stromschiene ist damit in die Welt getreten. Die Elektrizität wird in einer eigens für diese elektrische Bahn erbauten Kraftstation erzeugt, in der ein Dynamo in gleicher Ausführung wie der in der Lokomotive für gleichbleibende Spannung des Gleichstroms sorgt. Ihn treibt eine Dampfmaschine an – wer hineinschauen darf in diese Elektrizitätsstation, sieht den Prototyp eines kleinen, aber wirksamen Kraftwerks. Der Erfinder und Konstrukteur dieser Lokomotive, Werner Siemens, beschäftigte sich seit den vierziger Jahren intensiv mit der Anwendung des elektrischen Stroms. Im Herbst 1847 verlegte er zwischen Berlin und Potsdam den ersten elektrischen Zeigertelegraphen mit unterirdischer Kabelführung, dem Ende März 1849 die Inbetriebnahme des Kabels Frankfurt

Die elektrische Hochbahn in Berlin am Halleschen Tor, Fotopostkarte, um 1905.

(Main)-Berlin folgte. In den fünfziger Jahren hatte sich die von ihm und dem Mechaniker Halske 1847 gegründete Telegraphen-Bau-Anstalt zu einem in Europa geachteten Unternehmen entwickelt, das mit dem boomenden Eisenbahnbau mitwuchs, weil es fast überall Nachrichtenanlagen und Läutewerke dafür lieferte. Siemens investierte einen erheblichen Teil der daraus anfallenden Gewinne in Forschungen auf dem Gebiet der Elektrizität, die man bisher nur aus Batterien zu gewinnen verstand. Schon 1856 hatte er einen Zylinderinduktor gebaut, mit dem er experimentierte, bis er 1866 die erste Dynamomaschine der Welt konstruierte, die am 20. September in Betrieb genommen wurde. Das entscheidende technische Prinzip der Siemens'schen Entdeckung demonstriert augenfällig das Kleinstkraftwerk auf der Berliner Gewerbeausstellung, aus dem die kleine Lokomotive ihren elektrischen Strom bezieht: so, wie mechanische Kraft über den Dynamo elektrische erzeugt, erzeugt bei der Umpolung des Dynamos zum Motor Elektrizität mechanische Kraft.

Siemens hatte konkrete Vorstellungen von den vielfältigen Anwendungsmöglichkeiten der Elektrizität, die billig und als Starkstrom produziert werden konnte. Schon während der Pariser Weltausstellung 1867 prophezeite er elektrische Beleuchtung und elektrisch betriebene Beförderungsmittel im innerstädtischen Großstadtverkehr. 1878 erhielt er einen Auftrag für eine elektrische Lokomotive: Wie die ersten Dampflokomotiven für den Bergbau bestellt worden waren, war auch diese für ein Bergwerk bestimmt – den Braunkohletagebau in Senftenberg. Ihr Experimentaleinsatz verlief so erfolgreich, daß Siemens sich entschloß, bei der Gewerbeausstellung mit ihr an die Öffentlichkeit zu treten.

Trotz des positiven Echos beim Publikum wie bei den Experten stieß der im Anschluß an die Gewerbeausstellung dem Berliner Magistrat unterbreitete Vorschlag, eine Hochbahn in Berlin zu installieren, auf keine Gegenliebe. Stattdessen erhielt er in der Villenkolonie Lichterfelde bei Berlin die Gelegenheit, die erste elektrische Straßenbahn der Welt am 16. Mai 1881 in Betrieb zu nehmen, die für die Strecke von 2,45 km zwischen Bahnhof und Hauptkadettenanstalt eine Fahrzeit von nicht ganz 10 Minuten benötigte. Der Strom wurde über die beiden Fahrschienen zugeleitet, was für Pferde und Fußgänger beim Überqueren der Gleise erhebliche Stromschlag-Gefahren barg. Deshalb experimentierten Siemens & Halske im nächsten Jahr zwischen Charlottenburg und Spandau mit einer Straßenbahn, die über eine Oberleitung mit Strom versorgt wurde und 24 Personen trotz natürlicher Steigung mit der Normalgeschwindigkeit eines Güterzugs beförderte. Im selben Jahr lieferten sie dann eine erste Untertage-Elektro-Grubenbahn an das sächsische Steinkohlenwerk Zauckerode, die 45 Jahre unverdrossen ihre Pflicht tat. 1894–1896 baute die Firma Siemens & Halske in Budapest ihre erste unterirdische Bahn für den städtischen Nahverkehr. Unmittelbar danach fand sie in der Deutschen Bank einen Partner für eine Hochbahngesellschaft. Am 18. Februar 1902, zehn Jahre nach dem Tode des Erfinders, wurde die erste Strecke der von Siemens stets favorisierten innerstädtischen Hochbahn in Berlin in Betrieb genommen.

Nachdem auf einer Teststrecke bei Baltimore in den Vereinigten Staaten ein elektrischer Triebwagen die unglaubliche Geschwindigkeit von 185 km/h erreicht hat, initiierte die Firma Siemens & Halske im Oktober 1899 die „Studiengesellschaft für elektrische Schnellbahnen", die auf der 23 km langen Militäreisenbahnstrecke zwischen Marienfelde und Zossen im Süden Berlins ein elektrisches Fahrleitungssystem installierte. Dort testeten die Firmen Siemens und AEG ab 1901 ihre elektrischen Lokomotiven, und am 6. Oktober 1903 überschritt dort ein Siemens'scher Elektrotriebwagen – zu einer Zeit, da der Motorflug noch tief in den Kinderschuhen steckte – mit 201 km/h erstmals die magische Grenze von 200 km/h. Kaiser Wilhelm II. gratulierte in einem persönlichen Telegramm zu dem „schönen Erfolg". Die Ära der Hochgeschwindigkeitszüge rückte näher.

Die erste elektrische Eisenbahn auf der Gewerbeausstellung in Berlin im Mai 1879, zeitgenössischer Holzstich nach einer Photographie.

Der Burenkrieg

„Der Dritte stirbt!“ raunt es durch die Reihen der britischen Infanteristen, die in dem Militärposten Mafeking eingeschlossen sind. Belagert werden sie von Buren aus der Republik Transvaal und dem Oranje-Freistaat, die dem Britischen Weltreich den Krieg erklärt haben und im Oktober 1899 in die ihnen benachbarten britischen Kolonien eingerückt sind. Um sich den Hunger und die Zeit zu vertreiben, wird im britischen Fort viel geraucht, vor allem nachts beim Postenstehen. Pfeifenfüllungen wie Zigarillos und Zigaretten müssen aber in Brand gesetzt werden. Geht ein Streichholz oder ein Fidibus an, wird das winzige Licht bei den aufmerksamen Belagerern registriert und das Gewehr fester gepackt. Erhält nun der zweite Posten sein Feuer zum Genießen des Tabaks, visiert der burische Belagerer die Gegner an, und wenn der dritte Raucher sich des Feuers bedient, drückt er ab. „Der Dritte stirbt!“ Buren sind nicht nur gute Reiter, sondern auch von Kindheit an bestens trainierte Schützen!

„Bauern“, auf holländisch „Buren“, nennen sich die weißen Herren der Republiken Transvaal und Oranje, die hauptsächlich auf großen Farmen Viehzucht betreiben. Sie sind die Nachkommen holländischer und französisch-hugenottischer Einwanderer, die im 17. Jahrhundert in das fruchtbare Land am Kap der guten Hoffnung gekommen waren. Die ursprünglich niederländische Kolonie war 1806 in englische Hand gefallen, worauf ein Teil der Buren in einem großen Treck weiter nach Norden zog und dort die Republik Natal gründete. Großbritannien zog aber hinterher und annektierte 1843 auch diese Burenkolonie. Etliche Buren wichen daraufhin weiter in Richtung Nordosten über den Fluß Vaal aus, wo sie zunächst mehrere unabhängige Republiken schufen, die sich 1852 zur Republik Transvaal vereinigten. 1854 kam es zur Gründung einer weiteren Burenrepublik in dem Gebiet zwischen Oranje und Vaal, dem Oranje-Freistaat. Mehr als ein Jahrzehnt nach der Gründung der beiden Burenrepubliken kamen sich Engländer und Buren nicht ins

„Beschießung des Burenlagers Paardeberg durch die Briten im Februar 1900“, zeitgenössischer Farbholzstich nach Richard Knötel.

Militärisch verstricken sich die Buren nach Anfangserfolgen in Belagerungsoperationen, die dem englischen Kommando ermöglichen, Zeit zu gewinnen und erhebliche Verstärkungen heranzuschaffen. Sechs- bis siebenfach überlegen, erobern die Engländer im März die Oranje-Hauptstadt Bloemfontein, brechen im Mai die siebenmonatige Belagerung von Mafeking und nehmen im Juni Pretoria ein, die Hauptstadt von Transvaal. Im offenen Felde geschlagen, verlegt sich der Rest der burischen Einheiten auf einen zermürbenden Partisanenkrieg, dem das englische Kommando dadurch begegnet, daß es den Partisanen ihre Basen und Hilfsquellen zerstört – die Farmen. Deren Bewohner – hauptsächlich Frauen, Kinder und alte Menschen – werden in Lagern zusammengepfercht: Die Konzentrationslager sind erfunden. Völlig entkräftet und unterernährt, geben die letzten Bureneinheiten am 31. Mai 1902 auf und akzeptieren zähneknirschend die Verwandlung ihrer beiden Republiken in britische Kolonien. Mit dem Krieg von Weißen gegen Weiße wurde die Behauptung der Kolonialmächte, daß die Landnahme in Afrika hauptsächlich der Missionierung und zivilisatorischen Förderung der Schwarzen dienen solle, deutlich als Lüge entlarvt.

Gehege, bis 1867 am Oranje Diamanten gefunden wurden. Ein gewaltiger Zustrom von Ausländern, meist Briten, setzte in den Oranje-Freistaat ein, und die Minen wurden von der englischen Gesellschaft De Beers Consolidated Mining übernommen. Diskrepanzen mit den „Uitlanders“ rückten auf die Tagesordnung, zumal sich Großbritannien auch diese Gebiete einverleiben wollte. 1884 wurden die Verhältnisse zwischen London und den Buren dahingehend geregelt, daß letztere die volle Souveränität über ihre inneren Angelegenheiten erhielten und nur ihre Verträge mit dem Ausland der Billigung Londons unterwerfen mußten. Aber unglücklicherweise fand man bald nach diesem Abkommen in Transvaal reiche Goldvorkommen, und das „Uitlander“-Problem verschärfte sich kontinuierlich durch die Zuwanderung nicht nur englischer Goldschürfer, sondern auch englischer Firmen. Die De Beers Consolidated Mining beherrschte ab 1888 auch die südafrikanische Goldproduktion, und ihr Präsident Cecil Rhodes wurde 1890 Premierminister der Kapkolonie. Das Interesse der Londoner Börse an den Verhältnissen in den Burenrepubliken wuchs zusehends. Der englische Druck auf die inzwischen fast völlig von englischen Kolonien umgebenen Burenrepubliken nahm ständig zu. London rechnete ihnen vor, daß Engländer nun schon fast die Mehrheit im Lande ausmachten, aber kein Wahlrecht besäßen. Die „Uitlanders“ baten nun – wohl nicht allein aus eigenem Antrieb – bei der englischen Königin um Abhilfe. Als daraufhin immer mehr englisches Militär in den südafrikanischen Häfen eintraf, verlangten die Buren amtliche Auskunft über die Absichten der Londoner Politik. Die wurde ihnen nicht erteilt, und so begannen sie ihrerseits Anfang Oktober 1899 den Krieg.

„Diamanten-Abbau in Südafrika“, Holzstich aus einer englischen Zeitung, 1872.

„Britisches Konzentrationslager für die Buren in Transvaal“, Illustration aus der Wochenendbeilage einer französischen Zeitschrift vom Oktober 1901.

Der Boxeraufstand

„Durch die der Eroberung folgende dreitägige Plünderung … muß der Einwohnerschaft ein gewaltiger, aber auch nicht annähernd zu beziffernder materieller Schaden zugefügt sein. Jede Nationalität weist einer anderen die Palme in der Kunst des Plünderns zu; es bleibt aber die Tatsache bestehen, daß sie sämtlich geplündert haben. Bei England … mußte die gemachte Beute abgeliefert werden und wurde in den weiten Räumen der Gesandschaft zusammengetragen, um hier durch eine lange Reihe von Tagen hindurch öffentlich versteigert zu werden. Der Erlös wird ähnlich wie die Prisengelder nach einer gewissen Skala auf die Chargen verteilt … und ist mir auch von englischen Offizieren versichert worden, daß indischen Truppen – und es sind nahezu ausschließlich solche hier – es einfach nicht verständlich sein würde, daß einem Siege nicht die Plünderung folgen sollte. Alle hier vertretenen Nationen sind sich darüber einig, dem indischen Soldaten das größte Geschick im Auffinden verborgener Wertsachen zuzusprechen. Bei den Japanern fällt die gemachte Beute dem Staate zu, … nach Angaben eines japanischen Generals aus der Plünderung Tientsins etwa zwei Millionen Taels. Bei den Amerikanern ist das Plündern eigentlich verboten; es ist aber auch bei ihnen mit großer Sachkenntnis das Verbot durchbrochen worden. Bei den Russen scheint das Plündern in rohester Form zur Ausführung gekommen zu sein, indem ein planloses Zertrümmern von Gegenständen damit Hand in Hand gegangen ist. Die Franzosen haben den übrigen Nationen in keiner Weise nachgestanden." So berichtet der Oberkommandierende der vereinten Interventionsstreitmacht, der deutsche Generalfeldmarschall Graf Waldersee, seinem obersten Kriegsherrn, Kaiser Wilhelm II., am 22. Oktober 1900 aus der chinesischen Hauptstadt Peking. Sie war im August von den Großmächten Deutschland, England, Frankreich, Italien, Japan, Rußland und USA erobert worden.

Nach der chinesischen Niederlage im chinesisch-japanischen Krieg 1894/95 war das „Reich der Mitte" zum Spielball der Interessen der Großmächte geworden, die sich eine nach der anderen beeilten, sich in bestimmten Teilen des Riesenreiches Einfluß zu sichern und an der Küste Minikolonien als Sprungbretter für eine Durchdringung des Landes zu schaffen. Bei aufgeklärten Intellektuellen in der Umgebung des Kaiserhofes setzten daraufhin Überlegungen ein, ob nicht China gut daran täte, sein überholtes Feudalsystem nach japanischem Vorbild an westliche Verhältnisse anzupassen. 1898 war es im Sommer zu einem Reformkabinett gekommen, das aber nach 102 Tagen durch einen Staatsstreich unter Leitung der Kaiserinwitwe Tzu Hsi gestürzt wurde. 1899 kam es in der Provinz Shantung zu offenem Widerstand gegen die wirtschaftliche Durchdringung durch deutsche Unternehmen, hinter dem die fremdenfeindliche Geheimorganisation „Faust für Frieden und Gerechtigkeit" (daher „Boxer") steckte. Die Boxerbewegung konnte sich sehr schnell über Nordost-China ausbreiten, begeistert unterstützt durch einen Großteil der Bevölkerung und insgeheim assistiert von chinesischer Verwaltung und Armee. Nach Morden an Missionaren und ausländischen Geschäftsleuten sowie chinesischen Christen hatten die Großmächte im Mai 1900 auf strengste Repressalien gegen die Boxer gedrungen und im Falle der Nichterfüllung mit einer Invasion gedroht. Am 6. Juni landete in der Bucht von Shantung ein internationales Expeditionskorps von 650 Mann bei der Festung Taku und eroberte diese am 17. Juni, um weitere Truppenanlandungen zu sichern. Eine der wütenden chinesischen Aktionen war daraufhin am 18. Juni die Ermordung des deutschen Gesandten Freiherr von Kettler auf offener Straße und die Belagerung des Gesandtenviertels in Peking. Am 14. Juli nimmt die vereinte Streitmacht der Invasionsmächte in Stärke von nunmehr 40 000 Mann Tientsin, Anfang August wird der Vormarsch

Drachenstickerei vom Gewand eines chinesischen Hofbeamten.

Drachen auf dem Gewand eines Eunuchen am Hofe der Kaiserin Tzu Hsi (1835–1908).

Le Petit Journal

Le Petit Journal
CHAQUE JOUR 5 CENTIMES
Le Supplément illustré
CHAQUE SEMAINE 5 CENTIMES

SUPPLÉMENT ILLUSTRÉ
Huit pages : CINQ centimes

ABONNEMENTS

SEINE ET SEINE-ET-OISE	2 fr.	3 fr. 50
DÉPARTEMENTS	2 fr.	4 fr.
ÉTRANGER	2 50	5 fr.

Onzième année — DIMANCHE 22 JUILLET 1900 — Numero 505

ÉVÉNEMENTS DE CHINE
Assassinat du baron de Ketteler, ministre d'Allemagne

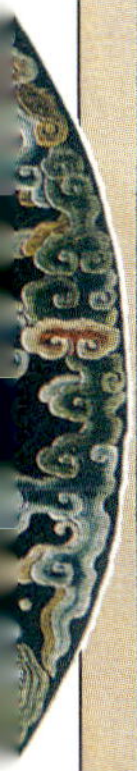

1900

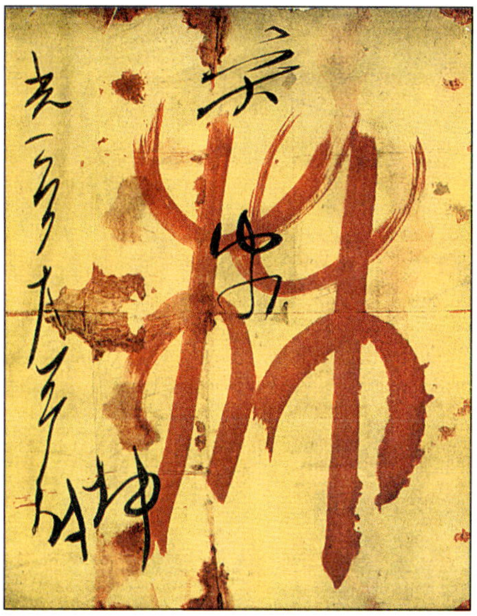

„Boxer-Amulett eines gefallenen Boxers", abgenommen von einem deutschen Oberleutnant im Seymour'schen Korps.

„Die Ermordung des Baron Kettler", Illustration aus einer französischen Zeitschrift vom Juni 1900.

nach Peking angetreten und am 14. August die chinesische Hauptstadt erreicht.

Der Krieg geht jedoch weiter und verlagert sich in die Mandschurei. Erst Anfang September 1901 zieht ein Abschlußprotokoll zwischen der chinesischen Regierung und elf ausländischen Mächten einen Schlußstrich unter den Boxerkrieg. Trotz der enormen Schäden, die dem Land durch Verwüstungen und Plünderungen zugefügt wurden, werden China Kriegsentschädigungen von annähernd drei Milliarden Goldmark auferlegt, seine Steuereinnahmen fremder Kontrolle unterworfen und Stationierungen ausländischer Truppen festgeschrieben. Ein „Sühneprinz" hat bei den Regierungen der Interventionsmächte der Reihe nach Verbeugungen zu machen und Entschuldigungen vorzubringen. Der Boxerkrieg hatte jedoch den Chinesen gezeigt, daß die nationale Würde nicht durch militanten Fremdenhaß aufrecht zu erhalten sei, sondern nur durch eine Modernisierung der Gesellschaft. Genau das wird zum Programm der erfolgreichen Revolution von 1911.

„Generallfeldmarschall Waldersee, die internationalen Truppen inspizierend", Farbdruck, 1901.

Seeschlacht von Tsushima

IMPERIAL PROCLAMATION OF WAR.

Schmuckblatt mit dem Text der offiziellen japanischen Kriegserklärung vom 10. Februar 1904 in zweisprachiger Ausführung.

Die Seeschlacht von Tsushima, zeitgenössischer Neuruppiner Bilderbogen.

Am Morgen des 27. Mai 1905 erblicken die Beobachtungsposten der russischen Flotte in der Straße von Tsushima zwischen Korea und der japanischen Hauptinsel Honshu in der Ferne die Rauchfahnen der japanischen Flotte. Sie lauert den Russen hier auf, um sie an der Weiterfahrt Richtung Wladiwostok zu hindern. Auf den ersten Blick sieht das Kräfteverhältnis nicht allzu ungünstig für die Russen aus, können sie den 28 japanischen doch wenigstens 20 russische Großkampfschiffe entgegenstellen. Aber die russischen Schiffe sind von alter Bauart, daher langsamer als die japanischen und an Feuerkraft weit unterlegen. Die moderneren russischen Kriegsschiffe waren seit der Mitte der neunziger Jahre wegen der russischen Interessen im Wettbewerb um die Aufteilung Chinas stets dem Ostasiengeschwader zugeteilt wurden, das aber im Vorjahr von den Japanern zerschlagen worden war. Deshalb war dem russischen Ostseegeschwader befohlen worden, sich ins japanische Meer zu begeben. Inzwischen ist aber der Hafen Port Arthur, der den Russen auf der chinesischen Halbinsel Liautung eine beherrschende Position im Gelben Meer gegeben hatte, Anfang Januar 1905 in die Hände der Japaner gefallen, so daß die ankommende Flotte keinen Stützpunkt mehr hat. Nächster russischer Hafen ist Wladiwostok, den das Geschwader bis auf ein Schiff, das den Japanern in der Straße von Tsushima entkommen kann, nicht mehr erreichen wird. Den japanischen Schiffen völlig unterlegen, kapituliert der nicht versenkte Rest der russischen Flotte am Morgen des 28. Mai 1905. Zum zweitenmal innerhalb von anderthalb Jahren ist ein russisches Ostasiengeschwader vernichtet worden.

Im Februar 1904 hatten die Japaner den Krieg gegen ihren russischen Rivalen in Korea und der Mandschurei mit einem überraschenden Flottenangriff auf das im Hafen von Port Arthur liegende russische Ostasiengeschwader eröffnet. Die völkerrechtlich verbindliche Kriegserklärung folgte erst zwei Tage später. Nachdem es den Japanern gelungen war, das russische Flaggschiff in ein Minenfeld zu locken und dort durch Minentreffer zu versenken, war der Rest der Flotte im Schutz der Festung geblieben und vor deren Kapitulation im Januar 1905 von der Mannschaft gesprengt worden. Die Japaner herrschten nun ungehindert über das Gelbe Meer. Da sie zusätzlich wieder über die bis dahin Port Arthur belagernde Armee verfügen konnten, wurden sie auch zu Lande kühner und rückten entlang der Ostchinesischen Eisenbahn bis Mukden vor, wo es Anfang März 1905 zu einer zehntägigen Schlacht kam, die die Russen verloren. Danach waren sie bis an den derzeitigen Endpunkt der Ostchinesischen Eisenbahn vormarschiert und hatten damit das wichtigste Streitobjekt der ganzen Auseinandersetzung in ihre Hände gebracht.

1905

Le Petit Journal

Le Petit Journal

Le Supplément illustré

5 Centimes SUPPLÉMENT ILLUSTRÉ 5 Centimes

Le Petit Journal militaire, maritime, colonial.... 10 cent.

Le Petit Journal agricole, 5 cent. La Mode du Petit Journal, 10 cent.

Le Petit Journal illustré de la Jeunesse.... 10 cent.

ABONNEMENTS

Seizième année — DIMANCHE 23 AVRIL 1905 — Numéro 753

CRUELLES REPRÉSAILLES DES JAPONAIS EN MANDCHOURIE

„Japanische Grausamkeiten in der Mandschurei: Die Enthauptung von chinesischen Beamten, die in Verdacht stehen, mit den Russen zu sympathisieren", Illustration aus der Wochenendbeilage einer französischen Zeitschrift vom April 1905.

„Die heldenhafte Abwehr des Angriffs der Japaner bei Port Arthur", zeitgenössischer russischer Bilderbogen.

Der Hintergrund des russisch-japanischen Krieges ist in den konkurrierenden Interessen Japans und Rußlands in Nordostchina und Korea zu sehen. Japanische Annexionen im Süden der Mandschurei als ein Ergebnis des chinesisch-japanischen Krieges von 1884/95 mußten von dem Inselreich auf Druck der Großmächte wieder aufgegeben werden, wobei Rußland eine tragende Rolle spielte. Voller Empörung registrierten die Japaner drei Jahre später, daß Rußland auf der Liautung-Halbinsel im Süden der Mandschurei von den Chinesen ein wichtiges Territorium mit dem Hafen Port Arthur pachtete, und von dort aus den Bau der Ostchinesischen Eisenbahn begann. Hinter der dafür 1896 gegründeten Eisenbahnbau-Gesellschaft stand ziemlich unverhüllt die russische Regierung, die eine Verlängerung der Transsibirischen Eisenbahn quer durch Nordostchina zwecks Förderung des russischen Handels anstrebte. Während des Boxeraufstandes stationierten die Russen entlang der Eisenbahntrasse Truppen und erzwangen nach dem Ende des Boxerkrieges das chinesische Zugeständnis, diese Stationierung auch zukünftig zu akzeptieren. Gemeinsamer Protest Englands, der USA und Japans verhinderte zwar dessen Verwirklichung, dafür tauchte russisches Militär zum Schutz russischer Holzhändler im nördlichen Korea auf, das Japan für eine spätere Annexion ins Auge gefaßt hatte.

Forderungen aus Tokio nach Verhandlungen über eine Abgrenzung der Interessenssphären in der Mandschurei beantwortete die russische Seite mit der Erklärung, über chinesisches Territorium nur mit China verhandeln zu wollen. Am Zarenhof traute man den Japanern einen Angriff auf eine europäische Großmacht solange nicht zu, bis man im Februar 1904 eines besseren belehrt wurde. Nach der verheerenden Niederlage von Tsushima gingen die Russen auf Friedensvermittlungen der USA ein, die im September zum Frieden führten. Er brachte die Übergabe des russischen Pachtgebiets in Liautung mit Port Arthur, des Südteils der Ostchinesischen Eisenbahn und der südlichen Hälfte der Insel Sachalin an Japan. Erstmals hatte damit eine europäische Großmacht in einem Krieg eine Niederlage gegen eine ostasiatische Großmacht hinnehmen müssen.

Zeittafel

1877 Nach erfolglosem Aufstand der Samurai in Japan gegen die Reformen wird die Kaste der Samurai aufgelöst.

Plakat der II. Internationale, um 1890.

1878 Die Türkei verliert den im Vorjahr begonnenen russisch-türkischen Krieg. Neben territorialem Gewinn für Rußland wird im Frieden von Santo Stefano die Unabhängigkeit und Vergrößerung mehrerer Balkanstaaten auf Kosten der Türkei beschlossen.

1878 Auf dem Berliner Kongress betätigt sich Bismarck als "ehrlicher Makler". Rußland ist verärgert, da die neuen Friedensergebnisse für das Zarenreich weitaus ungünstiger sind als die des Friedens von Santo Stefano. Bulgarien wird zwar selbständiges Fürstentum, bleibt aber weiterhin der Türkei tributpflichtig. Serbien, Montenegro und Rumänien werden von der Türkei unabhängig.

1878 Österreich-Ungarn besetzt Bosnien und die Herzegowina und errichtet ein Protektorat.

1878 Erlaß des Sozialistengesetzes im Deutschen Reich. Die sozialdemokratische Arbeiterpartei wird zwar nicht verboten, aber durch das Verbot sozialistischer Versammlungen und Publikationen sowie durch die Ausweisung prominenter Sozialdemokraten soll ihr der Boden entzogen werden. Das Gesetz wird im Jahre 1890 wieder aufgehoben. Es hatte den Machtzuwachs der SPD nicht verhindern können.

1879 Wegen des sich verschlechternden Verhältnisses zu Rußland auf Grund der Balkanfrage schließen Österreich-Ungarn und das Deutsche Reich ein Verteidigungsbündnis, den "Zweibund", für den Fall eines Angriffes auf einen der Partner.

1879 Werner Siemens stellt auf der Gewerbeausstellung in Berlin die erste elektrisch angetriebene Lokomotive vor.

1881 Französische Truppen besetzen Tunis und begründen damit ein französisches Protektorat.

1881 Rumänien wird Königreich. Fürst Karl von Hohenzollern-Sigmaringen wird König.

1882 Italien schließt als Reaktion auf die französische Kolonialpolitik im Mittelmeerraum einen auf fünf Jahre befristeten geheimen Bund mit Österreich und dem Deutschen Reich für den Fall eines französischen Angriffs auf einen der Vertragspartner.

1882 Serbien wird Königreich.

1882 Mit dem Protektorat über Annam (Mittel-Vietnam) weitet Frankreich seinen Einfluß in Indochina aus.

1882 Großbritannien besetzt Ägypten und errichtet eine Schutzherrschaft.

1883 Einführung der gesetzlichen Krankenversicherungspflicht für Arbeiter im Deutschen Reich.

1884 Somalia und Kenia werden britische Kolonien.

1884 Das Deutsche Reich erwirbt Kolonien in Togo, Kamerun und Deutsch-Südwestafrika.

1884 Tongking (heute Nord-Vietman) wird französische Kolonie.

1884 Rußland russifiziert das Baltikum (Livland, Lettland und Estland).

1885 Der Kongo wird zunächst als Privatbesitz vom belgischen König Leopold II. als Kapitalanlage erworben. Auf der Kongo-Konferenz wird ihm die Oberhoheit über den Kongo-Staat von den anderen Kolonialmächten anerkannt. Gleichzeitig wird mit dieser Konferenz der Startschuß zur völligen Aufteilung Afrikas unter den Kolonialmächten gegeben. Nur Abessinien und Liberia bleiben selbständige Staaten.

1885 Deutsch-Ostafrika wird eine deutsche Kolonie.

1886 China muß Burma an Großbritannien abtreten.

1887 Italien gründet die Kolonie Eritrea.

1887 Frankreich beginnt, von seinen Kolonien Algerien und Senegal aus ins Landesinnere bis zum Tschad vorzudringen und ein koloniales Großreich in Westafrika aufzubauen. Beginn des Baus der Eisenbahnlinie Dakar-Bamako.

Der Berliner Kongreß 1878, Gemälde von Anton von Werner, 1881 (Ausschnitt).

1877 - 1905

Der Segen der Alters- und Invalidenversicherung in Deutschland, Holzstich, um 1890.

1887 Frankreichs Kolonien in Südostasien werden zur indochinesischen Union zusammengefaßt.

1887 Großbritannien führt ein, daß auf Waren das Herkunftsland (z.B. Made in Germany) verzeichnet sein muß.

1888 Dreikaiserjahr in Deutschland. Tod Wilhelms I., sein Sohn Friedrich III. stirbt drei Monate nach der Thronbesteigung und Wilhelms 29jähriger Enkel Wilhelm II. besteigt den Kaiserthron.

1888 Rhodesien wird britische Kolonie.

1889 In Brasilien wird das Kaisertum gestürzt und die Republik ausgerufen.

1889 Japan erhält eine Verfassung (erbliche konstitutionelle Monarchie).

1889 Italien gründet die Kolonie Italienisch-Somaliland.

1889 Der österreichische Thronfolger Rudolf, Sohn Kaiser Franz I., begeht Selbstmord. Neuer Thronfolger wird Franz Josefs Neffe Franz Ferdinand.

1889 Im Deutschen Reich wird die Rentenversicherungspflicht eingeführt. Damit ist die Sozialversicherungsgesetzgebung, die für andere Staaten wegweisend wird, in ihren Grundzügen abgeschlossen.

1889 Gründung der II. Sozialistischen Internationale in Paris.

1891 Beginn des Baus der Transsibirischen Eisenbahn in Rußland.

1892 Frankreich und Rußland schließen eine Militärkonvention. Wenn einer der beiden Bündnispartner von Italien, Österreich oder dem Deutschen Reich angegriffen wird, verpflichtet sich der andere zur militärischen Hilfeleistung.

1893 Protektorat Frankreichs über Laos.

1894 Beginn des chinesisch-japanischen Krieges. Japan erobert unter anderem Dairen, Port Arthur und Weihaiwei in der Mandschurei, Shangtung in China und Seoul in Korea.

1895 Alfred Nobel, der Erfinder des Dynamits, stiftet den Nobelpreis.

1895 Madagaskar wird von Frankreich annektiert.

1895 Uganda wird britische Kolonie.

1895 China muß im Frieden von Shimonoseki Formosa an Japan abtreten und die Unabhängigkeit Koreas anerkennen.

1895 Japan beginnt mit dem Bau einer Kriegsflotte.

1897 Korea wird unter russischem Schutz Kaiserreich.

1898 Krieg zwischen Spanien und den USA. Im Frieden von Paris muß Spanien den USA Puerto Rico und die Philippinen gegen eine Geldentschädigung abtreten. Kuba wird formal selbständig, steht aber unter dem Protektorat der USA.

1898 Japan verpachtet Rußland Dairen und Port Arthur für 25 Jahre.

1898 Deutschland pachtet Kiautschou für 99 Jahre von China.

1899 Beginn des Burenkrieges.

1900 Boxeraufstand in Peking.

1903 Panama löst sich von Kolumbien.

1904 Beginn des russisch-japanischen Krieges.

"Drei Generationen": Wilhelm I., Kronprinz Friedrich (III.) und Wilhelm (II.) anläßlich der Aufnahme von Wilhelm (II.) in den Johanniterorden am 27. Januar 1877, im Rittersaal des Berliner Stadtschlosses, Gouache von Emil Doepler, 1877 (Ausschnitt).

Der Erste Weltkrieg und die Folgen

1914–1933

1914 Mord in Sarajevo: Der Erste Weltkrieg nimmt seinen Anfang.

1917 Oktoberrevolution in Rußland: Die Bolschewiken übernehmen die Macht.

1919 Gründung des Völkerbundes: Die Friedenskonferenz in Versailles nach dem Ersten Weltkrieg.

1923 Inflation in der Weimarer Republik: Krisenjahre einer jungen Republik.

1933 Hitlers Machtantritt: Die Errichtung einer Diktatur auf legalem Wege.

„Erstürmung des Zamecyskoberges bei Gorlice durch das 3. bayrische Infanterie-Regiment am 2. Mai 1915“, Gemälde von Ludwig Putz, 1916.

Mord in Sarajevo

Ungute Vorahnungen bedrücken Franz Ferdinand, den Thronerben der Doppelmonarchie Österreich-Ungarn, als er pflichtgemäß den Sommermanövern des Jahres 1914 in Bosnien beiwohnt. Sein Manöverbesuch in dieser kaiserlichen Provinz soll die Entschlossenheit der Wiener Regierung demonstrieren, die führende Stellung Österreichs auf dem Balkan, die durch Serbien gefährdet wird, nicht aufgeben zu wollen. So ist auch der Besuch des Thronfolgers in der Provinzhauptstadt als geeigneter symbolischer Abschluß für das bestimmte Auftreten der kaiserlich-königlichen Monarchie in ihrer jüngsten Provinz gedacht. Als Franz Ferdinand mit seiner Gemahlin am Morgen des 28. Juni 1914 in Sarajevo eintrifft, begrüßen ihn herrliches Wetter und eine festlich geschmückte Stadt. Aber schon auf dem Weg zum Empfang im Rathaus wird eine Bombe auf den Konvoi offener Automobile geworfen. Erregt hört sich Franz Ferdinand im Rathaus die Ergebenheitsfloskeln des Magistrats an, entschließt sich dann aber doch zur Weiterfahrt im offenen Wagen, wobei er der Argumentation des Gouverneurs folgt, nach dem eben mißlungenen Attentat sei mit Sicherheit im Laufe des Tages kein weiteres zu erwarten. Keine halbe Stunde später werden der Thronfolger und seine Gemahlin bei einem kurzen Halt an einer Straßenkreuzung durch Revolverschüsse getötet. Der Attentäter, ein junger Bosnier serbischer Nationalität, wird am Tatort festgenommen. Verbindungen seiner Gruppe zu serbischen Nationalisten werden sofort vermutet und später auch nachgewiesen.

Daß serbische Drahtzieher hinter dem Attentat stehen, verwundert eigentlich niemanden. Seit Serbien aus den Balkankriegen 1912/13 als neue Balkanmacht hervorgegangen war, waren Konflikte mit Österreich-Ungarn vorprogrammiert. Die serbischen Serben machten sich zum Sprachrohr der zahlreichen Serben in Bosnien und der Herzegowina, die von Österreich-

Offiziershelm der preußischen Landwehr, Dragoner, um 1900.

„Das Attentat auf Erzherzog Ferdinand und seine Frau in Sarajewo", Farbdruck aus „Le Petit Journal" vom 12. Juli 1914.

Ungarn 1908 annektiert worden waren, nachdem es dort schon seit 1878 Besatzungsrechte ausgeübt hatte. Um den agitatorischen Einfluß Serbiens abzuschwächen und die nationalistischen Forderungen zu entschärfen, befürwortete Franz Ferdinand einen südslawischen Teilstaat innerhalb der Doppelmonarchie, der zweifellos das kulturelle Zentrum der Südslawen nach Agram verlegt hätte, was keineswegs im Interesse Serbiens lag.

Die Wiener Politik sah durch die Ermordung Franz Ferdinands endlich eine moralisch einwandfreie Gelegenheit, Serbien wieder in seine frühere Stellung als Satellit Wiens zurückzudrängen. Dabei war man sich in der Wiener Hofburg, im Außenministerium und im Generalstab sicher, daß man in jedem Falle mit voller Rückendeckung aus Berlin rechnen konnte. Denn die aus den siebziger Jahren des vorigen Jahrhunderts herrührende enge Bindung zwischen Wien und Berlin verstrickte das Deutsche Reich automatisch in die österreichisch-ungarischen Balkanprobleme, die der Wiener Kriegspartei nur noch durch ein militärisches Abenteuer lösbar schienen. Wilhelm II. ließ dann auch in Wien mitteilen, man könne sich auf seine Bündnistreue verlassen.

Mit dieser Zusicherung im Rücken stellt man nun an Belgrad hochgeschraubte Forderungen, denen dort weitgehend, aber nicht vollständig zu entsprechen zugesagt wird. Die Wiener Regierung sieht sich durch die serbische Antwort nicht befriedigt und erklärt ohne weitere diplomatische Schritte am 28. Juli Serbien den Krieg. Die deutsche Außenpolitik ist prinzipiell entschlossen, den Sommer 1914, sollte Rußland an Serbiens Seite eingreifen, nicht ungenutzt verstreichen zu lassen, um die „Umklammerung“ durch die französisch-russische Allianz zu zerbrechen, denn auf der Gegenseite steht sowohl ein serbisch-russisches als auch ein französisch-russisches Bündnis. Als Rußland am 30. Juli die allgemeine Mobilmachung verkündet, um Österreich-Ungarn zum Einlenken gegen Serbien zu veranlassen, verlangt das Deutsche Reich die Rücknahme der Maßnahme bis zum 1. August und überreicht am Abend dieses Tages in St. Petersburg die Kriegserklärung. Im Deutschen Reich rächen sich mit Nachdruck die fehlenden parlamentarischen Kontrollmechanismen in der Verfassung: die militärischen und die politischen Kompetenzen sind streng voneinander getrennt und nur vom Kaiser zu koordinieren. Wilhelm II. mit seinem Hang zur Großsprecherei ist damit überfordert und wagt nicht, die Militärs, die zum Krieg drängen, zurückzuweisen. „Man drückt uns das Schwert in die Hand“, teilt er stattdessen den 50 000 Berlinern mit, die sich am späten Nachmittag des 1. August vor dem Stadtschloß versammelt haben. Wegen der russisch-französischen Allianz tritt Deutschland mit der Kriegserklärung gegen Rußland auch automatisch in den Krieg gegen Frankreich ein. In einem Blitzkrieg soll der „Erbfeind“, dessen militärische Kraft der deutsche Generalstab ebenso wie die russische unterschätzt, besiegt werden, um dann den Rücken frei für die Ostfront zu haben. Aber der am 3. August begonnene Frankreichfeldzug wird bald zum verlustreichen, zähen Stellungskrieg. Aus dem als regionale Beschaffungsaktion geplanten Feldzug gegen Serbien entsteht ein europäischer Flächenbrand, der schließlich zum Weltkrieg wird.

„Der Kaiser spricht zu seinem Volk“ am 1. August 1914 nach der Kriegserklärung an Rußland. Zeitgenössischer Neuruppiner Bilderbogen.

Allegorie auf den Zweibund Deutschland-Österreich, Propagandapostkarte aus dem Ersten Weltkrieg.

Oktoberrevolution in Rußland

In Rußland wird auch 1917 noch nach dem Julianischen Kalender gerechnet, der dem sonst in Europa üblichen gregorianischen um 13 Tage hinterherhinkt. So schreibt man in anderen Ländern schon den 7. November 1917, als in der russischen Hauptstadt Petrograd gegen Mittag unter dem Datum des 25. Oktober an allen belebten Punkten rote Plakate angeschlagen und Flugblätter verteilt werden. Unter der großen Überschrift „An die Bürger Rußlands" teilt das Revolutionäre Militärkomitee des Petrograder Sowjets der Arbeiter- und Soldaten-Deputierten mit, daß die Provisorische Regierung des Landes gestürzt und die Staatsmacht in die Hände des Petrograder Sowjets und seines Militärkomitees übergegangen sei, die beide das Proletariat und die Garnison der Stadt repräsentierten. „Die Sache, für die das Volk gekämpft hat: das sofortige Angebot eines demokratischen Friedens, die Aufhebung des Eigentums der Gutsbesitzer an Grund und Boden, die Arbeiterkontrolle über die Produktion, die Bildung einer Sowjetregierung – sie ist gesichert. Es lebe die Revolution der Arbeiter, Soldaten und Bauern!"

Der Weltkrieg zog sich nun schon ins vierte Kriegsjahr und hatte statt der erwarteten patriotischen Sammlungsbewegung um den angeschlagenen Zarenthron nur eine immer stärkere Entfremdung der Oberschicht von den Massen in Stadt und Land gebracht, welche die Hauptlast des Krieges trugen. Er hatte einen abgrundtiefen Haß auf ein Regime erzeugt, das bereits etwa zweieinhalb Millionen russischer Soldaten auf die Schlachtbank geführt hatte. Hungerunruhen lösten in Petrograd am 23. Februar (nach Gregorianischem Kalender: 8. März) eine Revolution aus, die zum Sturz des Zaren und zur Einsetzung einer provisorischen Regierung führte.

„Das erste Wort der Sowjetmacht", Straßenszene in Petrograd während der Oktoberrevolution. Farbdruck, 1952.

„Auf dem Roten Platz in Moskau, März 1917", Farbdruck, Moskau 1919.

„Lenin auf der Tribüne", Gemälde von Alexander Michailowitsch Gerassimow, 1930.

Während der Februarrevolution bildeten sich auch Arbeiter- und Soldatenräte (Sowjets),

„Proletarier aller Länder, vereinigt euch!“ Sowjetisches Plakat zum 1. Mai 1919.

allen voran der schon am 27. Februar (12. März) konstituierte Petrograder Sowjet, der wie eine zweite Regierung angesehen wurde und teilweise auch so agierte. Erstmals waren diese Deputiertenversammlungen in der russischen Revolution von 1905 aufgetaucht. Aus der anfänglichen Zusammenarbeit von Regierung und Sowjet seit Februar 1917 wurde sehr bald eine merkwürdige Art von Doppelherrschaft in Rußland, in der beide Machtorgane teils zusammen, teils gegeneinander arbeiteten. Der I. Gesamtrussische Kongreß der Sowjets, der im Juni 1917 in Petrograd tagte und nur eine Minorität an radikalen Linken aufwies, stellte sich hinter die Regierung, in der ein Sowjetdeputierter, der Sozialrevolutionär Kerenski, erst Justizminister, dann seit Mai Kriegs- und Marineminister war. Nachdem aber eine von Kerenski befohlene Großoffensive im Juli nach Anfangserfolgen einen schweren Rückschlag erlitten und weiteren 60 000 russischen Soldaten das Leben gekostet hatte, brachen unter der Losung „Alle Macht den Sowjets!“ in Petrograd zornige Demonstrationen aus. Sie wurden von der Regierung blutig niedergeschlagen und Kerenski zum Ministerpräsidenten ernannt.

Die entschiedenen Kriegsgegner auf dem Sowjetkongreß, die radikalsozialistischen Bolschewiki, gewannen bei solcher Entwicklung mit ihrer Forderung, sofort den Krieg zu beenden, stetig an Einfluß beim arbeitenden Volk und damit auch in den Sowjets. Für Ende Oktober (Anfang November) wurde ein neuer Allrussischer Sowjetkongreß einberufen, wobei die Bolschewiken gar kein Geheimnis mehr daraus machten, daß ihrer Meinung nach der II. Allrussische Sowjetkongreß die Macht über das ganze Land übernehmen solle. Der Petrograder Sowjet hatte bereits am 13.(26.) Oktober ein besonderes Revolutionäres Militärkomitee geschaffen, das nach dem Vorbild der Heere der Französischen Revolution in alle Einheiten Politische Kommissare entsandte. Der führende Kopf der Bolschewiki, Lenin, wollte jedoch nicht das Risiko eingehen, daß der Sowjetkongreß möglicherweise die Machtübernahme ablehnte. Deshalb inszenierte seine Partei für den Vortag des Zusammentritts des Kongresses am 24. Oktober (6. November) einen Aufstand.

Als der Aufruf „An die Bürger Rußlands“ erscheint, herrscht die Regierung in Petrograd nur noch über winzige Inseln im Meer der Revolution – eine davon ist das einst zaristische Winterpalais, der Sitz der Provisorischen Regierung. Einheiten des Revolutionären Militärkomitees, teils Soldaten, teils Angehörige der aus Arbeitern gebildeten Roten Garde, blockieren seit dem späten Abend das riesige Gebäude. „Straßenbahnen fuhren hier nicht, man sah kaum einen Fußgänger, die Laternen waren gelöscht. Ein paar Straßen weiter jedoch ging das Leben seinen gewohnten Gang: überfüllte Straßenbahnen, auf und nieder wogende Menschenmassen, erleuchtete Schaufenster, die Reklamezeichen der Lichtspieltheater. Wir hatten Einlaßkarten für das Marientheater – alle Theater waren geöffnet – jedoch fanden wir es draußen interessanter…“ erinnert sich der amerikanische Journalist Reed wenig später an diesen Abend. Als die Belagerer nach Mitternacht in den Regierungssitz eindringen, finden sie keinen Widerstand und können die apathische Regierung verhaften. Am späten Abend des Vortags ist der II. Allrussische Sowjetkongreß zusammengetreten, der von vornherein eine bolschewistische Mehrheit aufweist, die durch den Auszug gemäßigter Deputierter aus Protest gegen den gewaltsamen Sturz einer Regierung, der ihre Vertreter angehören, noch überwältigender wird. Nach der Nachricht von der Verhaftung der Regierung überträgt der Kongreß am 26. Oktober (8. November) morgens um fünf Uhr ohne Aussprache gegen 2 Stimmen bei 12 Stimmenthaltungen die Regierungsgewalt in Rußland den Sowjets.

Gründung des Völkerbundes

Die Schrecken des Krieges: Deutsche Gefallene im Schützengraben, Propaganda aus der Wochenendbeilage einer französischen Zeitung, 1916.

„Die Unterzeichnung des Vertrags von Versailles", Gemälde von William Orpen, um 1925.

Am 18. Januar 1919 versammeln sich im Uhrensaal des französischen Außenministeriums in Paris die obersten Repräsentanten der Alliierten und Assoziierten Mächte – auf den Tag genau 48 Jahre, nachdem die deutschen Fürsten im unweit gelegenen Versailles den preußischen König zum deutschen Kaiser erhoben hatten. Jetzt wird die Abrechnung mit dem deutschen Kaiserreich vorbereitet, das im Bewußtsein der vier Jahre lang dementsprechend präparierten Weltöffentlichkeit den Ersten Weltkrieg begonnen hat, obwohl Deutschland seit der Revolution vom November des Vorjahres gar kein Kaiserreich mehr ist. Der Eröffnungszeremonie folgt eine Woche später die erste Arbeitssitzung, die ganz von den fünf Hauptmächten Frankreich, Großbritannien, Italien, Japan und den USA beherrscht wird. Der Vorschlag von US-Präsident Wilson, einen Völkerbund zur Garantie von Frieden und Brüderlichkeit der Nationen ins Leben zu rufen und dessen Satzung zum Bestandteil des künftigen Friedensvertrages zu machen, wird angenommen.

Die Formulierung einiger Artikel der Völkerbundsatzung in der dafür berufenen Kommission gerät trotz der ethischen Ziele dieser Einrichtung zu einem Ringen um handfeste Großmachtinteressen. Am 14. Februar legt die Kommission nach zehn Sitzungen ihren Entwurf vor, aber bis in den April hinein wird der Kampf teils hinter den Kulissen, teils in Presseschlachten vor der Weltöffentlichkeit um die Durchsetzung nationaler, egoistischer Positionen weitergeführt. Streitpunkte sind die Freiheit der Meere, was die Engländer nicht wünschen; die Völkerbundstreitmacht, in der sich Frankreich die Führung sichern will, sowie das Selbstbestimmungsrecht der Völker, das sowohl von Frankreich als auch von Italien abgelehnt wird. Frankreich will keinen Anschluß der Österreicher an Deutschland, und Italien will Südtirol und Dalmatien trotz des dortigen hohen deutsch- bzw. kroatischsprechenden Bevölkerungsanteils seinem Territorium einverleiben.

Inmitten der Greuel des Ersten Weltkrieges hatten Staatsmänner in beiden kriegführenden Lagern den Gedanken geäußert, daß angesichts des Massenmorderns in einer bis dahin völlig unbekannten, durch moderne Technik ermöglichten Dimension, eine Ordnung der internationalen Beziehungen entstehen müsse, um eine Wiederholung dieses Schreckens zu verhindern. In der Jahresbotschaft des amerikanischen Prä-

sidenten Woodrow Wilson, die er dem Kongreß am 8. Januar 1918 vortrug, wurden erstmals in 14 konkreten Punkten die amerikanischen Kriegsziele formuliert. Als letzten Punkt nannte Wilson: „Es soll eine allgemeine Assoziation der Nationen mit besonderen Statuten gebildet werden zwecks gegenseitiger Garantie der politischen Unabhängigkeit und territorialen Integrität sowohl der großen als auch der kleinen Staaten.“ Im Februar und im April fügte Wilson noch wichtige Ergänzungen hinzu – den Verzicht auf gegenseitige Kriegsentschädigungen und das Recht der Nationen auf Selbstbestimmung.

Bei den Verhandlungen um eine neue Nachkriegsordnung genossen die USA zwar eine starke Position, aber gegen die Auffassung der französischen Sieger, die unter deutschem Angriff, deutscher Besetzung und Kriegszerstörung am meisten gelitten hatten und nun ihre Revanche wollten, hatten Wilsons moralische Prinzipien einen schweren Stand. So kommt bei der Aufrichtung des Völkerbundes, dessen Satzung am 28. April 1919 angenommen wird, ein Kompromiß heraus: Deutschland wird auf Wunsch Frankreichs nicht als Mitglied zugelassen; England will nur ein Bündnis der Großmächte, folglich tritt neben die Generalversammlung der Mitglieder ein Völkerbundsrat mit denselben Vollmachten, dem die fünf Großmächte als ständige Mitglieder und vier nichtständige Mitglieder angehören. Die USA wollen Garantien für einen Stopp des verhängnisvollen Rüstungswettlaufs festschreiben, in dem man zu Recht einen wichtigen Faktor für die Entstehung des Weltkrieges vermutet, aber Abrüstung scheint bei der unsicheren Lage in Osteuropa kaum opportun; folglich legt Artikel acht der Völkerbundsatzung unverbindlich fest, daß der Völkerbundsrat den Mitgliedern Abrüstungspläne vorlegen werde. Eine friedenswahrende Interventionsstreitmacht wird nicht aufgestellt, dafür legt Artikel zehn fest, daß alle Streitigkeiten zwischen den Staaten einem Internationalen Gerichtshof vorgelegt werden müssen, und daß Nationen, die in Mißachtung dieses Artikels dennoch Krieg führen, als Angreifer gegen den Gesamt-Völkerbund zu betrachten sind, gegen die Sanktionen zur Anwendung kommen. Noch bevor die erste Vollversammlung am 15. November 1920 in Genf zusammentritt, verwirft der amerikanische Kongreß jedoch die Ratifizierung des in Versailles ausgehandelten Vertragswerks, in dem nicht nur die Völkerbundssatzung, sondern auch Bestimmungen über Reparationen, Gebietsabtretungen etc. enthalten waren. Damit fehlt dem Völkerbund nicht nur ein wichtiger moralischer Faktor bei der Beanspruchung seiner weltumspannenden Zuständigkeit, sondern auch ein entscheidender Machtfaktor für die Durchsetzung politischer Ziele. Ein großer Gedanke ließ sich nur mit erheblichen Einschränkungen verwirklichen und muß sich in der internationale Politik bewähren.

Le Petit Journal

15 CENT. SUPPLÉMENT ILLUSTRÉ 15 CENT.

DIMANCHE 25 MAI 1919

LA SÉANCE HISTORIQUE DE VERSAILLES

Remise aux plénipotentiaires allemands des conditions de paix des Alliés

„Die Sitzung der Friedenskonferenz in Versailles am 7. Mai 1919“, auf der die deutsche Delegation die Friedensvertragsbedingungen ausgehändigt bekommt. Farbdruck aus „Le Petit Journal“ vom 25. Mai 1919.

„Präsident Wilson spricht am 2. April 1917 im amerikanischen Senat anläßlich der Kriegserklärung der USA an Deutschland.“ Farbdruck aus „Le Petit Journal“ vom 22. April 1917.

Inflation in der Weimarer Republik

480 000 Mark für ein 2kg-Brot am 15. Oktober 1923, 1 000 000 Mark am 20. Oktober und bereits 10 000 000 Mark am 30. Oktober. Berlins Hausfrauen stöhnen. Waschkörbeweise tragen sie die Geldscheine in die Geschäfte, um zumindest das Nötigste zum Überleben zu kaufen. Für weiteres ist sowieso kein Geld mehr vorhanden, denn selbst bei täglicher Gehaltsauszahlung können Löhne und Gehälter seit Sommer 1923 mit der galoppierenden Geldentwertung nicht mehr Schritt halten. Hungertumulte und Geschäftsplünderungen sind die Folge. Zwar ist bereits bekannt, daß in Kürze eine neue Währung eingeführt werden soll, um die Inflation zu beenden, und häufig werden die Preise auch schon in Goldmarkwährung angegeben, um das viele Nullenschreiben zu vermeiden, aber erst am 15. November wird das neue Geld ausgegeben. Amtlicher Kurs ist nun eine Rentenmark = 1 Billion Mark. Das Preisgefüge normalisiert sich überraschend schnell. Neun Jahre nach Kriegsausbruch lernen die Deutschen endlich wieder krisenfreie Zeiten kennen.

Die Revolution im November 1918 und der Sturz der Monarchie hatten zwar den Krieg beendet, aber weder politisch, wirtschaftlich noch sozial kam Deutschland zur Ruhe. Auch nach der Waffenstillstandsunterzeichnung am 11. November 1918 durch die provisorische Regierung gehörten Lebensmittelrationierungen zum Alltag. Die völlig auf Kriegproduktion eingestellte Industrie mußte auf Friedensprodukte umgestellt und zugleich mußten die heimkehrenden Soldaten wieder in den Wirtschaftsprozeß integriert werden. Zur gleichen Zeit, im Januar/Februar 1919, fiel auf politischer Ebene die Entscheidung für eine parlamentarische Republik. Versuche in Berlin und München, Räterepubliken zu errichten, wurden blutig unterdrückt.

Gerade war innenpolitisch Ruhe eingekehrt, als der jungen Republik von außen neue Probleme aufgebürdet wurden. Im Mai 1919 wurden der deutschen Delegation in Versailles die Friedensbedingungen diktiert. Angesichts eines drohenden Einmarsches der alliierten Truppen sah sich die Reichsregierung gezwungen, zu unterschreiben, daß Deutschland allein am Ausbruch des Ersten Weltkrieges schuld sei, und Konditionen zu akzeptieren, die das Land lange belasten sollten. Deutschland verlor seine Kolonien und mußte Teile von Schlesien und Westpreußen an Polen sowie das Elsaß und Lothringen an Frankreich abtreten. Verheerend für die deutsche Wirtschaft waren die Reparationsbestimmungen. Mit der Zuweisung der Kriegsschuld wurde Deutschland in die Pflicht genommen, alle Kriegsgegner, die ihrerseits z. T. hohe Kriegsschulden hatten, zu entschädigen. Zunächst wurde im Juni 1920 der Betrag von 269 Milliarden Goldmark, zahlbar in 42 Jahresraten, festgesetzt. Ein Jahr später wurde die Summe auf 132 Milliarden gesenkt, von der Deutschland jährlich 2 Milliarden abtragen sollte. Als Pfand wurden die linksrheinischen Gebiete entmilitarisiert und unter alliierte Kontrolle gestellt. Bei Erfüllung der Reparationsforderungen sollten diese Gebiete etappenweise

Geldscheine aus dem Jahr 1923.

Plakat für den passiven Widerstand gegen die Besetzung des Ruhrgebiets 1923.

wieder geräumt werden. Es war aber eigentlich von Anfang an allen Beteiligten klar, daß das wirtschaftlich darnieder liegende Deutschland kaum in der Lage sein dürfte, die geforderten Summen aufzubringen. Aber vor allem Frankreich und mit ihm Belgien, die besonders daran interessiert waren, zu verhindern, daß Deutschland jemals wieder eine politische Großmacht werde, zeigten sich in der Reparationsfrage unnachgiebig. Sie drohten bei Nichtzahlung mit der Besetzung des Ruhrgebiets, was sie Anfang 1923 auch in die Tat umsetzten. Die deutsche Regierung rief darauf die Bevölkerung in dem besetzten Gebiet zum passiven Widerstand auf, den sie bis Herbst 1923 finanzierte.

Bereits während der Kriegsjahre hatte im Deutschen Reich eine schleichende Inflation eingesetzt, die durch die staatlichen Eingriffe in die Marktwirtschaft nicht so sehr ins Auge gefallen war. Die Geldentwertung nahm nach Kriegsende noch weiter zu, denn die Regierung brachte, um den Reparationsforderungen nachzukommen, mehr Geld in Umlauf. Die Finanzierung des passiven Widerstands verschlang weitere enorme Summen, welche die deutsche Wirtschaftskraft überforderten. Aus der schleichenden wurde eine galoppierende Inflation.

Die wirtschaftliche Instabilität des Reiches ging mit politischen Krisen einher. Mußte die Regierung 1919 nur gegen Putschversuche von links vorgehen, so traten ab 1920 auch rechtsgerichtete Putschisten in Erscheinung. Der Kapp-Putsch in Berlin im März 1920 konnte zwar, nachdem sich die Reichswehr geweigert hatte einzugreifen, durch einen von der SPD initiierten Generalstreik niedergeschlagen werden, aber es war deutlich geworden, daß die Feinde der Republik nicht nur im linken, sondern auch im rechten und konservativen Spektrum zu finden waren. Das Jahr 1923 mit seinen wirtschaftlichen Problemen sah besonders viele Unruhen und Aufstände. Gerade waren im Oktober ein Putschversuch der „Schwarzen Reichswehr“ und in Hamburg ein kommunistischer Aufstand niedergeschlagen worden, als am 9. November erneut eine Putschversuch von rechts gestartet wurde. In München erklärten der Führer der NSDAP, Adolf Hitler, und der ehemalige Generalfeldquartiermeister Ludendorff die Reichsregierung für abgesetzt. Durch einen Marsch auf Berlin, der allerdings bereits an der Münchner Feldherrenhalle durch bayrische Sicherheitspolizei gestoppt wurde, wollten die Putschisten die Macht an sich reißen. Bedenklich an diesem Putschversuch war aber, daß sich die bayrische Landesregierung erst im letzten Augenblick entschloß, nicht mit den Putschisten zusammenzuarbeiten.

Im August 1923 war eine neue Reichsregierung unter Gustav Stresemann gebildet worden, die zielstrebig daran ging, die Krisensituation unter Kontrolle zu bringen. Im September wurde die finanzielle Unterstützung des passiven Widerstands im Ruhrgebiet eingestellt, und die Vorbereitungen für eine Währungsreform liefen auf Hochtouren. Ab 15. November 1923 konnten die Berliner ihre Schrippe, die Anfang November noch 4 Millionen Mark gekostet hatte, wieder für 3 Pfennig kaufen, was sie wesentlich friedlicher und für politische Hetzreden weniger anfällig stimmte. Die Weimarer Republik trat in eine ruhigere Phase ihres kurzen Bestehens.

Friedrich Ebert spricht in der 1. Weimarer Nationalversammlung, die nach den allgemeinen Wahlen im Januar ab 6. Februar 1919 tagte und Reichsregierung sowie Reichspräsidenten wählte.

Inflation 1923, Schulwandbild.

Hitlers Machtantritt

Goldenes Parteiabzeichen der NSDAP

Im Gleichschritt dröhnen die genagelten Stiefelabsätze der in schier endloser Zahl vorbeiziehenden SA-, SS- und Stahlhelm-Männer. Mit einem Fackelzug durch das Brandenburger Tor feiern sie am Abend des 30. Januar 1933 die Ernennung ihres Führers Adolf Hitler zum Reichskanzler. Hitler nimmt diese Parade nur zu gern ab. Ist doch sein Ziel und das seiner von ihm geführten Partei, die totale Macht in Deutschland, in greifbare Nähe gerückt. Und hat er nicht diese halbherzigen Anhänger der Weimarer Verfassung mit ihren eigenen Waffen geschlagen, indem er, nach seinem mißglückten Putschversuch 1923, nun auf legitimen Wege das zweithöchste Amt im Staate übertragen bekommen hat.

Bis in die zweite Hälfte der zwanziger Jahre hatte die 1919 gegründete NSDAP in Deutschland keine bedeutende Rolle gespielt. Daran änderte weder ihr konfuses politisches Programm etwas noch ihr rassistischer Antisemitismus oder ihr Zusammenarbeiten mit der ehemaligen Wehrmachtsgröße Erich Ludendorff. Ein mit ihm zusammen inszenierter Putschversuch im November 1923 in München scheiterte jämmerlich. Hitler verschwand für einige Zeit in Festungshaft, die er nutzte, um sein Programm und seine Weltsicht schriftlich in „Mein Kampf" niederzulegen. Im Mai 1928 trat die 1925 reorganisierte NSDAP zu den Reichstagswahlen an und erhielt ganze 2,6 %. Zwei Jahre später, im September 1930, gaben ihr schon 18,3 % der Wähler ihre Stimme und im Juli 1932 37,3 %!

Begünstigt hatte den Aufstieg dieser Partei die Weltwirtschaftskrise, die im Herbst 1929 offen ausgebrochen war. Ihre Auswirkungen waren für Deutschland verheerend. Von 1930 bis Ende 1932 stieg die Zahl der Arbeitslosen von 3,4 auf 6,1 Millionen. Viele Wähler wandten sich von den gemäßigten Parteien ab und versprachen sich – je nach politischer Einstellung – eine Verbesserung der wirtschaftlichen Situation von den undemokratischen und extremistischen Parteien NSDAP oder KPD. Während sich die Kampforganisationen der KPD und der NSDAP – Rotfrontbund und SA – blutige Straßenschlachten lieferten, taten beide Parteien ihr bestes, um im Reichstag dem ihnen verhaßten Parlamentarismus endgültig den Garaus zu machen. Da keine regierungsfähige Mehrheit bei den Wahlen 1930 zustandegekommen war, ging Reichspräsident Hindenburg einfach dazu über, Reichskanzler aus dem konservativen Parteienspektrum ein- und wieder abzusetzen, ohne das Parlament noch um Zustimmung zu fragen. Der Reichstag als politisches Entscheidungsgremium hatte aufgehört, eine wichtige Rolle zu spielen. Die letzten drei Kanzler regierten zunehmend nur noch mit Notverordnungen und Reichstagsauflösungen.

So wurde der Zugang zum Amt des Reichskanzlers zu einem Intrigenspiel um den 85jährigen Reichspräsidenten, bei dem auch Hitler ins Gespräch gebracht wurde. Seit 1930 saßen bereits in einigen Ländern der Republik aufgrund

Fackelzug der „nationalen Verbände" SA, SS und Stahlhelm am 30. Januar 1933 durch das Brandenburger Tor anläßlich Hitlers Ernennung zum Reichskanzler, Gemälde von Arthur Kampf, 1938.

Titelumschlag einer 1933 herausgegebenen Propagandabroschüre.

Wahlplakat der DNVP zu den Reichstagswahlen 1932.

von Wählerentscheidungen Nationalsozialisten auf Ministersesseln. Die antirepublikanische Deutschnationale Volkspartei (DNVP) entdeckte unter Hugenbergs Führung viele Gemeinsamkeiten mit der einige Jahre zuvor noch als pöbelhaft deklarierten NSDAP und arbeitete seit 1931 eng mit ihr zusammmen, um ihren Einfluß im Reich nicht zu verlieren. So standen Hitler dank ihres Parteivorsitzenden und Medienzars Hugenberg auch die geeigneten Propagandainstrumente zur Verfügung. Auch viele Wirtschaftsgrößen sahen in der NSDAP noch das kleinere Übel, verglichen mit der bolschewistischen KPD, und unterstützten deshalb Hitler finanziell. 1932 wähnte sich Hitler stark genug, um erfolgreich für das Amt des Reichspräsidenten zu kandidieren, mußte aber feststellen, daß selbst die SPD-Wähler lieber den erzkonservativen Hindenburg unterstützten als Hitler in den Sattel zu helfen.

Obwohl die NSDAP 1932 zur stimmstärksten Partei aufgestiegen war, sträubte sich Hindenburg, Hitlers Forderung nach dem Posten des Reichskanzlers nachzugeben. Zu sehr verabscheute er den „böhmischen Gefreiten“, wie der Generalfeldmarschall verächtlich Hitler zu bezeichnen pflegte. Hindenburgs letzte Kanzlerkandidaten – v. Papen und Schleicher –, die sich gegenseitig durch Intrigen stürzten, dachten da anders. Nachdem v. Papen Anfang Dezember 1932 seinen Kanzlerposten verloren hatte, weil Schleicher nach Hindenburgs Meinung die besseren Vorschläge zur Eindämmung der politischen und wirtschaftlichen Krise vorgebracht hatte, setzte sich v. Papen mit Hitler in Verbindung, der 1932 das Angebot, zum Vizekanzler ernannt zu werden, empört abgelehnt hatte. Nun bot ihm der Ex-Reichskanzler das Kanzleramt in einer DNVP-NSDAP-Regierung an. Für sich beanspruchte v. Papen das Vizekanzleramt. Im Glauben, daß v. Papen und die anderen DNVP-Minister Hitler und die zwei NSDAP-Minister wohl im Zaume halten könnten, gab Hindenburg trotz seiner Bedenken gegen Hitler seine Zustimmung, setzte Schleicher am 30. Januar 1933 wieder ab und ernannte am gleichen Tag den Führer der NSDAP zum Reichskanzler.

Wie die weitere Entwicklung zeigen sollte, hatten Hindenburg und die DNVP-Politiker selbst ihre Kraft gegenüber Hitler unterschätzt. Sie wurden binnen kürzester Frist politisch kaltgestellt, nachdem alle Parteien außer der SPD und der KPD, die gar nicht mehr an der Reichtagssitzung vom 23. März 1933 teilnehmen konnte, dem von Hitler geforderten Ermächtigungsgesetz zugestimmt hatten, in dem sie der Regierung für vier Jahre die Vollmacht erteilten, Legislative und Exekutive zusammenzufassen, auch der Verfassung nicht entsprechende Gesetze zu verabschieden und internationale Verträge zu schließen. Die parlamentarische Demokratie der Weimarer Republik hatte sich selbst den Todestoß gegeben.

Zeittafel

Die Monarchen von Bulgarien, Deutschland, der Türkei und Österreich-Ungarn, Gemälde von K. Schellbach, 1915 (Ausschnitt).

1905 Teilung Bengalens in Indien durch die Briten zur Bildung einer vorwiegend von Moslems bewohnten Provinz.

1905 Erste Revolution in Rußland: Streiks und Revolten, der Zar erläßt eine Verfassung und bildet ein Parlament (Duma).

1908 Militärputsch der Jungtürken (Reformer) in der Türkei, die im folgenden Jahr den Sultan absetzen und unter seinem Nachfolger die Politik bestimmen.

1908 Österreich annektiert Bosnien und die Herzegowina.

1910 Japan annektiert Korea.

1911 Revolution in China und Ausrufung der Republik.

1912 Gründung der bolschewistischen Partei unter Führung Lenins.

1912 Serbien, Bulgarien, Griechenland und Montenegro greifen gemeinsam die Türkei an und bringen ihr schwere Niederlagen bei. Danach aber Streitigkeiten bei der Aufteilung der eroberten Gebiete. Im Frieden von London 1913 muß die Türkei den größten Teil ihrer europäischen Besitzungen abtreten.

1913 Bulgarien, unzufrieden mit den Ergebnissen des Friedens von London, greift Serbien an, das den Krieg gewinnt.

1914 Eröffnung des Panama-Kanals.

1914 Doppelmord in Sarajewo/Ausbruch des Ersten Weltkriegs. Deutsche Kriegserklärungen an Rußland und Frankreich. Wegen Verletzung der belgischen Neutralität durch den Durchmarsch deutscher Truppen tritt auch Großbritannien in den Krieg ein. Japan erklärt Deutschland den Krieg, um sich die deutschen Kolonien in China einzuverleiben. Die Türkei tritt auf deutscher Seite in den Krieg ein, um gegen Rußland vorzugehen.

1914 Der Plan, Frankreich in einem Blitzkrieg zu erobern, gelingt nicht. Nach der verlustreichen Schlacht an der Marne kommt der deutsche Vormarsch zum Stehen. Der Krieg wird an der Westfront zum Stellungskrieg.

1914 An der Ostfront können die Russen bis Jahresende aus Ostpreußen vertrieben werden.

1915 Italien scheidet aus dem Dreibund aus und erklärt Österreich-Ungarn den Krieg, da ihm die Alliierten Südtirol und Istrien zugesagt haben.

1915 Die Mittelmächte erobern Serbien und Montenegro.

1915 Eine deutsch-österreichische Großoffensive dringt über Warschau bis nach Litauen vor. Zar Nikolaus II. übernimmt den Oberbefehl über die russischen Truppen.

1916 Rumänien erklärt Österreich den Krieg, da ihm die Alliierten die Bukowina, das Banat und Siebenbürgen versprochen haben, wird daraufhin noch im gleichen Jahr von den Mittelmächten erobert.

1917 Deutschland verkündet den uneingeschränkten U-Bootkrieg, worauf die USA, die bis Anfang 1917 als Friedensvermittler fungierten, ihre diplomatischen Beziehungen zum deutschen Reich abbrechen.

1917 Februarrevolution in Rußland. Zar Nikolaus II. wird gestürzt, die Monarchie abgeschafft und eine provisorische Regierung gebildet.

1917 Oktoberrevolution in Rußland.

1918 Rußland scheidet durch den Separatfrieden von Brest-Litowsk aus dem Krieg aus.

1918 Beginn des Bürgerkriegs zwischen Bolschewisten (den Roten) und Anti-Bolschewisten (den Weißen), der 1920 mit dem Sieg der Roten endet.

1918 Litauen, Lettland und Estland werden selbständige Staaten.

1918 Tankerschlacht von Amiens, die deutschen Linie wird zurückverlegt. Die Oberste Heeresleitung sieht den Krieg als verloren an.

Plakat mit Wahlaufruf zur verfassungsgebenden Nationalversammlung am 19. Januar 1919 in Deutschland.

1918 Revolutionen in Österreich und Deutschland. Sowohl die Habsburger als auch die Hohenzollern müssen ihren Thron aufgeben und in beiden Ländern werden Republiken ausgerufen.

1918 Das Habsburgerreich zerfällt auch territorial. Gründung der Tschechoslowakei und des Königreichs der Serben, Kroaten und Slowenen (Jugoslawien).

1919 In Deutschland Wahlen zur Nationalversammlung und Verabschiedung einer parlamentarischen Verfassung.

Der Untergang des durch ein deutsches U-Boot versenkten amerikanischen Passagierdampfers Lusitania am 7. Mai 1915.

1919 Friedenskonferenz in Versailles: Gründung des Völkerbundes und Friedensverträge für die Mittelmächte Deutschland, Österreich, Ungarn, Bulgarien und Türkei.

1921 1.Wirtschaftskrise in der UdSSR mit Hungersnöten.

1921 Großbritannien erkennt die weitgehende Unabhängigkeit Süd-Irlands an. Ulster (Nordirland) verbleibt bei Großbritannien. Im folgenden Jahr offizielle Proklamation des Irischen Freistaats.

1922 Mussolinis Marsch auf Rom, Beginn der faschistischen Diktatur in Italien.

1923 Die Türkei wird Republik und Kemal Atatürk ihr erster Präsident, der eine Diktatur errichtet.

1923 Höhepunkt der Inflation in Deutschland.

1925 Im Vertrag von Locarno erkennt Deutschland die im Vertrag von Versailles festgelegte Westgrenze des Deutschen Reichs an und verpflichtet sich, die nach wie vor abgelehnte Ostgrenze nicht durch militärische Aktionen zu verändern. Dadurch außenpolitische Entspannung, Deutschland wird in die Europapolitik miteinbezogen. Im folgenden Jahr Aufnahme in den Völkerbund.

1929 Zusammenbruch der Börse in New York, offener Ausbruch der Weltwirtschaftskrise.

1929 Wegen erbitterter Gegensätze zwischen Kroaten und Serben in Jugoslawien suspendiert König Alexander die Verfassung und errichtet eine Diktatur.

1930 Großbritannien erkennt den seit 1919 unter englischem Völkerbundsmandat stehenden Irak als selbständiges Königreich an.

1931 Hoover-Memoratorium: Die USA stunden allen europäischen Ländern ihre Kriegsschulden. 1932 wird auf der Konferenz von Lausanne die Reparationsfrage endgültig gelöst. Insgesamt sind seit 1924 mehr ausländische Kredite nach Deutschland geflossen als Reparationszahlungen geleistet wurden.

1931 Höhepunkt der Weltwirtschaftskrise in fast allen Ländern Europas.

1931 Japan erobert die Mandschurei und gründet den Marionettenstaat Mandschuko.

1932 Gründung d. Königreichs Saudi-Arabien.

1933 Adolf Hitler wird Reichskanzler von Deutschland. Die Nationalsozialisten errichten eine Diktatur.

"Mit Lenin" während der Revolution 1905, Gemälde von Valentin Sarow.

1939–1945

1939 Ausbruch des Zweiten Weltkriegs: Hitlers Hoffnung, den Krieg zunächst auf Polen beschränken zu können, erfüllt sich nicht.

1942 Kriegswende im November: Die 6. Armee wird in Stalingrad eingeschlossen und vernichtet.

1943 Aufstand im Warschauer Ghetto: Die Warschauer Juden versuchen, sich ihrer Deportation zu widersetzen.

1944 Die Landung in der Normandie: Die Alliierten errichten eine Westfront.

1945 Die Potsdamer Konferenz: Die Spaltung Deutschlands wird eingeleitet.

1945 Erster Atombombenabwurf: Hiroshima und Nagasaki werden völlig zerstört.

Deutsche Panzer beim Vormarsch auf die sowjetische Grenze im Juni/Juli 1941.

Ausbruch des Zweiten Weltkriegs

Fahnenschmuck zum Einzug Hitlers in Danzig am 19. September 1939.

Reichsadler mit Hakenkreuz, NS-Propagandaplakat, 1937.

Um 4.55 Uhr morgens geht am 1. September 1939 beim polnischen Flottenkommando im Kriegshafen Gdingen ein Funkspruch des Kommandanten der Westerplatte ein, daß um 4.48 Uhr das deutsche Kriegsschiff „Schleswig-Holstein" mit der Beschießung des kleinen polnischen Militärstützpunkts vor der Einfahrt zum Danziger Hafen angefangen habe. Die Eröffnung des ohne Kriegserklärung begonnenen Überfalls auf Polen durch eine spektakuläre Aktion gerade gegen die eher symbolische Anwesenheit Polens in Danzig ist für die Weltöffentlichkeit bestimmt, der seit Monaten wieder einmal lautstark eingeredet wird, die Heimkehr des von Deutschland abgetrennten Danzig und seiner fast durchweg deutschsprachigen und NSDAP-wählenden Bevölkerung in das Deutsche Reich sei nun wirklich die letzte Forderung nach territorialer Veränderung an den deutschen Grenzen, die Hitler noch stelle.

Bis zum Herbst 1938 hatte sich das NS-Regime bei seinen außenpolitischen Aktivitäten immer wieder auf das vom Völkerbund aufgestellte Prinzip der Selbstbestimmung der Völker berufen können. Im September 1938 hatten selbst Frankreich und Großbritannien diesem Recht noch Rechnung getragen, und Hitlers Ansprüche auf die deutschsprachigen Randgebiete der Tschechoslowakei gebilligt. Als aber im März 1939 die im Münchener Abkommen auch von Hitler garantierte Rest-Tschechoslowakei durch einen deutschen Gewaltakt zerschlagen wurde, reagierten die demokratischen Großmächte doch erheblich mißtrauischer gegenüber weiteren Annexionsgelüsten des NS-Regimes. Kaum eine Woche nach dem deutschen Einmarsch in Prag hatte die NS-Propaganda begonnen, die Eingliederung Danzigs in das Deutsche Reich zu fordern. Ebenso verlangte sie die Abtretung eines Gebietsstreifens in der polnischen Woywodschaft Pomorze für eine deutsche Bahnlinie und Autobahn. Danzig war 1920 unter die Verwaltung des Völkerbundes gestellt und Ostpreußen durch den polnischen Korridor, der Polen einen Zugang zur

Ostsee gewährte, vom Deutschen Reich abgetrennt worden. Beide Entscheidungen der Versailler Friedenskonferenz waren von vornherein in Deutschland äußerst unpopulär gewesen. Polen lehnte die deutschen Gebietsforderungen entschieden ab, worauf das Oberkommando der deutschen Wehrmacht auf Hitlers Befehl Anfang April 1939 an seine Planungsstellen die Weisung zum „Fall Weiß" erließ, die eine exakte Vorbereitung für den deutschen Überfall auf Polen zum 1.September 1939 einleitete.

Frankreich hatte seit 1921 einen Bündnisvertrag mit Polen, aber eine regierungsnahe Zeitung fragte unverhohlen, ob die Franzosen für Danzig sterben wollten. England hingegen garantierte am 31. März den Bestand der polnischen Grenzen, und Frankreich mußte sich notgedrungen anschließen. Begehrtester Bündnispartner wurde zu dieser Zeit Stalin. Auf französisch-englischer Seite hoffte man durch ein breitgespanntes Bündnis Hitlers Angriffslust bremsen zu können, auf deutscher Seite wollte man den Konflikt auf Polen begrenzen und sicher gehen, daß die Sowjetunion nicht zugunsten Polens in das Kampfgeschehen eingreife. Nachdem die französisch-englischen Bündnisverhandlungen mit Stalin an der Starrköpfigkeit polnischer Militärs gescheitert waren, schlossen das Deutsche Reich und die Sowjetunion am 23. August in Moskau einen deutsch-sowjetischen Nichtangriffspakt, der beide Staaten verpflichtete, keine Seite zu unterstützen, mit der einer der beiden Vertragspartner Krieg führe. In einem geheimen Zusatzprotokoll wurden die Interessensphären vertraglich festgelegt: für Deutschland den Donauraum, für die Sowjetunion das Baltikum.

Hitler nimmt am 5. Oktober 1939 die Siegesparade der 8. Armee in Warschau ab.

Hitler hoffte trotz der bestehenden Bündnisse zwischen England, Frankreich und Polen, daß die beiden Großmächte es bei diplomatischen Aktionen belassen und sich nicht in den militärischen Konflikt einschalten würden. Hätte Polen dem deutschen Überfall erfolgreich widerstanden, hätte sich die kampfunwillige Partei in London und Paris vielleicht auch durchgesetzt. Aber der rasante deutsche Vormarsch, der sofort deutlich machte, daß das polnische Militär der technisch auf dem neuesten Stand befindlichen Wehrmacht kaum mehr als Tapferkeit entgegenzusetzen vermochte, zwang England und Frankreich zur Bündnistreue in der vertraglich festgelegten Frist. So verlangten beide am 3. September den sofortigen deutschen Rückzug und erklärten für den Fall der Nichtbefolgung noch für denselben Tag den Krieg. Der deutsch-polnische Konflikt hatte sich zum westeuropäischen Krieg ausgeweitet, was Stalin jedoch keineswegs davon abhielt, am 17. September von Osten her in Polen einzufallen, um sich seinen Anteil an der polnischen Beute zu sichern.

Außenminister v. Ribbentrop unterzeichnet in Moskau am 23. August 1939 den deutsch-sowjetischen Nichtangriffspakt.

Kriegswende im November

Warnschild am westlichen Rand von Stalingrad, Oktober 1942.

„Von der Oberquartiermeisterabteilung bis zur Donbrücke bei Werchne-Tschirskaja war es nicht mehr weit. Aber was wir nun erlebten, übertraf alles Bisherige. Es war ein Bild des Schreckens. Von Angst vor den sowjetischen Panzern gepeitscht, jagten LKW, Befehlswagen, PKW, Kräder, Reiter und pferdebespannte Fahrzeuge nach Westen, prallten aufeinander, fuhren sich fest, stürzten um, versperrten den Weg. Zwischendurch stießen, drückten, schoben, wälzten sich Fußgänger. Wer stolperte und zu Boden fiel, kam nicht wieder auf die Beine. Er wurde zertreten, überfahren, plattgewalzt. Auf der Jagd zur Rettung des nackten Lebens wurde alles zurückgelassen, was das Rennen behinderte. Waffen und Ausrüstungsgegenstände wurden weggeworfen. Vollbeladene Munitionswagen, Feldküchen und Troßfahrzeuge blieben stehen, konnte man doch auf dem Rücken der ausgespannten Pferde rascher vorwärtskommen." So erlebt Oberst Adam, der Adjutant des Befehlshabers der 6. Armee der deutschen Wehrmacht, General Paulus, den Vormittag des 22. November 1942 unmittelbar südlich von Kalatsch am Don. Er ist Zeuge der panischen Flucht rückwärtiger Einheiten seiner Armee angesichts des Herannahens sowjetischer Panzerspitzen, die zwei Tage zuvor die deutsche Front südlich Stalingrads zerrissen haben.

Im September/Oktober 1942 hatten die von der deutschen Wehrmacht und ihren Verbündeten erreichten Fronten die weiteste Ausdehnung im Feindesland erreicht: vom Nordkap bis zur Biskaya im Westen, vom Wolgabogen bei Stalingrad über den Kaukasus und die Ägäis bis zum

Deutsche Kriegsgefangene aus Stalingrad auf dem Marsch in die Lager im Februar 1943.

ägyptischen El Alamein – nur 105 km vor Alexandria und dem Nildelta – im Osten. Aber um diese Zeit endete der Siegeszug der deutschen Armeen. Zwar hatte die deutsche 6. Armee nach einer schnell Raum greifenden Offensive aus dem Donbogen heraus, die am 21. August begonnen hatte, schon am 29. August den Stadtrand der strategisch und wirtschaftlich wichtigen Halbmillionenstadt Stalingrad erreicht und sie am 14. September auch vom Süden her abgeschnitten, als auch dort bis zur Wolga durchgestoßen werden konnte. Doch es gelang ihr nicht, trotz eines gnadenlosen und verlustreichen Straßenkampfes die Stadt völlig einzunehmen. Am 14. Oktober wies das Oberkommando der Wehrmacht an, bis zum kommenden Frühjahr in der Stadt zur Verteidigung überzugehen.

Das Gefährliche an dieser Entscheidung war eigentlich unübersehbar, denn die Nachschubwege waren lang und die weit gestreckten Fronten dünn besetzt. Das war insbesondere an den Flanken der 6. Armee der Fall, die sich über hunderte von Kilometern nordwestlich von Stalingrad in der Donsteppe und südlich der Stadt in der Salzsteppe erstreckten und von zwei rumänischen Armeen gedeckt wurden. Die deutsche Luftaufklärung warnte dann auch bald, daß offenbar eine sowjetische Gegenoffensive vorbereitet werde. Aber Hitler glaubte nicht, daß die Rote Armee noch die Kraft für eine Großoffensive aufbringen könne und hielt entsprechende Meldungen für Panikmache. Die große Zangenbewegung, die die Sowjets am 19. und 20. November nordwestlich und südlich der 6. Armee ansetzten, traf daher die rumänischen Armeen ebenso wie die deutsche Heeresleitung ziemlich unvorbereitet. Schon am 23. November begegneten sich beide Angriffskeile östlich des Don bei Kalatsch und kesselten damit die deutsche 6. Armee samt zweier rumänischer Divisionen ein. General Paulus sah zu Recht zu Beginn der Einschließung eine echte Chance zur Rettung seiner Soldaten, wenn er nach Westen hin den noch dünnen Belagererring durch einen Ausbruch durchstoße. Aber Hitler selbst befahl am 12. Dezember den „fanatischen Grundsatz“, Stalingrad nie aufzugeben. Im Winter 1941/42 waren sechs deutsche Divisionen im „Kessel von Demjansk“ südlich des Ilmensees aus der Luft versorgt und im Frühjahr aus der Umklammerung herausgeboxt worden. Das sollte sich nun mit den 22 Divisionen der 6. Armee wiederholen. Aber abgesehen von der Größe des Unternehmens, das jeden Tag 350 Transportmaschinen des Typs JU-52 erforderte, die kaum bereitzustellen waren, hatten die Russen inzwischen eine erheblich stärkere Jäger-Luftwaffe als im Winter zuvor. So blieb die ausreichende Luftversorgung ein leerer Wahn. Der daraufhin eingeleitete Angriff einer deutschen Panzerarmee auf die Belagerer von Südwesten her blieb 40 km vor den Linien der 6. Armee, der ausdrücklich verboten wurde, der Entsatzarmee entgegenzustoßen, nicht nur wegen des russischen Widerstands, sondern auch wegen Treibstoffmangel stecken.

So nimmt das Verhängnis im Kessel von Stalingrad seinen unerbittlichen Lauf – Kälte, Munitionsmangel, fehlendes Verbandsmaterial, bitterster Hunger, Fleckfieber und Ruhr höhlen die deutsche Widerstandskraft Tag für Tag mehr aus. Ein sowjetisches Kapitulationsangebot vom 8. Januar 1943 wird jedoch in gewohntem Gehorsam gegenüber dem Führerhauptquartier abgelehnt. Die darauf am 10. Januar einsetzende sowjetische Offensive endet am 2. Februar mit der Kapitulation der letzten Kampfgruppe im Nordteil der Stalingrader Ruinenlandschaft. 90 000 von Entkräftung und Krankheit gezeichnete deutsche Soldaten, der Rest von einst 300 000, gehen in sowjetische Kriegsgefangenschaft.

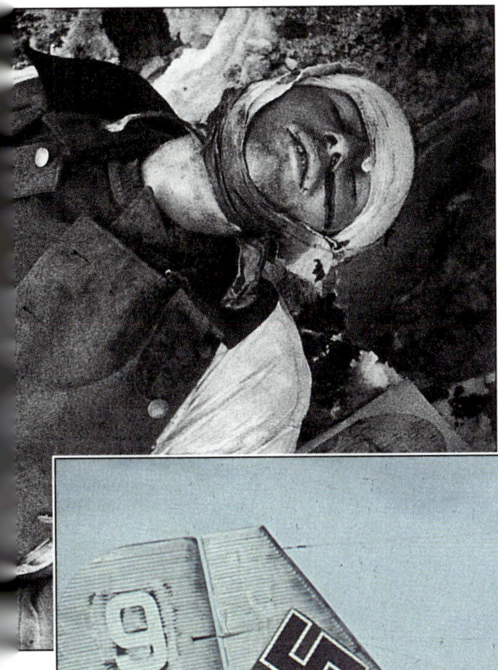

Gefallener deutscher Soldat in Stalingrad.

Eine deutsche Junkers JU-52 auf dem russischen Feldflughafen in Rostow am Don.

Aufstand im Warschauer Ghetto

Seit September 1941 durften sich von den Nationalsozialisten als Juden klassifizierte Menschen nicht mehr ohne den Judenstern in der Öffentlichkeit zeigen.

Ferdinand von Sammern-Frankenegg, der Höhere SS- und Polizeiführer im Distrikt Warschau, glaubte seinen Ohren nicht trauen zu dürfen, als ihm am frühen Morgen des 19. April 1943 gemeldet wird, die in das Ghetto von Warschau einmarschierten Einheiten der Waffen-SS und Sicherheitspolizei seien an zwei Stellen auf bewaffneten Widerstand gestoßen. Daß Juden sich gegen ihre Vernichtung wehrten, war für den überheblichen SS-Offizier unvorstellbar. Das Warschauer Ghetto war im Spätsommer 1940 eingerichtet worden, indem eine Mauer um einen Stadtteil von 4 km Länge und 2,5 km Breite gezogen worden war. Auf diesem engen Raum wurden so viele Personen zusammengepfercht, daß sich durchschnittlich 13 Menschen ein Zimmer teilen mußten. Wer die Ghettomauer zum „arischen" Teil Warschaus überschritt und dabei erwischt wurde, wurde öffentlich durch den Strang gerichtet. Ab 22. Juli 1942 hatten die SS-Schergen begonnen, die Ghettobevölkerung zur „Endlösung" in die Vernichtungslager abzutransportieren. Unterernährung hatte die Ghetto-Bewohner bereits so apathisch gemacht, daß sie sich bei den nun rasch aufeinander folgenden Menschenjagden höchstens zu verbergen suchten, sich aber nicht widersetzten. Bis September 1942 waren etwa 300 000 bis 400 000 Ghetto-Bewohner zusammengetrieben worden. Zu den Viehwaggons wurden sie meist von der Ghetto-Polizei geprügelt, die aus 2000 brutalen Schlägern bestand.

Das mittelalterliche Prinzip der Absonderung der jüdischen Stadtbevölkerung in Ghettos war nach der deutschen Okkupation Polens vom NS-Regime aus rassenideologischen Gründen wieder eingeführt worden. Im eroberten Polen wurde als erstes die Zusammenpferchung von Juden durchexerziert, indem sie durchweg zur Übersiedlung in Städte gezwungen wurden, in denen umgrenzte Teile zu Ghettos umgewandelt wurden. Hoffnungslos übervölkerte Ghettos entstanden so in vielen größeren polnischen Städten. Bewußt organisierte Hungerkatastrophen und mangelnde medizinische Versorgung sorgten dort bereits ohne zusätzliche NS-Mordaktionen für eine sehr hohe Todesrate. Skrupellose Erfahrungen für Hinrichtungsorgien an jüdischer Bevölkerung wurden dann nach dem

Im Warschauer Ghetto Anfang 1941.

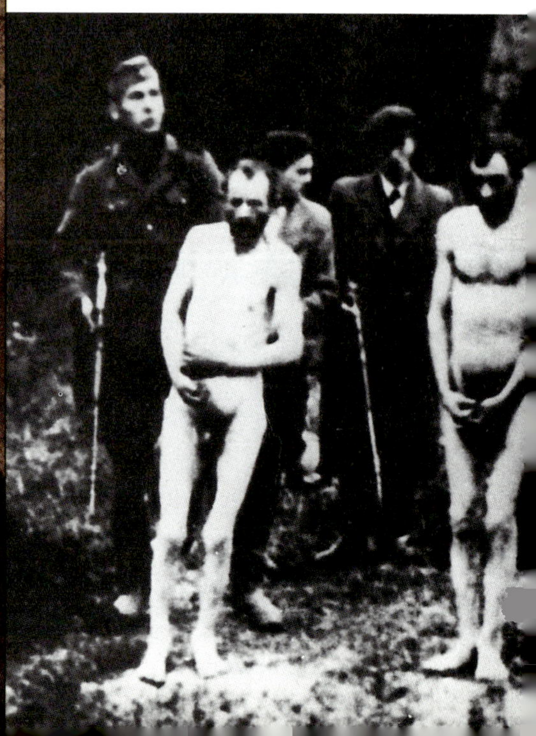

Überfall auf die Sowjetunion gesammelt, als Spezialeinheiten der von der SS geleiteten Sicherheitspolizei tausende von Juden ohne Unterschied des Alters oder Geschlechts hinmetzelten, nicht selten unterstützt vom einheimischen antisemitischen Mob.
Bereits vor dem Ausbruch des Zweiten Weltkrieges hatte Hitler in aller Öffentlichkeit am 30. Januar 1939 verkündet, einen künftigen Krieg zur „Vernichtung der jüdischen Rasse in Europa" nutzen zu wollen. Auf der Wannseekonferenz im Januar 1942 wurden von den verschiedenen Beteiligten die zu ergreifenden Maßnahmen für die „Endlösung" bis ins Detail abgestimmt. Vorher hatte man bereits wegen des hohen Munitionsverbrauchs beim Niedermähen der jüdischen Todeskandidaten neue Methoden für den angestrebten Massenmord getestet und war dabei auf das Ersticken mittels Fahrzeug-Abgasen gestoßen. Dieses Grundprinzip wurde seit Anfang September 1941 durch den Einsatz des Giftgases Zyklon B technisch ausgefeilt. Seit Sommer 1941 entstanden auf besetztem polnischen Boden mit Auschwitz, Majdanek und Chelmno die ersten Konzentrationslager, deren Hauptaufgabe nicht mehr Vernichtung durch Arbeit, sondern Vernichtung durch Giftgas war. Ihnen folgten 1942 weitere Lager.
Die Massendeportationen aus Warschau riefen bei einer Reihe jüngerer Ghetto-Insassen Widerstandsgeist wach und den Wunsch, es den Schlächtern mit gleicher Münze heimzuzahlen. Im Oktober 1942 wurde die Jüdische Kampforganisation (JKO) gebildet, die von der kommunistisch geleiteten Volksgarde im „arischen" Warschau ins Ghetto geschmuggelte Waffen erhielt, selbst Brandwurfflaschen („Molotow-Cocktails") fabrizierte und die Anlegung eines verzweigten unterirdischen Bunker- und Tunnelsystems initiierte. Als durch Indiskretion der Zeitpunkt für die Deportation der restlichen dort noch lebenden Ghettobewohner bekannt wurde, verfügte die JKO über etwa 3000 bewaffnete Kämpfer – unzureichend bewaffnet, aber angesichts des gewissen Todes zu allem entschlossen. Der heroische Widerstand im Warschauer Ghetto zog sich fast einen Monat hin – erst am 16. Mai konnte SS-General Stroop Hitlers Statthalter in Polen, Generalgouverneur Frank, melden: „Es gibt keinen jüdischen Wohnbezirk in Warschau mehr!" Das war insofern richtig, als das ehemalige Ghetto nur noch eine Trümmer- und Brandstätte war und seine 70 000 Bewohner an Ort und Stelle hingemordet oder in die Vernichtungslager transportiert worden waren.

Selektion von Juden an der Verladerampe des Konzentrationslagers Auschwitz-Birkenau um Juni 1944.

Abtransport von Juden aus dem Warschauer Ghetto 1943.

Massenerschießung von Juden in Sniatyn am 11. Mai 1943. Die Opfer werden vor Ihrer Ermordung gezwungen, sich zu entkleiden und sich vor einer Grube, die als Massengrab dient, für ihre Erschießung aufzustellen.

Die Landung in der Normandie

FRANCE INVASION

Allied Armies Drive 10 M

Mighty Armada In Air, Sea, Land Attack Pierces Nazi 'Wall'

OAKLAND THE POST E

International News Service and ... United

Vol. 23. No. 135 ... OAKLAND, CALIFORNIA, TUE

WAR E

'B' Day--and Our

By VIRGIL PINKLEY
(United Press War Correspondent)

SUPREME HEADQUARTERS, ALLIED EXPEDITIONARY FORCES, LONDON, June 6 (UP).—American, British and Canadian invasion forces landed in northwestern France today, established beachheads in Normandy, and by evening had "gotten over the first five or six hurdles" in the greatest amphibious assault of all time.

Gen. Dwight D. Eisenhower's supreme headquarters revealed that the allied armies, carried and supported by 4000 ships and 11,000 planes, encountered considerably less resistance than had been expected in the storming of Adolf Hitler's vaunted west wall.

GREAT BRITAIN
CHERBOURG
CALAIS
BOULOGNE
BREST
FRANCE

Grand Scale Assault

Simultaneously the German DNB news agency reported that the invasion front "has been further widened." Nazi broadcasts throughout the day told of the amphibious assault developing on a grand scale, with fighting as deep as 10 miles inland—a figure apparently extended by the last enemy report.

Nazi broadcasts reported allied troops pouring ashore most of the day along a broad reach of the Norman coast and to the east, and admitted that invasion landing barges had penetrated two estuaries behind the Atlantic wall.

Supreme headquarters revealed late in the day that bad weather had forced a 24-hour postponement of the invasion. The allied command gave the go-ahead order last night despite strong northwest winds and rain squalls when weather experts forecast improving conditions today. The weather still was somewhat unfavorable, however, impeding the support given the land armies by the air force.

11,200 Tons of Bombs

The apparent key to the lightness of the nazi opposition to invasion forces opening the battle of Europe was contained in a disclosure that thousands of allied planes dropped more than 11,200 tons of bombs on German coastal fortifications in eight and a half hours last night and early today.

As massive allied air fleets took over complete command of the skies over the invasion zone, Reichsmarshal Hermann Goering issued an order of the day to his air force declaring that the invasion "must be fought off, even if it means the death of the luftwaffe."

Late in the day Prime Minister Winston Churchill, making his second statement of the day to commons, said the invasion was proceeding "in a thoroughly satisfactory manner." Earlier he told commons it was going "accord-

Late Flashes

BATTLE AT ROUEN

LONDON, June 6 (INS).—The nazi-operated Paris radio, quoting "a last-minute flash from the battlefield," said tonight that "a vicious battle is raging north of Rouen between powerful allied paratroop formations and German anti-invasion forces. These paratroops had landed behind the Atlantic wall defenses," the announcer added.

DRIVE INLAND

LONDON, June 6 (INS).—The DNB agency reported

Ausschnitt aus der Titelseite einer kalifornischen Tageszeitung vom 6. Juni 1944 mit einem Bericht über die Landung der alliierten Truppen in der Normandie.

Zuerst sollten kleine Sturmgruppen mit Schwimmpanzern vorrücken, um das Anlanden der Pioniertrupps zu decken, welche die deutschen Hindernisse sprengen und so der Infanterie den Weg zum Strand freimachen sollten. So hatten es die Stabspläne für die Landung der alliierten Truppen am Morgen des 6. Juni 1944 an der Küste der Normandie vorgesehen. Eine erhebliche Anzahl von Landungsbooten bleibt jedoch auf Sandbänken stecken und mehrere Schwimmpanzer kentern bei dem bewegten Seegang. So lassen die Transporter ihre Landungsklappen ohne die vorgesehene Deckung fallen. Die an drei Stellen zwischen der Halbinsel Cotentin und der Ornemündung gelandeten Soldaten treffen jedoch nur vereinzelt auf deutschen Widerstand mit Ausnahme des V. Korps der 1. US-Armee. Sie laufen direkt in die Gewehre der deutschen 352. Infanteriedivision, die unabhängig vom Beginn des alliierten Angriffs für eine Übung alarmiert ist und gefechtsbereit auf den anlandenden Gegner losgeht, was hohe Verluste unter den amerikanischen Truppen fordert. Als der Kommandeur des 16. Infanterieregiments im V. US-Korps, Oberst Taylor, selbst an Land gelangt, faßt er für die noch vorhandenen Reste seiner Einheit den Befehl zum Angriff auf die deutsche Verteidigungsstellung mit den Worten zusammen: „Hier an diesem Strand gibt's nur zwei Sorten von Menschen, nämlich die Toten und die, die sterben werden. Von hier müssen wir jedenfalls weg, zum Teufel nochmal!“ Die Logik ist einleuchtend: Beim Zurückweichen ins Flachwasser ist der Tod gewiß, beim Angriff auf den Feind nur wahrscheinlich. So wird nicht todesmutig, sondern aus Verzweiflung erfolgreich gestürmt.

Die Debatte um die „Zweite Front“ zwischen den Alliierten und der Sowjetunion hatte sich seit dem Sommer 1942 für das beiderseitige Verhältnis als zunehmende Belastung erwiesen. Da der größte Teil der Kriegführung mit den Deutschen auf der Roten Armee lastete, drängte Moskau seine Alliierten immer wieder, die Wehrmacht von Westen her anzugreifen, um deutsche Divisionen von der Ostfront abzuziehen. Um den amerikanischen Armeen überhaupt Erfahrungen bei Truppenanlandungen zu vermitteln, richtete sich ihre erste Aktion im November 1942 gegen Marokko und Algerien, wo sie nur Scheinwiderstand begegneten. Auch die Landung auf Sizilien im Juli 1943 und im Golf von Salerno im September 1943 brachte keine Schwierigkeiten, weil auch die kriegsmüden Italiener keinen Widerstand entgegensetzten. London und Washington verwiesen nun auf den Kriegsschauplatz Italien als die von Stalin geforderte Zweite Front, währenddessen der vorrechnete, daß an der deutschen Ostfront Anfang 1944 195 Divisionen, in Italien dagegen nur 19 Divisionen der Wehrmacht kämpften. Die großen Offensiven der Roten Armee mit ihrem erheblichen Raumgewinn seit Sommer 1943 ließen es dann den Westmächten doch geraten erscheinen, im Hinblick auf die Nachkriegspolitik für eine deutliche Anwesenheit auf dem europäischen Kontinent zu sorgen und eine umfassenden Angriff vorzubereiten. Churchill wollte dessen Stoßrichtung gern auf den Balkan legen, um dort eine künftige Vorherrschaft Moskaus zu verhindern, was Stalin zu hintertreiben wußte. Stattdessen wurde Frankreich als Ausgangspunkt gewählt. Mitte Februar 1944 gingen die Pläne des alliierten Hauptquartiers für Europa von der Planungs- in

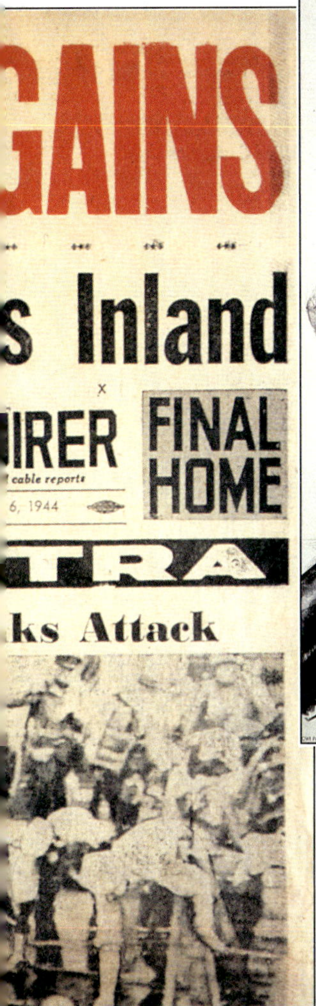
GAINS
s Inland
IRER
FINAL
HOME
cable reports
6, 1944
TRA
ks Attack

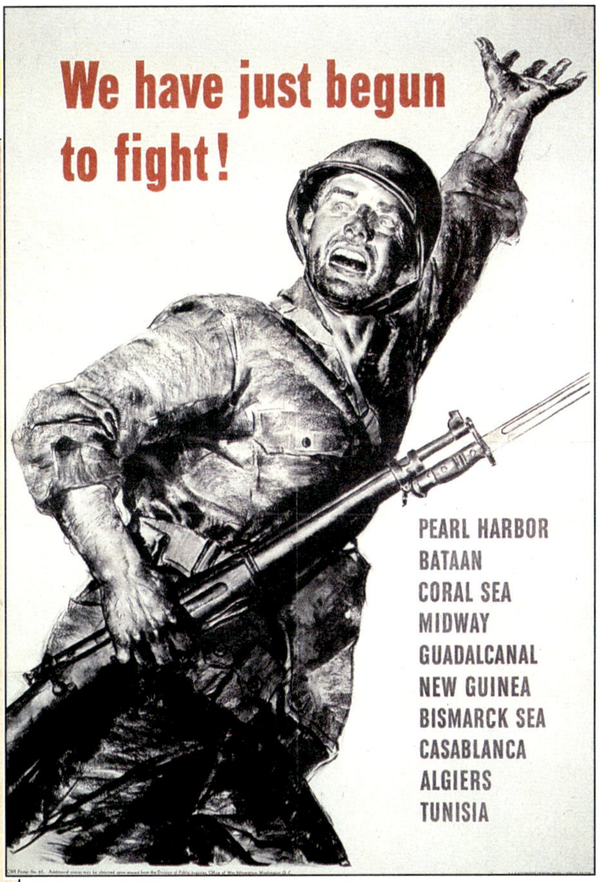

„Wir haben gerade erst begonnen zu kämpfen!". Propagandaplakat der US-Regierung aus dem Jahre 1943.

die direkte Vorbereitungsphase über. Es war allen Stäben klar, daß das Unternehmen so gewissenhaft vorbereitet werden mußte, daß ein Fehlschlag ausgeschlossen war, denn sonst mußte man befürchten, daß eines Tages die Rote Armee am Atlantik stehen könnte.

Die Seeherrschaft über den Atlantik und im Ärmelkanal war den Alliierten nie wirklich streitig zu machen gewesen. Nun bauten sie auch systematisch ihre 1943 errungene Luftüberlegenheit zur absoluten Luftherrschaft über den küstennahen Raum Frankreichs aus. Am Vorabend der Landung war das Kräfteverhältnis beider Seiten so, daß die Alliierten an Truppenstärke und bei gepanzerten Fahrzeugen um das Dreifache, bei artilleristischer Feuerkraft um das 2,2fache, bei Kampfflugzeugen um das 61fache überlegen waren. Am Abend des ersten Invasionstages sind drei Brückenköpfe von jeweils etwa 10 km Breite und zwischen 2 und 9 km Tiefe geschaffen, in denen sich 156 000 Soldaten, 900 gepanzerte Fahrzeuge und 600 Geschütze befinden. Die Landungstruppen sind durch 14 000 Flugzeugeinsätze und sieben Schlachtschiffe, 24 Kreuzer und 74 Zerstörer unterstützt worden, die ihren Teil dazu beitrugen, den deutschen Widerstand niederzuhalten. Tag für Tag erweitert sich das Gebiet der Brückenköpfe und nach sechs Tagen sind sie zu einem Gebiet von 80 km Breite und 10 bis 17 km Tiefe verschmolzen. Ende Juli reißt eine alliierte Offensive die deutsche Front auf und stößt in die Tiefe des französischen Raumes, wo am 25. August 1944 Paris befreit wird. Am 11. Oktober erreichen die Alliierten im Raum Trier die deutsche Reichsgrenze.

Alliierte auf dem Vormarsch in einer zerstörten Stadt der Normandie.

Die Einwohner von Paris feiern die Befreiung der Stadt und den Einzug der amerikanischen Truppen am 25. August 1944.

Die Potsdamer Konferenz

„Alliierte Armeen führen die Besetzung von ganz Deutschland durch, und das deutsche Volk fängt an, die furchtbaren Verbrechen zu büßen, die unter Leitung derer, welche es zur Zeit ihrer Erfolge offen gebilligt hat und denen es blind gehorcht hat, begangen wurden. Auf der Konferenz wurde eine Übereinkunft erzielt über die politischen und wirtschaftlichen Grundsätze der gleichgeschalteten Politik der Alliierten in Bezug auf das besiegte Deutschland in der Periode der alliierten Kontrolle... Der deutsche Militarismus und Nazismus werden ausgerottet, und die Alliierten treffen nach gegenseitiger Vereinbarung in der Gegenwart und in der Zukunft auch andere Maßnahmen, die notwendig sind, damit Deutschland niemals mehr seine Nachbarn oder die Erhaltung des Friedens in der ganzen Welt bedrohen kann." Erschöpt und hungrig, wie sie sind, nehmen die deutschen Leser Anfang August 1945 diese Sätze lethargisch hin, die in den Zeitungen der Besatzungsmächte für die deutsche Bevölkerung im Rahmen einer „Mitteilung über die Dreimächtekonferenz von Berlin" unter Abschnitt III („Deutschland") stehen. Die totale Entmündigung der eigenen Nation, wie sie das NS-Regime einst den Polen und Russen zugedacht hatte, wird angesichts der alles bewegenden Frage, wie man sich heute und morgen halbwegs sattessen kann, ohne große Emotionen hingenommen.

Im Februar 1945 hatte ein Gipfeltreffen der Großen Drei – USA, Sowjetunion und Großbritannien – in Jalta stattgefunden, auf dem die Aufteilung Deutschlands in vier Besatzungszonen, seine Verwaltung durch einen Alliierten Kontrollrat, Entmilitarisierung, Entnazifizierung, Entindustrialisierung und Erhebung von Reparationen beschlossen worden war. Nach der Kapitulation Deutschlands regte der britische Premierminister Churchill ein neues Dreiertreffen an, das nach einigem diplomatischen Hin und Her für Mitte Juli nach Berlin einberufen wurde. Da die Stadt aber derart zerstört war, daß man die Konferenzstäbe nicht unterbringen konnte, wurde der Konferenzort nach Potsdam in das unzerstört gebliebene Schloß Cecilienhof verlegt. Schon in der amerikanisch-britischen Vorbesprechung mit einem Sonderbotschafter Trumans hatte Churchill keinen Zweifel daran gelassen, daß er die Zukunft Europas wegen der von den Sowjets angestrebten Vorherrschaft auf den Kontinent düster sehe. Entsprechend eingestimmt, traf Truman, der Amtsnachfolger

Churchill, Truman und Stalin vor dem Konferenzgebäude Schloß Cecilienhof in Potsdam.

Die großen Drei gegen Konferenzende. Nach Churchills verheerender Niederlage bei den Parlamentswahlen in England nahm der neue Premier Attlee seinen Platz bei den Verhandlungen ein.

Hunger in Nachkriegsdeutschland.

grenze. Die Westmächte stimmten der von Stalin bereits durchgeführten polnischen Ausdehnung bis an Oder und Lausitzer Neiße zu, wodurch Polen für die großen Gebietsabtretungen in Ostpolen an die Sowjetunion entschädigt werden sollte. Die Russen erklärten sich dafür mit der Teilung des besetzten Deutschlands in zwei Reparationsgebiete einverstanden. Das bedeutete, daß Moskau sich aus seiner Besatzungszone mit Reparationen bedienen sollte – was die sowjetische Besatzungszone und später die DDR lange Zeit wirtschaftlich schwächen sollte. Darüberhinaus sollte Moskau auch noch 25 % der zu demontierenden Anlagen in den westlichen Besatzungszonen erhalten – davon die Hälfte allerdings gegen Lebensmittelliefe-

Das kriegszerstörte Deutschland: US-Soldat vor den Trümmern der Kölner Altstadt, im Hintergrund der Dom.

des im April verstorbenen Roosevelt, am 15. Juli in Potsdam ein. Zwei Tage später begegnete er erstmals persönlich Stalin, dem es gelang, einen äußerst positiven Eindruck auf Trumann zu machen, so daß dieser Churchills Befürchtungen für übertrieben erachtete. Dreizehn Vollsitzungen zwischen dem Nachmittag des 17. Juli und dem frühen Morgen des 1. August sowie eine Unzahl von Verhandlungsrunden der Außenminister und Experten reichten jedoch bei weitem nicht aus, die lange Liste anstehender Probleme im Konsens zu lösen, obwohl die Sprache der Diplomatie gravierende Gegensätze feingeschliffen zu überdecken suchte. Churchill mußte aus den Verhandlungen am 25. Juli infolge seiner vernichtenden Wahlniederlage bei den britischen Wahlen ausscheiden und wurde durch den neuen Premier Attlee ersetzt, der gegenüber dem sowjetischen Vorgehen in den osteuropäischen Ländern, wo überall mit Stalins Hilfe kommunistische Regierungen ans Ruder kamen, eine weniger skeptische Haltung als Churchill zeigte.

Als wesentliche Fragen, in denen Unstimmigkeit herrschte, kristallisierten sich bald die Begriffsbestimmung von „Deutschland“, die deutschen Reparationen und die polnische Westgrenze heraus. Schließlich fand der amerikanische Außenminister Byrnes einen Ausweg durch ein Junktim zwischen dem Problem der deutschen Reparationen und dem der deutschen Ost-

rungen von Ost- nach Westdeutschland. Trotz der schönfärberischen Floskel in der „Mitteilung…“, Deutschland solle während der Zeit seiner Besetzung als wirtschaftliche Einheit behandelt werden, stellte die Konferenz von Potsdam damit die Weichen für die Aufteilung Deutschlands in zwei unterschiedliche Wirtschaftsgebiete im klaren Bewußtsein, daß dadurch auch die Entstehung von zwei unterschiedlichen politischen Gebilden gefördert wurde.

Erster Atombombenabwurf

Seit März 1945 wird eine japanische Großstadt nach der anderen von amerikanischen Bombern angegriffen und zerstört. Am 6. August 1945 um 7.00 Uhr morgens gibt es in Hiroshima Luftalarm, aber bereits nach zwanzig Minuten heulen die Sirenen Entwarnung: Die Luftmeldezentrale hat lediglich ein feindliches Aufklärungsflugzeug ausmachen können. Als sich eine Stunde später in 10 000 m Höhe wieder drei US-Flugzeuge nähern, wird gar nicht erst Luftalarm gegeben. Die Straßen Hiroshimas sind um diese Zeit voller Menschen, die auf dem Weg zu ihren Arbeitsplätzen sind. 10 000 m über ihnen wird um 8.15 Uhr Ortszeit die Atombombe „Little Boy" – so der militärische Codename für den ersten nuklearen Sprengkörper der Weltgeschichte, der gegen Menschen eingesetzt wird – ausgeklinkt, 43 Sekunden später explodiert sie in der teuflisch genau auf größtmögliche Wirkung berechneten Höhe von 580 m über der Stadt. Der Bomber, Typ B-29, der die Bombe abgeworfen hat, ist zum Zeitpunkt der Explosion bereits 18 km vom Explosionsherd entfernt. Trotzdem wird er von den Ausläufern der Druckwelle noch so geschüttelt, daß die Mannschaft glaubt, in das Feuer von Flugabwehrgeschützen geraten zu sein. Zwei Minuten später fliegen sie wieder über die Stadt hinweg, die nur noch ein Trümmerhaufen ist. Währenddessen teilt der Kommandant des Bombers, der seine Maschine auf den Mädchennamen seiner Mutter „Enola Gay" getauft hatte, seinen elf Besatzungsmitgliedern über Bordsprechfunk mit, daß sie soeben die erste Atombombe der Weltgeschichte abgeworfen haben.

Seit Dezember 1941, als die USA aktiv in den Zweiten Weltkrieg eingetreten waren, wurde in den Forschungslaboratorien in Los Alamos unter dem Namen „Projekt Manhattan" zielgerichtet auf die Entwicklung einer Atombombe hingearbeitet. Im Dezember 1942 konnte der erste Kernreaktor der Welt in Betrieb genommen und 1943 zur industriellen Herstellung von angereichertem Uran 235 und Plutonium übergegangen werden, deren Atomkerne besonders leicht auf Neutronenbeschuß reagieren. Etwa zwei Milliarden Dollar wurden in das Forschungsprojekt investiert, an dem fast 150 000 Menschen, darunter 14 000 Wissenschaftler und Ingenieure, mitarbeiteten.

Im Frühjahr 1945 waren die Arbeiten soweit vorangeschritten, daß ernsthaft mit einem möglichen Einsatz der Atombombe in absehbarer Zeit gerechnet werden konnte. Erst jetzt begannen die politischen und militärischen Entscheidungsträger sich konkretere Gedanken über die politischen, aber auch über die moralischen Folgen des Einsatzes von nuklearen Massenvernichtungswaffen zu machen. Zu diesem Zeitpunkt war der Krieg gegen Deutschland schon fast beendet. Auch in Japan konnte er nicht mehr lange dauern. Die japanische Luftverteidigung war weitestgehend zusammengebrochen und die Städte den massiven Flächenbombardements der US-Luftflotte schutzlos ausgeliefert. Aus militärischen Gründen bestand überhaupt keine Notwendigkeit mehr für den Einsatz der Massenvernichtungswaffe, aber den verantwortlichen politischen Entschei-

Der Atompilz über Nagasaki am 9. August 1945.

1945

Die Atombombe „Fat Man", die Nagasaki zerstörte.

Hiroshima nach dem Atombombenabwurf.

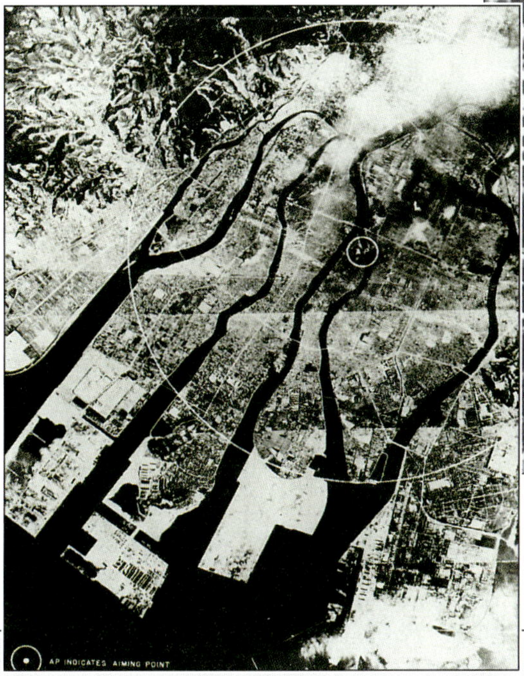

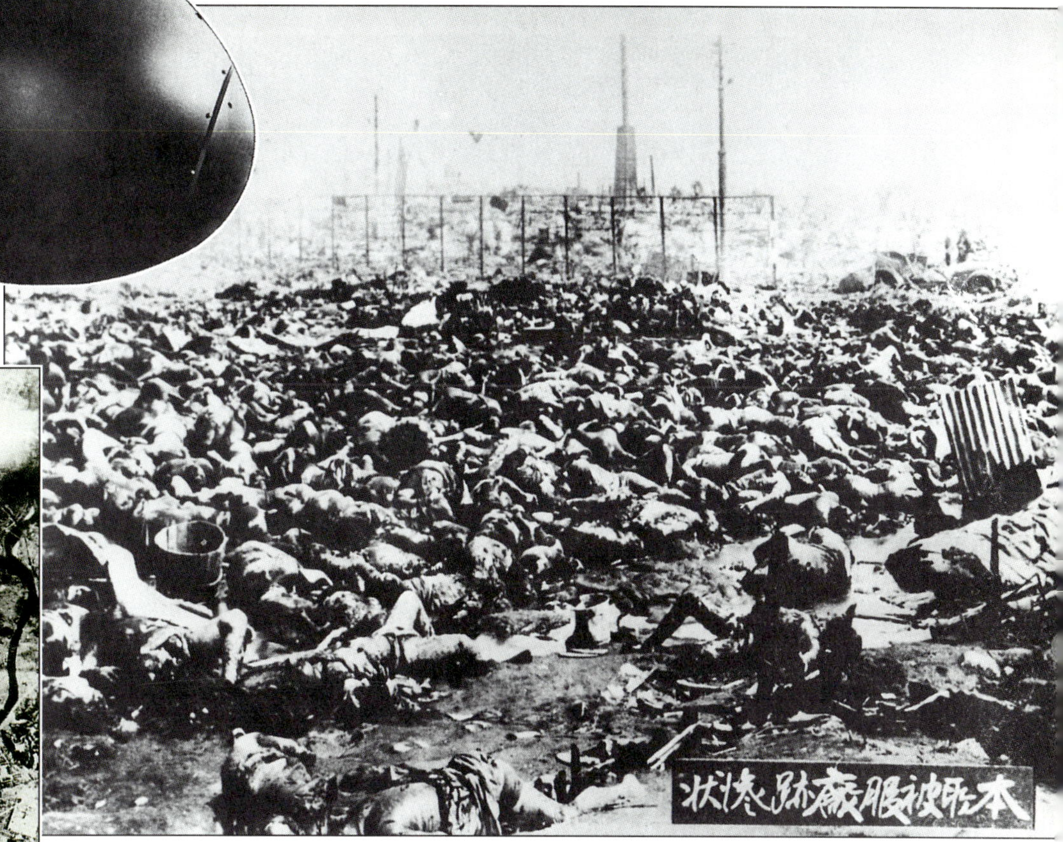

Hiroshima: Die Opfer der Atombombe.

Nagasaki nach dem Atombomben-abwurf.

dungsträgern der USA kam es darauf an, die militärische Stärke Amerikas im Hinblick auf seine zukünftige Führungsrolle in der Nachkriegswelt zu demonstrieren. Entgegen den Vorschlägen der Stabschefs, höchstens mit der Zündung einer Atombombe über unbewohntem japanischem Gebiet oder am Rande einer der japanischen Hauptinseln die schreckliche Wirkung der neuen Waffe vorzuführen, bestimmten der amerikanische Präsident Truman und seine Berater das bislang noch nicht bombardierte Hiroshima als Objekt, aller Welt die unglaubliche Zerstörungskraft des Atoms vorzuführen. Um der Welt weiszumachen, daß die USA einen ganzen Vorrat an Atombomben hätten, wurde am 9. August die zweite verfügbare Atombombe auf Nagasaki abgeworfen.

Mindestens 350 000 japanische Zivilisten bezahlten diese Prestigeentscheidung amerikanischer Politiker mit ihrem Leben. Die grausame Machtdemonstration sicherte den USA jedoch nicht lange ihre Führungsrolle, da die Sowjetunion schleunigst ihre Defizite auf dem Sektor der Massenvernichtungsmittel beseitigte und ab 1946 auf diesem Gebiet als gleichwertiger Konkurrent auftreten konnte.

Zeittafel

1933 In Österreich wird nach einem Staatsstreich unter Engelbert Dollfuß eine austrofaschistische Diktatur errichtet.

1933 Aufhebung der föderativen Struktur Deutschlands durch Gleichschaltung der Länder mit dem Reich.

1933 Deutschland verläßt den Völkerbund.

1933 Franklin D. Roosevelt wird zum US-Präsidenten gewählt und geht mit einem umfassenden Wirtschaftssanierungsprogramm (New Deal) gegen die Auswirkungen der Weltwirtschaftskrise vor.

1933 Der 1928 beschlossene Fünfjahresplan Stalins hat die Industrialisierung der UdSSR vorangetrieben. Die Kollektivierung der Landwirtschaft und Gründung der Kolchosen ist fast abgeschlossen, hat aber rd. 11 Millionen Menschen, vorwiegend aus der mittelbäurlichen Kulakenschicht, das Leben gekostet.

1934 Dollfuß verbietet alle Parteien in Österreich, darunter auch die Nationalsozialisten. Daraufhin nationalsozialistischer Putsch, Dollfuß wird ermordet. Deutschland verzichtet auf weitere Unterstützung der österreichischen Nationalsozialisten, als italienische Truppen am Brenner aufmarschieren.

1936 In Spanien siegt bei Wahlen die Volksfront (Republikaner, Sozialisten, Kommunisten). Rechtsgerichtete Militärs unter General Franco beginnen den Spanischen Bürgerkrieg. Franco siegt 1939 und errichtet eine faschistische Diktatur.

1936 In Griechenland wird eine Diktatur errichtet.

1936 Belgien erklärt seine Neutralität. Deutschland, Frankreich und England garantieren die Unverletzbarkeit der belgischen Grenzen.

1936 Abschluß des gegen die UdSSR gerichteten Antikominternpakts zwischen Deutschland und Japan, dem Italien zwei Monate später beitritt.

1936 Stalin beseitigt in großen Schauprozessen seine bedeutenderen Gegner innerhalb von Partei und Armee. Rd. 8 Millionen Menschen werden inhaftiert, 5-6 Millionen in Straflager nach Sibirien geschickt. Errichtung der totalen Diktatur.

1937 Südafrika wird von Großbritannien unabhängig.

1937 Beginn des chinesisch-japanischen Krieges.

1938 Österreich wird dem Deutschen Reich angeschlossen.

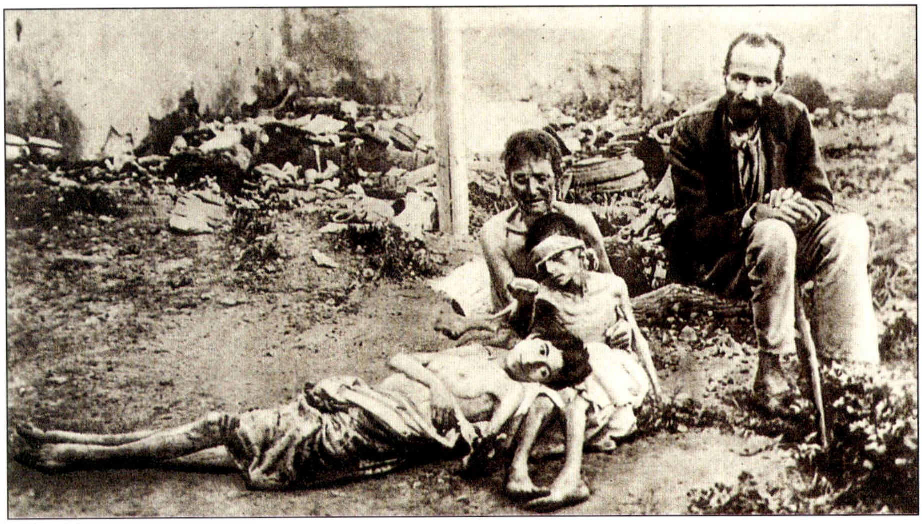

Verhungernde Kulaken in der UdSSR.

1938 Mit dem Münchner Abkommen gestatten England, Frankreich und Italien, daß Deutschland die vorwiegend von Deutschen besiedelten Gebiete in der Tschechoslowakei dem Reich angegliedert.

Freiwilliger im Spanischen Bürgerkrieg.

1939 Deutschland zerschlägt die Rest-Tschechoslowakei und errichtet das „Reichsprotektorat Böhmen und Mähren".

1939 Deutschland überfällt Polen. England, seine Dominions (Kanada, Australien u. a.) und Frankreich erklären Deutschland daraufhin den Krieg, greifen aber zunächst nicht militärisch ein.

1940 Beginn des deutschen Frankreichfeldzugs: Nach der Besetzung der Niederlande und Belgiens Eroberung von Paris. Frankreich wird in ein besetztes und ein unbesetztes Gebiet geteilt, das aber einer von Hitler abhängigen Regierung untersteht.

1940 Italien tritt auf deutscher Seite in den Krieg ein.

1940 Dreimächtepakt zwischen Deutschland, Italien und Japan zwecks Neuordnung der Herrschaftsverhältnisse in Europa und Ostasien.

1940 Hitler gelingt es nicht, die Luftherrschaft über England zu erringen. Die geplante Invasion Englands wird verschoben.

1933 - 1945

Deutsche Panzer nach der Wiedereinführung der Wehrpflicht 1936.

1940 Ungarn, Rumänien und die Slowakei treten dem Dreimächtepakt bei.

1940 Italien startet von Libyen aus eine Offensive gegen Ägypten, die aber am britischen Widerstand scheitert.

1941 Bulgarien und Jugoslawien treten dem Dreimächtepakt bei. Aber kurz darauf kommt es in Jugoslawien zum Staatsstreich und die neue Regierung schließt einen Freundschaftspakt mit der UdSSR. Um zu verhindern, daß auf dem Balkan eine alliierte Front aufgebaut werden kann, läßt Hitler Jugoslawien und Griechenland besetzen.

1941 Das seit 1919 unter französischem Völkerbundsmandat stehende Syrien und der 1926 davon abgetrennte Libanon werden selbständig.

1941 Japan besetzt Französisch-Indochina, Burma und Hongkong.

1941 Hitler greift trotz des 1939 geschlossenen Nichtangriffspaktes die Sowjetunion ohne Kriegserklärung an. Die USA geben daraufhin ihre Neutralität auf und liefern Waffen an die UdSSR. Gleichzeitig beginnen britisch-amerikanische Generalstabsbesprechungen.

1941 Nach dem japanischen Überfall auf den amerikanischen Pazifikhafen Pearl Harbour Kriegserklärungen der USA an Japan, Deutschland und Italien.

1941 Fortsetzung der italienischen Kampfhandlungen gegen Ägypten mit deutscher Unterstützung.

1942 26 der mit Deutschland und Italien Krieg führenden Staaten verpflichten sich, mit ihren Gegnern keinen separaten Waffenstillstand zu schließen. Ferner werden die Errichtung einer zweiten Front und die Intensivierung der Atomforschung beschlossen.

1942 Militärbündnis zwischen Deutschland, Italien und Japan.

1942 Beginn der anglo-amerikanischen Bombardements deutscher Städte.

1943 Kapitulation der Heeresgruppe Afrika mit über 250 000 deutschen und italienischen Soldaten. Afrika und der Mittelmeerraum fallen an die Alliierten.

1943 Alliierte Truppen erobern Sizilien und landen in Unteritalien.

1944 Anglo-amerikanische Truppen landen in der Normandie und errichten die Westfront.

1944 Die UdSSR erobert Rumänien, Bulgarien und Ungarn. In Albanien kommt eine sowjetfreundliche Regierung an die Macht und in Jugoslawien können die Partisanen unter Tito mit sowjetischer Unterstützung in Belgrad einziehen.

1945 Kapitulation Italiens.

1945 Kapitulation des Deutschen Reiches.

1945 Gründung der Vereinten Nationen (UNO).

1945 Potsdamer Konferenz: Deutschland wird in den Alliierten unterstellte Besatzungszonen eingeteilt.

1945 Kapitulation Japans nach zwei Atombombenabwürfen der USA. Unter einer amerikanischen Militärregierung werden Entmilitarisierung und Demokratisierung durchgeführt.

Einzug der deutschen Truppen in Prag im März 1939.

Die Neuordnung der Welt

1948–1965

1948 Gandhis Ermordung: Bürgerkrieg in Indien zwischen Moslems und Hindus.

1948 Gründung des Staates Israel: Die Zionisten erhalten endlich ihren eigenen Staat.

1948/49 Berliner Blockade: Die geteilte Stadt ist Brennpunkt des Kalten Krieges.

1949 Gründung der Volksrepublik China: Chinas Weg in den Kommunismus.

1956 Der Ungarische Volksaufstand: Moskau duldet kein Ausscheren aus seinem Machtsystem.

1959 Fidel Castro in Havanna: Das Batista-Regime wird verjagt.

1965 Der erste Mensch im Weltall: Die Konkurrenz der Supermächte setzt sich auch in der Weltanschauung fort.

Ein amerikanisches Transportflugzeug beim Anflug auf den Westberliner Flughafen Tempelhof während der Berliner Blockade.

Gandhis Ermordung

Am 15. August 1947 um 0.00 Uhr wird in Delhi die Fahne des Indischen Nationalkongresses gehißt, die nunmehr zur Nationalflagge des unabhängigen Staates Indien geworden ist. Gleichzeitig wird aber in den nordwestlichen Gebieten des Subkontinents eine weitere Nationalflagge aufgezogen, die des hauptsächlich von Muslimen bewohnten Pakistans. Die Teilung Indiens in zwei Staaten, in denen jeweils die Mehrheit der Bevölkerung dem Hinduismus bzw. dem Islam anhängt, ist zwar ein Ergebnis der seit 1946 herrschenden bürgerkriegsähnlichen Zustände, aber noch lange nicht ihr Ende, denn in beiden Staaten feiert die religiöse Intoleranz weiterhin blutige Triumphe. Zehntausende jeweils Andersgläubige werden ermordet, und Millionen flüchten in den Staat ihrer Religion. Mit dem ganzen Gewicht seiner Person als unbestrittenes Symbol für den Erfolg des Ringens um Unabhängigkeit setzt sich der 78jährige Mohandas K. Gandhi – vom Volk voller Verehrung schon seit Jahrzehnten „Mahatma" (große Seele) genannt – für ein Ende der Gewalttätigkeit ein, verkündet überall seine Botschaft von der menschlichen Gleichheit und Würde und erinnert an das letztlich erfolgreiche Prinzip der Gewaltlosigkeit, mit der die britische Herrschaft abgeschüttelt werden konnte.

Im Januar 1948 entschließt sich Gandhi, die Öffentlichkeit unter Druck zu setzen, um sie zu Toleranz zu bewegen: Er beginnt ein unbefristetes Fasten. Sechs Tage später wird in Delhi ein Pakt der Vernunft unterschrieben, in dem Leben, Eigentum und Glaube der Muslime im Staate Indien unter Schutz gestellt werden, der aber von vielen Hinduextremisten abgelehnt wird. Schon zwei Tage darauf entgeht Gandhi nur zufällig einem Bombenattentat. Der Attentäter gehört der militanten Hinduorganisation RSS an, die bei ihren Schießübungen Großfotos von Gandhi und seinem Schüler Nehru als Zielscheiben benutzt. Wenige Tage nach dem mißglückten Attentat wird der unermüdliche Mahner, tief verehrte Theoretiker und Praktiker des gewaltlosen Widerstands gegen die britische Kolonialherrschaft am 30. Januar 1948 auf dem Weg zur Abendandacht erschossen. Wieder stammt der Täter aus fanatischen Hindukreisen.

Aus der indischen Oberschicht stammend, sein Vater war Premierminister des Fürstenstaats Porbandar, hatte der am 2. Oktober 1869 geborene Gandhi in London ein Jurastudium absolviert und sich dann von 1893–1914 in Südafrika als Rechtsanwalt niedergelassen. Bereits dort entwickelte er in seinem Kampf gegen die Diskriminierung der Inder in Südafrika die Grundprinzipien seines gewaltlosen Widerstands. Nach Indien zurückgekehrt, schloß er sich dem 1885 gegründeten Indischen Nationalkongreß an, der mehr Selbstverwaltung und Beachtung der nationalen Würde anstrebte. Gandhi, der schnell zum führenden Organisator

Mahatma Gandhi am Spinnrad.

Gemälde Gandhis, Neu Delhi.

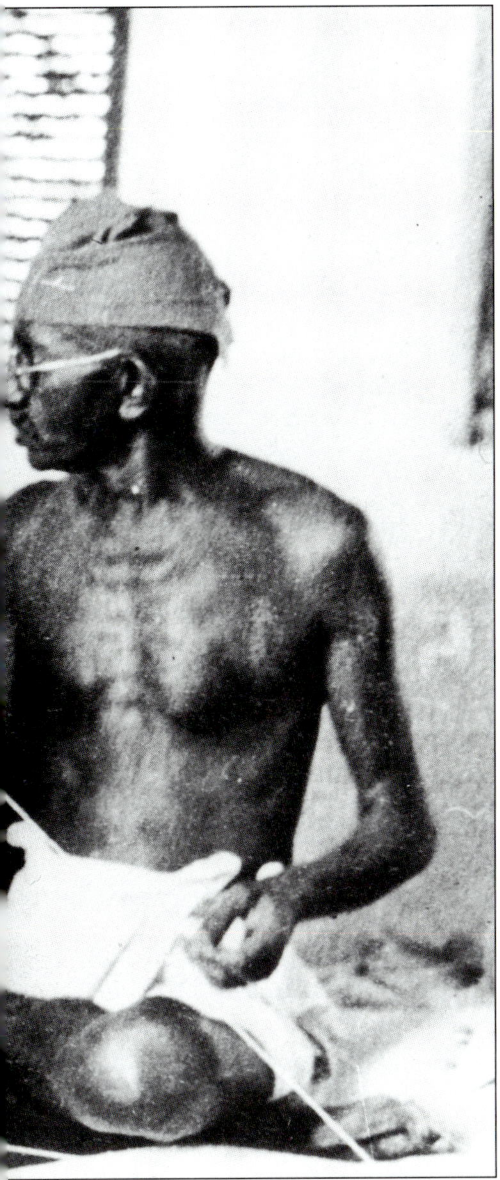

Gandhi beim Protestmarsch gegen das britische Salzmonopol in Indien, 1930.

antikolonialer Kampagnen zivilen Ungehorsams und der Nicht-Zusammenarbeit mit der Kolonialmacht wurde, wandte sich über den bis dahin allein politisch engagierten Kreis der bürgerlichen Wohlhabenden hinaus der indischen Dorfbevölkerung zu und verwandelte so den Nationalkongreß zu einer im Volke verwurzelten Massenbewegung, die die englische Kolonialverwaltung vor ganz neue Probleme stellte. Eines betraf z. B. die allgemeine Auflehnung gegen das englische Salzmonopol mit seiner ungerechten Steuer; ein anderes den weitverbreiteten Boykott englischer Textilprodukte durch indische Konsumenten. Auf Gandhis Anregung hin wurde die traditionelle, von der englischen Industrie in den Bankrott getriebene indische Handspinnerei und Handweberei wiederbelebt: Das Spinnrad wurde zum einfachen, aber überzeugenden Symbol indischen Unabhängigkeitsverlangens. Die von London daraufhin angebotene Konferenz „am Runden Tisch" im September 1931, bei welcher der Nationalkongreß völlig unterrepräsentiert war, blieb jedoch ergebnislos, da sich die aus diversen Volks- und Religionsgruppen bestehenden indischen Vertreter, nicht ganz ohne englisches Zutun, untereinander nicht über gemeinsame Ziele und gemeinsames Vorgehen einigen konnten.

Um die Situation zu entschärfen, gab Großbritannien Indien 1935 eine Verfassung, die aber weitgehend ohne Beteiligung der Inder zustande gekommen war. Sie sah einen indischen Föderalstaat aus Provinzen und Fürstentümern vor, dessen Zentralverwaltung jedoch beim englischen Vizekönig lag. Seit 1940 wurden die Forderungen der 1906 gegründeten Moslem-Liga, die in den zwanziger Jahren zeitweise mit dem Nationalkongreß kooperiert hatte, nach einem eigenen Staat immer lauter, da die islamische Bevölkerung in einer Indischen Föderation immer in der Minderheit, unterdrückt und verfolgt sein würde. Der Nationalkongreß begegnete zwar dem islamischen Separatismus durch die Beteuerung, alle Religionen seien gleichberechtigt, aber die Realität sah doch anders aus. Der Zulauf zur Moslem-Liga nahm derart zu, daß sie schon mit einiger Berechtigung dem Nationalkongreß seinen Anspruch streitig machen konnte, einziger Repräsentant der indischen Unabhängigkeitsbewegung zu sein. Während des zweiten Weltkrieges sagte Großbritannien Indien endlich für die Nachkriegszeit die totale Unabhängigkeit zu. Daraufhin verstärkte die Moslem-Liga ihren separatistischen Kurs und fand in den Provinzen mit vorwiegend islamischer Bevölkerung reichlich Anhang. Im Vorfeld der Unabhängigkeit eskalierten blutige Religionsfehden in weiten Teilen Indiens, durch die die Fanatiker beider Seiten die Notwendigkeit ihrer Forderung bestätigt sahen, eine „religiöse Bereinigung" ihrer Territorien – notfalls auch mit Gewalt – durchzuführen. Die moralischen Appelle Gandhis, der für viele zur Symbolfigur geworden war, Toleranz und Brüderlichkeit zu wahren, standen diesen Fanatikern im Wege.

Die Einäscherung Gandhis am Tage nach seiner Ermordung. Ein Verehrer versucht, Asche vom Scheiterhaufen zu nehmen.

Gründung des Staates Israel

„Wir proklamieren hiermit kraft unseres natürlichen und historischen Rechtes und aufgrund des Beschlusses der UN-Vollversammlung die Errichtung des jüdischen Staates in Eretz Israel. Der Staat Israel wird für die jüdische Einwanderung und die Sammlung der zerstreuten Mitglieder des Volkes geöffnet sein…" verkündet am Abend des 14. Mai 1948 der Vorsitzende der „Jewish Agency", des Nationalrats der Juden in Palästina, in Tel Aviv. Ben Gurion steht bei seinen historischen Worten unter einem großen Porträt des Wiener Journalisten Theodor Herzl, dem Begründer der zionistischen Bewegung, der nach dem Ersten Kongreß des Zionismus in Basel 1897 in sein Tagebuch eingetragen hatte: „In Basel habe ich den Judenstaat gegründet. Wenn ich das heute laut sagte, würde mir ein universelles Gelächter antworten. Vielleicht in fünf Jahren, jedenfalls in 50 wird es jeder einsehen."

Angesichts besonders heftiger Pogrome gegen Glaubensgenossen in Rußland in den achtziger Jahren des 19. Jahrhundert waren jüdische Intellektuelle in Ost- und Mitteleuropa auf die Idee gekommen, einen eigenen jüdischen Nationalstaat ins Auge zu fassen, der in der Heimat ihrer biblischen Vorväter – Palästina – liegen sollte. Zu Beginn des 20. Jahrhunderts lebten dort etwa 60 000 Juden inmitten von 600 000 Arabern. Zwischen 1890 und 1907 wanderten rund 5000 Zionisten zu. 1907 befanden sich vielleicht 400 km² in jüdischem Besitz, die seit 1911 zum Teil von genossenschaftlich organisierten Siedlungen, den Kibbuzim, bewirtschaftet wurden. 1917 versprach der englische Außenminister Balfour den Juden in Palästina eine „nationale Heimstatt". Allerdings hatte London 1915 schon einem arabischen Verbündeten einen großen Teil desselben Gebiets zugesagt. So folgte nach 1918, als Palästina unter englische Besatzung bzw. Verwaltung gefallen war, eine ständige Schaukelpolitik der Londoner Regierung zwischen jüdischer und arabischer Bevölkerung in dieser Region. 1920 trennte London den östlich des Jordan gelegenen Landesteil als politisch eigenen Staat Transjordanien ab. Um die verbleibenden 26 000 km² stritten sich nun die Anhänger der erwachenden palästinensisch-arabischen Nationalbewegung und die Zionisten. Einwandererströme aus Polen und Rumänien, gefolgt ab Mitte der dreißiger Jahre von deutschen Emigranten, die vor dem NS-Antisemitismus flohen, ließen die Zahl der Juden in Palästina bis 1936 auf über 400 000 ansteigen. Die Araber reagierten auf diese sich zahlenmäßig immer mehr zu ihren Ungunsten verschiebende Bevölkerungsveränderung mit Aufständen. Dagegen formierte sich bereits 1921 eine jüdische Selbstschutzorganisation, die Hagana, der allerdings zunächst von der englischen Mandats-Regierung Waffenbesitz untersagt wurde. Erst 1936, nach arabischen Metzeleien an jüdischen Siedlern, wurde ihr eine Bewaffnung zur Selbstverteidigung zugestanden.

Golda Meir (1898–1978) kämpfte seit 1921 in Palästina für einen israelischen Staat. Von 1969–74 war sie Ministerpräsidentin Israels.

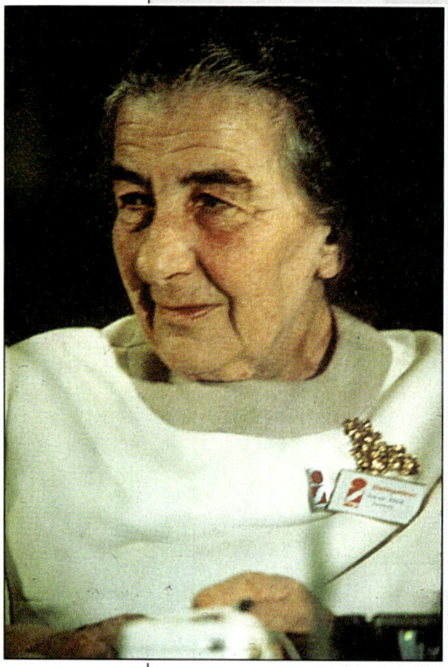

England versuchte dem arabischen Widerstand 1937 erstmals mit einem Teilungsplan für Palästina beizukommen, der ein rein jüdisches Gebiet im Norden und Osten, den Anschluß des größeren Teils Palästinas an Transjordanien und ein internationales Gebiet Jerusalem/Jaffa vorsah. Die jüdischen Repräsentanten nahmen die vorgeschlagene Lösung zwar an, aber die palästinensischen Araber und alle arabischen Staaten lehnten sie ab. Eine Anfang 1939 abgehaltene Konferenz mit der „Jewish Agency", den Palästina-Arabern und arabischen Staaten brachte keine Annäherung. Um es sich angesichts des drohenden Kriegs mit Deutschland mit den Arabern als notwendigen Verbündeten

Landung der „United States" mit 700 illegalen jüdischen Einwanderern aus Mitteleuropa am Strand bei Nahariya, Foto um 1947.

Proklamation der Unabhängigkeit des Staates Israel durch Ministerpräsident David Ben Gurion im Stadtmuseum von Tel Aviv am 14. Mai 1948.

Besonnene zionistische Politiker setzten ab 1945 auf die Vereinten Nationen, in denen die USA und die UdSSR grundsätzlich für einen jüdischen Staat waren. Eine UNO-Resolution vom 29. November 1947 beschloß auch eine Teilung Palästinas in einen jüdischen und einen arabischen Staat; beide Staaten sollten in einer Wirtschaftsunion verbunden und Jerusalem internationalisiert werden. Londons Mandat wurde bis zum 15. Mai 1948 begrenzt. Die Zionisten nahmen den UNO-Teilungsplan an, während die Araber ihn zurückwiesen. Einen Tag nach der Proklamation der israelischen Unabhängigkeit erklären die umliegenden Araberstaaten Israel den Krieg, begleitet von der Ankündigung, daß man die Juden ins Meer werfen werde. Aber die Hagana wirft die Invasoren an allen Fronten zurück und kann den Krieg zu Israels Gunsten entscheiden. Nach dem Ende der bewaffneten Auseinandersetzungen im Sommer 1949 ist Israel um etwa ein Drittel größer als es in der UNO-Resolution vorgesehen war. Aber der arabische Widerstand gegen den israelischen Staat sowie eine Million vertriebene Palästinenser, die nicht in die anderen arabischen Staaten integriert werden, belasten die Zukunft des jungen Staates.

nicht zu verderben, nahm ein englisches „Weißbuch" die Balfour-Erklärung faktisch zurück; es bekannte offen, daß es nicht britische Politik sei, aus Palästina einen jüdischen Staat zu machen und begrenzte die Zahl jüdischer Immigranten auf insgesamt 75 000 bis 1944. Danach sollten keine Juden mehr einwandern dürfen. Die Engländer hielten Wort und schickten tatsächlich ganze Schiffsladungen voller Juden, die nach den entsetzlichen Erfahrungen in Europa nach Palästina ziehen wollten, wieder zurück.

Zwei 14jährige Siedlersöhne bewachen eine jüdische Kolonie in Palästina, Foto um 1935.

Berliner Blockade

Für die von den Sowjets angeordnete Währungsreform werden Kupons auf die bisherigen Geldscheine geklebt, da neue Geldscheine noch nicht gedruckt worden sind.

„Ihr Völker der Welt, Ihr Völker in Amerika, in England, in Frankreich, in Italien! Schaut auf diese Stadt und erkennt, daß Ihr diese Stadt und dieses Volk nicht preisgeben dürft und nicht preisgeben könnt! Wir haben unsere Pflicht getan, und wir werden unsere Pflicht weiter tun. Völker der Welt! Tut auch Ihr Eure Pflicht und helft uns in der Zeit, die vor uns steht, nicht nur mit dem Dröhnen Eurer Flugzeuge, nicht nur mit den Transportmöglichkeiten, die Ihr hierherschafft, sondern mit dem standhaften und unzerstörbaren Einstehen für die gemeinsamen Ideale, die allein unsere Zukunft und die auch allein Eure Zukunft sichern können. Völker der Welt, schaut auf Berlin!" ruft Ernst Reuter, der spätere Oberbürgermeister von Berlin, der Weltöffentlichkeit auf einer Versammlung von etwa 300 000 Berlinern vor der Ruine des Reichstags in Berlin am Nachmittag des 9. September 1948 zu. West-Berlin ist zu dieser Zeit von den westlichen Besatzungszonen Deutschlands zu Lande und zu Wasser abgeschnitten, denn die Sowjetunion hat die Verbindungswege, die ja alle über das Territorium ihrer Besatzungszone laufen, gekappt. Nur für drei Luftkorridore gab es schriftliche Vereinbarungen der Allierten untereinander, so daß die Sowjets nicht verhindern können, daß die Bevölkerung der drei westlichen Sektoren über eine anglo-amerikanische Luftbrücke versorgt wird.

Berlin mit seinem Vier-Mächte-Status ist zur sensibelsten Stelle der Deutschland-Politik der vier Hauptsiegermächte des Zweiten Weltkriegs geworden. Die unterschiedlichen Interessen der Westmächte und der Sowjetunion wurden immer deutlicher. Seit Anfang 1948 zeichnete sich ab, daß die westlichen Allierten die Bildung eines deutschen Teilstaates aus den drei Westzonen favorisierten. Unklar war aber, was bei der Gründung eines deutschen Teilstaates mit Berlin geschehen sollte, das, inmitten der sowjetischen Besatzungszone gelegen, mit seinen vier Sektoren und der schlecht funktionierenden alliierten Kommandantur als Viermächteverwaltung einen Mikrokosmos der gesamtdeutschen Situation bot. Die Sowjets betrachteten die Stadt als eine Art Faustpfand, um Druck auf die Westmächte auszuüben, damit sie von der Gründung eines deutschen Teilstaates, der die Ausdehnung des kommunistischen Einfluß- und Machtbereichs in Richtung Westen erheblich behindern würde, Abstand nähmen.

Die „Rosinenbomber" versorgen die Bevölkerung von West-Berlin.

Der Berliner Oberbürgermeister Ernst Reuter bei seiner Ansprache am 9. September 1948 vor dem Reichstag.

Es ist hauptsächlich dem Organisationsgeschick und Elan des aus seinem Hauptquartier in Frankfurt(Main) nach Berlin geeilten US-Militärgouverneurs Lucius Clay zu verdanken, daß dank dem gigantischen, technisch ausgefeilten Unternehmen der Luftbrücke, durch die seit dem 26. Juni die Westsektoren über den Luftweg versorgt werden, die sowjetische Erpressungspolitik ins Leere läuft. Geht es im Verständnis der Westmächte beim Verbleib in Berlin zunächst um ihre Reputation als Großmächte, so zeigt die Bereitschaft der Westberliner zum Ausharren unter westlicher Besatzung auch unter äußerst widrigen Umständen ihre Entscheidung für westlich-demokratische Grundpositionen, was in der Weltöffentlichkeit allgemein positiv vermerkt wird. Als die Berliner Blockade am 12. Mai 1949, wenige Tage nach der Gründung der Bundesrepublik, endet, wird bei der gemeinsamen Siegesfreude das seit 1945/46 gründlich gewandelte Verhältnis zwischen den demokratischen Siegermächten und den Deutschen deutlich. Die Bundesrepublik Deutschland kann mit einem großen moralischen Bonus ihrer Zukunft entgegengehen.

Auslöser der Blockade war die Durchführung einer neuen Währungsreform in den westlichen Besatzungszonen ab dem 20. Juni 1948. Eine gesamtdeutsche Reform zogen die Westmächte nicht in Betracht, weil die ständig aus der Ostzone abfließenden Reparationen die neue Währung von vornherein zur Instabilität verurteilt hätten. Die Berliner Westsektoren waren aber zunächst wegen des Berliner Sonderstatus von dieser Währungreform ausgenommen. Die Sowjets hatten bereits am 19. Juni sämtliche Grenzen zu den Westzonen dichtgemacht, um ein Einströmen des im Westen wertlos gewordenen Geldes in ihre Zone zu verhindern. Drei Tage nach der westlichen Währungsreform, am 23. Juni, führten sie ebenfalls eine – allerdings alle Zeichen des überstürzten Provisoriums tragende – Währungsreform in ihrer Zone durch. Als sie aber die Ausgabe des neuen Geldes – mit Kupons beklebte alte Geldscheine – auch für ganz Berlin anordneten, konterten die westlichen Besatzungsmächte mit der Ausgabe von speziell mit einem „B" gezeichneten DM-Scheinen in den Westsektoren, womit die wirtschaftliche Spaltung der Stadt eingeleitet wurde. Um die westliche Währung aus der Mitte ihrer Zone, und die Westmächte möglichst auch, wieder zu vertreiben, riegelten die Sowjets West-Berlin von seinen Verbindungwegen mit dem westzonalen Währungsgebiet ab und ließen im gleichen Atemzug auch keine Versorgungstransporte für die westlichen Besatzungstruppen in Berlin mehr passieren. Der Kalte Krieg, 1947 mit Grundsatzerklärungen eingeleitet, schlug sich erstmals in einer spektakulären Aktion nieder. Um die Weltöffentlichkeit zu beruhigen, wurde zugleich versichert, man werde die Versorgung der über zwei Millionen Westberliner übernehmen, denen auch freigestellt wurde, sich in Ostberlin für den Erhalt von Lebensmittelkarten registrieren zu lassen, was aber nur wenige Westberliner taten.

Freude über die Aufhebung der Blockade in West-Berlin. Die ersten Interzonenbusse Berlin – Hannover starten.

Gründung der Volksrepublik China

Die eindrucksvolle Parade findet am 1. Oktober 1949 in Peking auf dem „Platz des himmlischen Friedens" statt. Gut genährt und uniformiert, diszipliniert und mit modernen Waffen ausgerüstet, defilieren Einheiten der chinesischen Volksbefreiungsarmee vor dem Vorsitzenden der Kommunistischen Partei Chinas, Mao Tse-tung, und dem Rat der Zentralen Volksregierung. Stundenlang dauert die Parade von Infanterie, Artillerie, Panzertruppe, Kavallerie und Marine, während immer wieder Gruppen von Kampfflugzeugen den weiten Platz überfliegen. Im Anschluß an die Militärparade proklamiert Mao Tse-tung vor den jubelnden Zuschauern die Volksrepublik China, und die neue Fahne steigt empor. Unmittelbar vorausgegangen war die Tagung der Politischen Konsultativen Volkskonferenz vom 21. bis 30. September in Peking. 510 Delegierte mit beschließender und 77 mit nur beratender Stimme, die 45 verschiedene politische, kulturelle und religiöse Gruppen vertraten, haben auf dieser Konferenz dem zu gründenden Staat mit dem Statut und dem Allgemeinen Programm des Politischen Konsultativen Volksrats eine Art Verfassung und mit der Wahl des Rats der Zentralen Volksregierung eine zentrale Staatsmacht gegeben. Die Legitimität solch eines konstituierenden Vorgangs ist nach westlichen Demokratiemaßstäben natürlich mehr als zweifelhaft – das Szenarium entspricht zu sehr dem Modell des Zweiten Sowjetkongresses im November 1917, nach dessen Vorbild auch andere Volksdemokratien nach 1945 handelten. Aber ein Urteil über die formalen Vorgänge verkennt den tiefen sozialen Gehalt des seit Jahrzehnten in China währenden Übergangs zu veränderten Rahmenbedingungen für den Weg aus dem Feudalismus in die Moderne.

Mao Tse-tung proklamiert die Volksrepublik China.

Parade in Peking zum 1. Jahrestag der Volksrepublik China.

1949

Der Sturz des überlebten Systems der Mandschu-Kaiser im Jahre 1911 und die Ausrufung der Republik China am 1. Januar 1912 hatte das riesige Reich der Mitte in nicht enden wollende Rivalitätskämpfe regionaler Machthaber verstrickt, bei denen Japaner, Briten, Franzosen und Amerikaner kräftig und wechselnd Partei bezogen. Die von den Revolutionären des Jahres 1911 begründete Kuomintang-Partei konnte schließlich in der ersten Hälfte der zwanziger Jahre mit dem bedeutenden südchinesischen Handelszentrum Kanton und der Provinz Kwantung einen festen Stützpunkt gewinnen. Von dort aus gelang es ihnen in Kooperation mit der 1921 gegründeten Kommunistischen Partei, die regionalen Militärherrscher im Norden zu bezwingen und bis 1927 die nationale Einheit Chinas wiederherzustellen. Nach Erreichung dieses Zieles provozierte die Kuomintang einen brutalen Bruch mit den Kommunisten, was erneut zu bürgerkriegsartigen Zuständen führte. Während die Kuomintang es versäumte, dringend anstehende Reformen anzugehen, wandten sich die Kommunisten den sozialen Problemen auf dem Lande zu. Dank des breiten Rückhalts in der ländlichen Bevölkerung konnten sie sich in Mittelchina in der Provinz Kiangsi ein selbständiges Herrschaftsgebiet schaffen, in dem sie eine eigene Regierung ausriefen. 1934 jedoch von den Kuomintangtruppen bedrängt, brachen sie aus der Umklammerung aus und zogen auf dem einjährigen legendären „Langen Marsch“ unter unsäglichen Entbehrungen durch elf Provinzen nach der Provinz Shansi in Nordchina.

Hinrichtung einer kommunistischen Studentin durch Kuomintang-Mitglieder 1927.

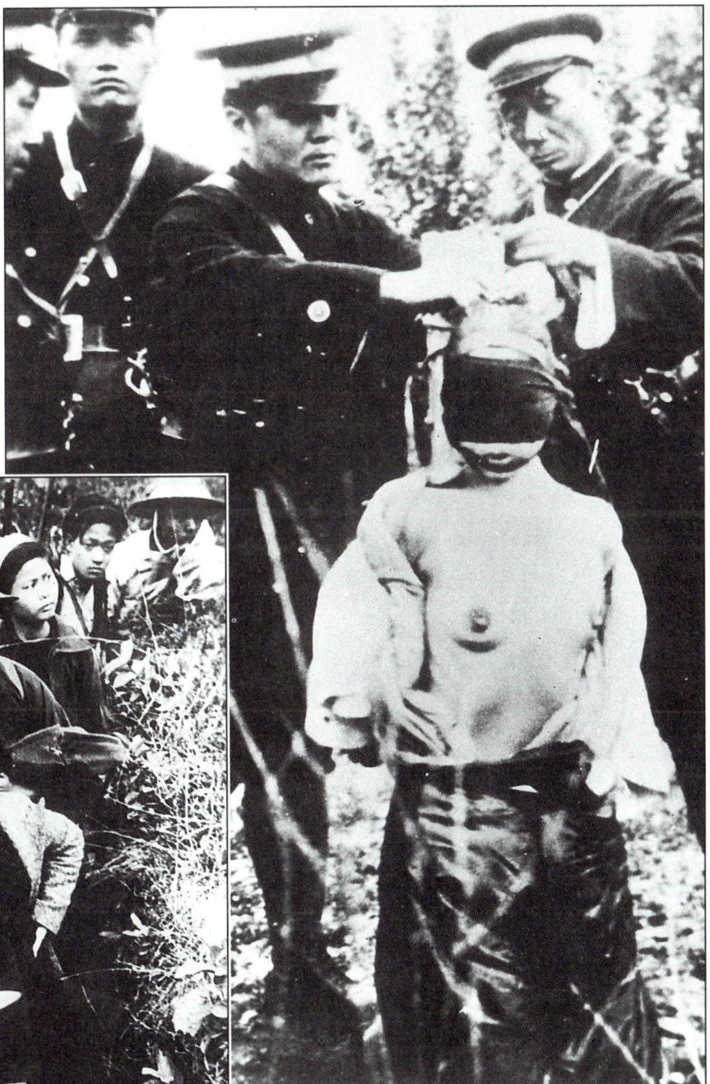

Kommunistische Guerillas der Einheitsfront im chinesisch-japanischen Krieg in Südwest-Kwantung im Juni 1939.

Die offene japanische Aggression gegen China in den dreißiger Jahren machte verantwortungsbewußten chinesischen Politikern die Gefahr überdeutlich, daß ganz China zu einem japanischen Anhängsel zu werden drohte. Von seinen Generälen gezwungen, stellte Tschiang Kai-schek daraufhin den Bürgerkrieg ein. Als die Japaner 1937 erneut in China einfielen und Nordchina mit Peking sowie bedeutende Küstenstädte besetzten, wurden die kommunistischen Streitkräfte sogar als eigene Armee in die nationalchinesische Streitmacht aufgenommen. Zwar hatten die Angreifer bis Ende 1938 fast alle großen chinesischen Städte erobert, doch auf dem flachen Land hinter ihrer Frontlinie hatten die Japaner kaum Einfluß. Hier schufen die kommunistischen Partisanen ein befreites Gebiet nach dem anderen, in dem sie Grundzüge einer Agrarreform durchführten, das von der Kuomintang nie angetastete grundherrliche Pachtsystem – das dem Bauern bis zu 50 Prozent seiner Ernte raubte – milderten und ein Mindestmaß an medizinischer Versorgung aufbauten.

Die Kuomintang verfolgte mit größter Sorge den wachsenden Einfluß der Kommunisten unter den Bauern Chinas, die immerhin drei Viertel der Bevölkerung ausmachten. Solange der Krieg gegen die Japaner währte, konnte sie nicht gegen ihren inneren Feind vorgehen, was sie aber sofort nach dem unerwartet schnellen Zusammenbruch Japans im August 1945 nachzuholen versuchte. Von 1945 bis 1949 tobte wieder ein Bürgerkrieg in China. Versuche der USA zu vermitteln, scheiterten, da Tschiang Kai-schek und seine engsten Gefolgsleute den Kommunisten keinerlei Zugeständnisse machen wollten. 1948/49 erlitt die bei der Bevölkerung immer unpopulärer werdende Kuomintang eine Niederlage nach der anderen. Tschiang Kai-schek flüchtete mit seinen Anhängern nach Taiwan. Die Kommunisten hatten gesiegt.

Der Ungarische Volksaufstand

Ein bei den Straßenkämpfen in Budapest getöteter Sowjetsoldat vor seinem zerstörten Fahrzeug.

23. Oktober 1956: Budapester schlagen auf das während der Demonstration für politische Reformen gestürzte Stalin-Denkmal ein.

„Diese heroischen Tage haben unsere Nationalregierung ins Leben gerufen, die für unseres Volkes Unabhängigkeit und Freiheit kämpfen wird. Wir werden keine Einmischung in unsere inneren Angelegenheiten dulden“, lautet die von Ministerpräsident Imre Nagy gezogene Bilanz einer Woche heftiger Straßenkämpfe mit vielen Toten und Verletzten in Budapest, die er am 1. Oktober 1956 von einem Balkon des Parlamentsgebäudes einer begeisterten Menschenmenge zuruft. 1953–1955 populärer Ministerpräsident, dann wegen nationalistischer Abweichung von der Parteilinie abgesetzt und ins politische Abseits gestellt, ist Nagy seit einer Woche wieder Ministerpräsident: an die Macht gekommen dank einer Volkserhebung gegen das stalinistische Regime in Ungarn. Die restlose Beseitigung der Stalinisten aus dem ungarischen Machtapparat, die Wiedergewinnung der demokratischen Grundrechte sowie Ungarns Abkoppelung aus dem sowjetischen Herrschaftsbereich scheinen unmittelbar bevorzustehen.

1956

Porträts des Ministerpräsidenten Mátyás Rákosi werden von den Aufständischen verbrannt.

Straßenszene während des ungarischen Volksaufstandes in Budapest.

Mit dem durch gezielte Indiskretion bewirkten Bekanntwerden der Geheimrede Chrustschows auf dem 20. Parteitag der sowjetischen Kommunisten, in der er mit den Verbrechen des im März 1953 gestorbenen Stalin abrechnete, gerieten auch Stalins engste Gefolgsleute in den osteuropäischen Satellitenstaaten in das Kreuzfeuer der Kritik. In Polen brachten es die regierenden Kommunisten als erste fertig, über ihren Schatten zu springen, sich von eingefahrenen Ritualen zu befreien, populäre Opfer der stalinistischen Verfolgungswellen in die erste Reihe zu stellen und die nationale Souveränität gegenüber Moskau zumindest in gewissem Maße wiederherzustellen. In Ungarn hatte die Partei- und Staatsführung schmutzige Schauprozesse in Stalin'scher Manier, flächendeckende Verfolgungen und brutal durchgeführte Umschichtungsprozesse im sozialen Bereich auf dem Konto, aber erst im Juli 1956 verschwand Stalins ungarische Hauptmarionette Rákosi in der Versenkung – angeblich aus gesundheitlichen Gründen. Im Zuge des stalinistischen Tauwetters entstand im kommunistischen Jugendverband mit dem Petöfi-Zirkel ein Debattierklub mit erheblicher Ausstrahlungskraft. Von dort stammte auch der Gedanke einer friedlichen Studentendemonstration, um Sympathien mit der polnischen Bewegung zu bekunden. Zu den etwa tausend Studenten, die am Nachmittag des 23. Oktober vom Haus des Schriftstellerverbands zum Denkmal Petöfis, eines Helden der ungarischen Revolution von 1848/49, zogen, gesellten sich bald weitere Zehntausende. Aus der stummen Manifestation wurde zunächst eine pathetische Kundgebung des Nationalstolzes, dann in den Abendstunden ein Zug zum Parlament und danach, wohl nicht mehr spontan, ein Angriff auf das Rundfunkgebäude. Am nächsten Tag wurde der Belagerungszustand über Budapest verhängt, der aber nur wenig Wirkung zeigte, da ein Teil der Budapester Garnison zu den Aufständischen überging und ein Revolutionärer Generalstab der ungarischen Armee ins Leben trat. Daraufhin rief die Regierung Sowjettruppen zur Unterdrückung des Aufstandes herbei, was zu einer erheblichen Ausweitung der bewaffneten nationalen Erhebung führte: Den etwas diffusen Forderungen nach Abrechnung mit denen, die Verbrechen begangen hatten, und dem Verlangen nach demokratischen Rechten folgte nun die Forderung nach Abzug der Russen. Umbildungen in der Regierung und in der Parteiführung konnten an der integrativen Kraft dieser alle Flügel der Aufstandsbewegung einigenden Zielsetzung keine Abstriche bewirken, daher verlangte Ministerpräsident Nagy am 29. Oktober selbst den Abzug der Sowjets. Einen Tag später verkündete er die Wiedereinführung des Mehr-Parteien-Systems und stellte baldmöglichst freie Wahlen in Aussicht. Am 1. November – inzwischen haben die Sowjets tatsächlich Budapest verlassen, verstärken aber überall im Lande ihre Anwesenheit – erklärt Nagy unter dem Druck der Revolutionskomitees den Austritt Ungarns aus dem Warschauer Pakt und verkündet in einem Telegramm an den UN-Generalsekretär Ungarns Neutralität. Hiermit haben die Ungarn aber die Moskauer Toleranzgrenze überschritten. Mit einer „polnischen Lösung" hätte man sich vielleicht notfalls noch abfinden können, aber der drohende Zusammenbruch der Südwestflanke des sowjetischen Sicherheitssystems in Europa läßt im Kreml die Alarmglocken schrillen. Ungeachtet der pathetischen Worte siegesbewußter ungarischer Aufständischer, daß eine neue sowjetische Invasion auf Widerstand bis zum letzten Blutstropfen treffen werde, beginnt am Morgen des 4. November der konzentrische Angriff der Sowjetarmee auf Budapest, der innerhalb von zwei Tagen der in ihrem Schatten gebildeten neuen kommunistischen Regierung den Einzug in die Regierungsgebäude verschafft. Was den Revolutionären noch bleibt, sind tagelange Rückzugsgefechte einzelner Widerstandsnester, aus denen schwache Sender verzweifelte Hilferufe um westliche Militärhilfe hinausschreien, die ausbleibt. Eine frustrierende Erfahrung, die die Oppositionskräfte innerhalb des „realen Sozialismus" zukünftig nach anderen Wegen suchen läßt.

Fidel Castro in Havanna

Der Jahreswechsel 1958 verläuft in Kuba besonders stürmisch. Hat doch der beim größten Teil der Bevölkerung verhaßte Batista endlich eingesehen, daß seine Herrschaft nicht mehr aufrechtzuerhalten ist. Nach Erhalt der Nachricht, daß die Rebellen unter Fidel Castro am 31. Dezember die Städte Santiago in Ostkuba und Santa Clara in Mittelkuba erobert haben und es nur noch eine Frage von Stunden sei, daß sie auch in Havanna einträfen, verläßt der Diktator schleunigst das Land. Am Morgen des 2. Januar 1959 marschieren etwa 3000 Rebellen in das von einem Generalstreik, zu dem Castro einen Tag zuvor aufgerufen hatte, lahmgelegte Havanna ein, an der Spitze die beiden bärtigen Commandantes Guevara und Cienfuegos. Der Oberkommandant Castro selbst zieht mit dem Hauptteil seiner Rebellenarmee von der Provinz Oriente im Triumphzug durch die langgestreckte Insel und trifft am 8. Januar stürmisch umjubelt in der kubanischen Metropole ein. Bereits am 5. Januar hat der Liberale Manuel Urrutia, der im Einvernehmen mit Castro seit 1. Januar als Präsident fungiert, eine Regierung aus Politikern gebildet, die der Opposition gegen Batista angehört haben.

Vorangegangen waren zwei Jahre Guerillakrieg, in denen die Rebellen gegen den Diktator Batista und die mit ihm verbündeten Großgrundbesitzer kämpften. Die Aktionen erreichten 1958 ihren Höhepunkt, als die in drei von sechs kubanischen Provinzen operierenden Guerillaeinheiten unter der Losung „Ernte ohne Batista, oder Batista ohne Ernte!“ riesige Flächen von Zuckerrohrfeldern in Brand setzten, was dem vorwiegend von dieser Monokultur lebenden Land erhebliche wirtschaftliche Schäden zugefügt hatte. Auslöser für diesen Guerillakrieg, der Kuba schließlich ein kommunistisches Regime bescherte, war der Putsch des ehemaligen Generalstabschefs und Staatspräsidenten Fulgenico Batista y Zaldivar. Dieser lebte seit 1944 in den USA im Exil, war im März 1952 mit amerikanischer Unterstützung nach Kuba zurückgekehrt und hatte die Herrschaft an sich gerissen.

Fidel Castro in seinem Versteck in den Bergen der Sierra Maestra im Juni 1957 während des Guerillakrieges gegen das Batista-Regime.

1959

Castro 1960 in Havanna.

Es zeichnete sich ab, daß die Klasse der Großgrundbesitzer bei Beibehaltung des demokratischen Systems bei den nächsten Wahlen im Sommer 1952 ihre Macht an die vom Mittel- und Kleinbürgertum getragene demokratisch-reformerische Orthodoxe Partei verlieren würde, was nicht dem Interesse der zahlreichen amerikanischen Gesellschaften entsprach, die an den Zuckerrohr- und Tabakplantagen in Kuba beteiligt waren.

Die enge Verzahnung von kubanischer Innenpolitik und amerikanischen Interessen ging auf das ausgehende 19. Jahrhundert zurück. Nachdem Spanien 1898 den spanisch-amerikanischen Krieg um seine letzten Kolonien in der westlichen Hemisphäre verloren hatten, erhielt Kuba zwar formal den Status einer unabhängigen Republik, aber unmittelbar vor den USA gelegen, bot es sich als direkte Einflußzone für amerikanische Wirtschaft und Politik an. Das kam lange Zeit hindurch sogar in der kubanischen Verfassung zum Ausdruck, die ein Interventionsrecht der USA beinhaltete. Die wirtschaftliche Abhängigkeit von den USA wurde dadurch verstärkt, daß diese in Kuba mehr und mehr den Anbau von Zuckerrohr und Tabak forcierten, wofür sie die Hauptabnehmer waren.

Obwohl Batista offenkundig mit seinem diktatorischen Regime gegen die primitivsten Menschenrechte verstieß, unterstützten ihn die USA offen. Durch diese Parteinahme der Vereinigten Staaten, die in den fünfziger Jahren einem hysterischen Antikommunismus huldigten, wurden die Kommunisten in Kuba in ihrem Kampf gegen die Großgrundbesitzer zugleich auch zu Trägern einer anti-amerikanischen Politik, was ihnen die Unterstützung auch nichtkommunistischer Oppositionskräfte sicherte.

Die geringsten Berührungsängste gegenüber den Kommunisten hatte ein junger Intellektueller, der Jurist Fidel Castro Ruiz. Nach einem gescheiterten Putschversuch im Juli 1953 kehrte er im Dezember 1956 aus seinem mexikanischen Exil mit einer kleinen Schar von Mitkämpfern nach Kuba zurück und begann ab Sommer 1957, einen Guerillakrieg zu organisieren. Breiten Rückhalt fand er bei den Bauern, die in ihm den Hoffnungsträger der seit 1940 in der Verfassung verankerten, aber immer wieder verschleppten Bodenreform sahen. Die Rebellen konnten ihre Operationsgebiete ausweiten, „befreite Zonen" proklamieren und einen großangelegten Gegenangriff der Regierungstruppen im Mai/Juni 1958 abwehren, was eine tiefgreifende moralische Krise in der Batista-Armee auslöste, zum Verfall der Widerstandskraft gegen die Rebellenangriffe im zweiten Halbjahr 1958 beitrug und den militärischen Sieg der Revolution zur Jahreswende ermöglichte.

Rebellen in ihrem Versteck in den Bergen der Provinz Oriente im Juni 1957.

Kubanische Milizionäre auf dem Weg zu ihren Verteidigungsstellungen während des von den USA unterstützten Invasionsversuches von Exilkubanern im April 1961.

Die Revolutionäre machten kurzen Prozeß mit den Anhängern Batistas und sehr schnell ernst mit ihrem Versprechen einer Agrarreform. Beides erregte in den USA Unwillen und zog wirtschaftliche Boykottmaßnahmen nach sich. Dies führte zu einer stetigen Radikalisierung innerhalb der neuen Staatsführung und zum Ausscheiden der gemäßigten bürgerlichen Politiker aus der Regierung. Je schärfer sich die USA, aufs äußerste sensibilisiert durch eine denkbare kubanische Vorbildwirkung im übrigen Lateinamerika, dem sozialen Umformungsprozeß in Kuba entgegenstellten, umso enger lehnte sich Kuba an die Sowjetunion an, bis Castro selbst 1961 den Umwälzungsprozeß als sozialistische Revolution definierte.

Der erste Mensch im Weltraum

„Ab geht's!" tönt es aus aus der Raumkapsel „Wostok 1", bevor die erste Stufe der Spitze des mehrstufigen Triebwerks um 9.07 Uhr gezündet wird und die imposante Raketenkonstruktion sich vom Boden löst. Der jahrelang auf diesen ersten bemannten Weltraumflug vorbereitete Oberleutnant der sowjetischen Fliegertruppe Juri A. Gagarin hat sich über sein Kehlkopfmikrofon an die Leitzentrale im sowjetischen Weltraumzentrum in Baikonur in der kasachischen Steppe gewandt. Der weitere Sprechfunkverkehr läuft, wie vereinbart, nüchtern ab. Die Bodenstation teilt Gagarin mit, daß siebzig Sekunden seit dem Start vergangen seien, und der Insasse der Weltraumkapsel bestätigt: „Verstanden. Siebzig. Befinden vortrefflich, setze Flug fort. Andruckbelastung nimmt zu. Alles in Ordnung." Immer wieder wird vom Boden aus gefragt: „Wie fühlen Sie sich?" und als Antwort ertönt zur Freude der Bodenstation stereotyp „Gut. Alles normal." Programmgemäß wird das erste Schutzschild von „Wostok 1" abgeworfen, das die Kapsel vor der Reibung in den dichteren Schichten der Atmosphäre schützt. „Ich sehe die Erde." Wie von den Metereologen vorausgesagt, herrscht am 12. April gutes Wetter. Aber dann hört die Leitzentrale einen überhaupt nicht programmgemäßen Ausruf des Entzückens: „Ist das aber schön!!!" bricht es aus dem ersten Menschen heraus, der die Erde vom Weltraum her zu sehen bekommt. Der Anblick hat den ganz auf sein technisches Programm eingestellten Kosmonauten Nr. 1 derart überwältigt, daß das zutiefst menschliche Gefühl über die Herrlichkeit des Planeten, von dem er sich am 12. April 1961 als erstes menschliches Wesen für kurze Zeit gelöst hat, entgegen allen eingeübten Normen für sein Verhalten in hochtechnisierter Umgebung emotional durchbricht. Nach einer einmaligen Umkreisung der Erde in 108 Minuten bei einer Gipfelhöhe von 327 km und einer Geschwindigkeit von 28 000 km/h landet Gagarin um 10.55 Uhr Moskauer Zeit in der Nähe von Saratow an der Wolga.

Der Aufbruch in das Zeitalter der Raumfahrt begann mit dem Start des ersten künstlichen Erdsatelliten, dem sowjetischen „Sputnik 1" am 4. Oktober 1957. Voraussetzung für den Abschuß von Nutzlasten in den Weltraum auf eine Erdumlaufbahn war die Entwicklung von starken Trägerraketen, die die Erdanziehungskraft überwinden konnten. Grundlegende theoretische Vorausarbeiten auf diesem Gebiet hatte schon zu Beginn des 20. Jahrhundert der Russe Ziolkowski geliefert, dessen Arbeiten jedoch im Westen nicht zur Kenntnis genommen worden waren. Dort schuf der Rumäniendeutsche Oberth in den zwanziger Jahren erste Raketen-

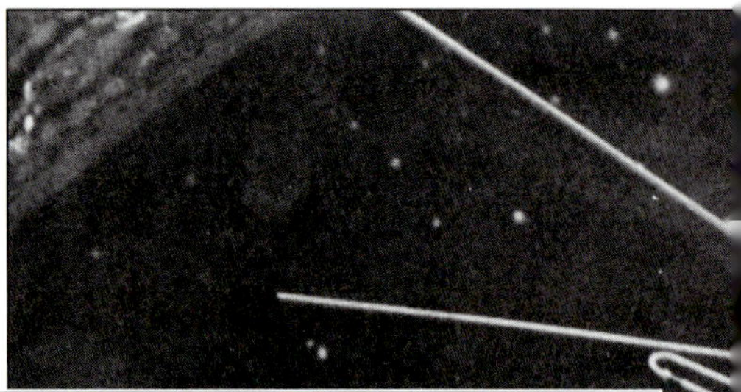

„Die Bezwinger des Kosmos", Aquarell, 1961, von Alexander Alexandrowitsch Dejneka.

fahrzeuge. Seine Forschungen dienten deutschen Wissenschaftlern und Technikern bei der Entwicklung der Raketen V 1 und V 2, die seit 1944 eingesetzt wurden. Die russischen Raketenbauer entwickelten im Zweiten Weltkrieg auf der Grundlage von Ziolkowskis Erkenntnissen den Raketenwerfer vom Typ Katjuscha. Nach dem Ausbruch des Kalten Krieges konzentrierten sie sich auf den Bau interkontinentaler ballistischer Raketen, mit denen sie den US-Atombombern auf den amerikanischen Luftstützpunkten rings um die Sowjetunion durch direkte Bedrohung amerikanischen Territoriums Paroli bieten wollten. Die erste sowjetische interkontinentale ballistische Rakete wurde im August 1957 vorgeführt. Das Geheimnis ihrer langen Reichweite bestand in der Aneinanderreihung mehrerer Raketen, deren einzelne Stufen jeweils nach dem Schwinden der Schubkraft der vorhergehenden Stufe gezündet wurden. Das Prinzip, einmal erfolgreich, konnte ohne weiteres auch auf die Überwindung der Erdanziehungskraft angewandt werden. Dem im Oktober 1957 gestarteten „Sputnik 1" folgte einen Monat später „Sputnik 2", der mit der Hündin Laika auch das erste Lebewesen in das All transportierte.

Das amerikanische Weltraumprogramm konterte am 31. Januar 1958 mit dem in aller Eile gestarteten Meßsatelliten „Explorer I". Prinzipielle Unterschiede bestanden zu Beginn bei den beiden Supermächten in der Zielsetzung der Raumfahrt: Moskau steuerte zielstrebig auf den bemannten Weltraumflug zu, der mit einer künstlichen planetaren Station gekrönt werden sollte; Washington konzentrierte sich vorrangig

1961

auf Überwachung aus dem Weltraum. So setzten in den ersten Jahren des Raumfahrtzeitalters die Russen die Rekordmarken: Im September 1959 erreichte eine sowjetische Sonde den Mond, im Oktober umflog eine andere den Mond und im Mai 1960 schossen sie das erste Raumschiff unbemannt ins All. Bei der Rückkehr eines Lebewesens aus dem All zur Erde hatten dennoch die USA die Nase vorn, als sie am 21. Januar 1960 einen Schimpansen nach einem ballistischen Flug in der Spitze einer Rakete aus dem Atlantik bargen. Aus einer Erdumlaufbahn holten dann allerdings wieder die Sowjets zuerst Lebewesen zurück, nämlich Hunde, Ratten und Mäuse nach 15 Erdumrundungen am 20. August 1960. Im März 1961 startete bereits das Raumschiff „Wostok", das für den ersten bemannten Weltraumflug ausgelegt war, zweimal mit Hunden und einer Puppe in Menschengröße. Nachdem beide Male die Rückkehr zur Erde in dem vorgesehenen Zielgebiet stattfand, wurde grünes Licht für den Einsatz des Kosmonauten Juri Gagarin am 12. April 1961 gegeben.

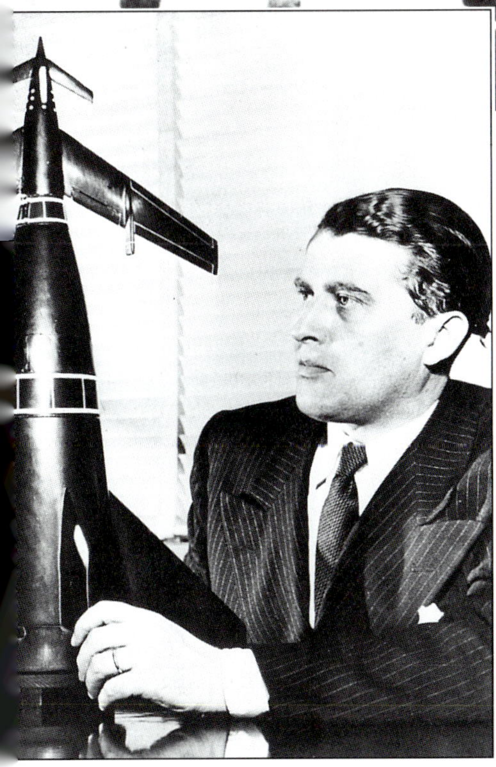

Das Raumschiff „Wostok I", mit dem Gagarin die Erde umkreiste.

Der Konstrukteur Wernher von Braun mit dem Modell der amerikanischen Erdsatelliten-Rakete Jupiter-C, an deren Entwicklung er beteiligt war, im Februar 1958.

Der Kosmonaut Juri Gagarin, 1961.

Zeittafel

Der Kommunist Mátyás Rákosi bei einer Kundgebung zum 1. Mai 1945 in Ungarn.

1945 Proklamation der (kommunistischen) Föderativen Volksrepublik Jugoslawien mit Tito an der Spitze.

1945 Das 1944 von Kommunisten gegründete Lubliner Komitee wird von der UdSSR als Provisorische Regierung Polens anerkannt und leitet die Sowjetisierung Polens ein.

1945 Die tschechische Exilregierung in London übernimmt wieder die Regierung in der Tschechoslowakei. Ein Kommunist wird Ministerpräsident.

Ein UN-Soldat vor der UN-Flagge am Suez-Kanal, 1957.

1945 In Ungarn werden wichtige Ministerposten auf Druck der UdSSR mit Kommunisten besetzt.

1945 In Griechenland Bürgerkrieg zwischen Monarchisten und Kommunisten, den die Monarchisten 1949 gewinnen.

1946 In der sowjetischen Besatzungszone Deutschlands Zwangsvereinigung von SPD und KPD zur SED.

1946 Abschaffung der Monarchie in Bulgarien, nachdem die dort 1944 durch einen Staatsstreich an die Macht gekommenen Kommunisten mit sowjetischer Unterstützung ihre Position gefestigt haben.

1946 Italien schafft die Monarchie ab und wird Republik.

1947 In Ungarn wird die gemäßigte Kleinlandwirte-Partei, die bei den Wahlen 1945 die Mehrheit erhalten hatte, zerschlagen. Neuwahlen bringen die gewünschte kommunistische Mehrheit und die Festigung des sowjetischen Systems.

1947 Durch Wahlfälschungen erreichen Kommunisten und Sozialisten die Mehrheit in Polen. Im folgenden Jahr endgültige Durchsetzung des sowjetischen Systems in Polen.

1947 In Rumänien setzen sich die Kommunisten endgültig durch, nachdem sie die Opposition zerschlagen haben.

1947 Beginn der amerikanischen Finanzhilfen zum Wiederaufbau Europas (Marshall-Plan). Die Ostblockländer dürfen auf UdSSR-Weisung nicht an dem Aufbauprogramm teilnehmen.

1948 Kommunistischer Staatsstreich in der Tschechoslowakei.

1948 Proklamation des Staates Israel und 1. arabisch-israelischer Krieg.

1948 Indien und Pakistan erhalten die Unabhängigkeit.

1948 In Korea entstehen zwei Staaten, die Republik Südkorea und die (kommunistische) Volksrepublik Nordkorea.

1948 Tito bricht mit Moskau und führt Jugoslawien auf einen eigenen Weg zum Sozialismus.

1948 Berlin-Blockade und Spaltung der Stadt Berlin.

1949 Gründung der (kommunistischen) Volksrepublik China.

1949 Gründung der Vereinigten Staaten von Indonesien in der Niederländischen Union mit Sukarno als Präsidenten.

1949 Gründung von NATO und Europarat.

1949 Gründung des COMECON (Rat für gegenseitige Wirtschaftshilfe), um Wirtschaftsplanungen der Ostblockländer auf sowjetische Interessen abzustimmen.

1949 Annahme des Grundgesetzes und Gründung der Bundesrepublik Deutschland.

1949 Gründung der Deutschen Demokratischen Republik.

1950 Die USA verhindern die Aufnahme der VR China in die UNO und garantieren die Sicherheit von Taiwan (Nationalchina).

1950 Die VR China schließt einen Beistandspakt mit der UdSSR.

1951 49 Staaten unterzeichnen den Friedensvertrag mit Japan, das alle Gebietserwerbungen nach 1854 abtreten muß.

1951/52 Im Iran verstaatlicht Ministerpräsident Mossadegh die in britischem Besitz befindliche Erdölindustrie, darauf Staatsbankrott wegen britischen Ölboykotts.

1953 Der Waffenstillstand von Panmunjom beendet den seit 1950 währenden Korea-Krieg. Korea wird in Nord- und

Die Regierungschefs von Belgien, Frankreich, Italien, Luxemburg, der Niederlande und der BRD, die am 25. März. 1957 auf der Konferenz in Rom die Gründung der EWG beschlossen.

Südkorea aufgeteilt, nachdem es Südkorea trotz Unterstützung nicht gelungen war, das von chinesischem Militär unterstützte Nordkorea zu besiegen.

1953 Ein Volksaufstand in der DDR wird mit sowjetischer Hilfe niedergeschlagen.

1953 In Ägypten wird nach Abschaffung der Monarchie die Republik mit Merkmalen einer Diktatur eingeführt.

1953 Im Iran putscht Mossadegh, wird aber (mit amerikanischer Unterstützung) von der Armee gestürzt.

1954 Auflösung der Niederländischen Union, Indonesien wird selbständig, ab 1959 Diktatur Sukarnos.

1954 Aufhebung des Besatzungsstatuts für die Bundesrepublik Deutschland.

1955 Nach Abschluß des österreichischen Staatsvertrags ziehen die Alliierten ihre Besatzungstruppen ab und erkennen Österreich als souveränen Staat an.

1955 Deutschland tritt der NATO bei.

1955 Gründung des Warschauer Paktes.

1956 Mit Hilfe sowjetischer Soldaten wird ein antikommunistischer Aufstand in Posen (Polen) niedergeschlagen. Danach aber Reformkurs der Regierung mit gewissen Liberalisierungen.

1956 Ein antikommunistischer Aufstand in Ungarn wird von den Sowjets niedergeschlagen. Mit Sondergerichten, Terror, Todesstrafen und Deportationen in die UdSSR wird der sowjetische Führungsanspruch wieder gefestigt.

1956 Suez-Krise wegen Nationalisierung des Suez-Kanals durch Ägypten zwecks Finanzierung des Assuan-Staudamms.

1956 Israel greift Ägypten an und erobert den Sinai und den Hafen von Elath. Auf UNO-Beschluß werden die von Israel besetzten Gebiete und die Suez-Kanalzone entmilitarisiert.

1956 Marokko und Tunesien werden von Frankreich unabhängig.

1956 Entstalinisierung in der UdSSR beginnt.

1957 Gründung der Europäischen Wirtschaftsgemeinschaft (EWG) durch Frankreich, BRD, Italien und die Benelux- Länder.

1958 Gründung des Europa-Parlaments in Brüssel.

1958 In China endet das großangelegte Industrialisierungs- und Kollektivierungsprogramm (der "Große Sprung nach vorn") mit Hungerkatastrophen.

1958 Revolution im Irak führt zum Sturz der Monarchie, danach Militärdikatatur.

1959 Revolution in Kuba.

1960 Kamerun, der Kongo, Gabun, der Tschad, die Zentralafrikanische Republik, Togo, die Elfenbeinküste, Dahome, Obervolta, Nigeria, Senegal, Mali, Madagaskar, Somalia und Mauretanien werden unabhängig.

1961 Errichtung der Mauer in Berlin.

1961 Militärputsch und Diktatur in Süd-Korea.

Angehörige der arabischen Befreiungsarmee im Palästinakrieg 1948.

Zwei Supermächte in Konkurrenz

1961–1991

1961 Mauerbau in Berlin: Die DDR schließt das Schlupfloch in den Westen.

1963 Attentat auf Kennedy: Der 35. Präsident der USA wird in Dallas auf offener Straße ermordet.

1968 Das Ende des Prager Frühlings: Sowjetpanzer zerstören die Hoffnung auf einen „Sozialismus mit menschlichem Antlitz".

1969 Der erste Mensch auf dem Mond: Die Apollo-11-Mission ist erfolgreich.

1975 Der Fall von Saigon: Das Ende des Vietnam-Krieges.

1979 Revolution im Iran: Der Islam wird staatstragende Macht.

1989 Der Fall der Berliner Mauer: Die DDR öffnet ihre Grenzen.

1991 Zusammenbruch der UdSSR: Das sowjetische Imperium zerfällt.

Am Brandenburger Tor in Berlin in der Silvesternacht 1989/1990.

Mauerbau in Berlin

Bautrupps der Volksarmee beim Mauerbau 1961.

„Dat glaub' isch nit!" ist die erste Reaktion von Bundeskanzler Adenauer, als er am Morgen des 13. August 1961 morgens um 4.30 Uhr geweckt und mit der Mitteilung überrascht wird, in Berlin werde der Ostsektor von West-Berlin durch Stacheldrahtrollen, Spanische Reiter und Balkenkonstruktionen abgeriegelt. Gegen 7.00 Uhr ist bereits die erste Etappe der Absperrung abgeschlossen. Alle Übergänge zwischen Ost- und West-Berlin auf Straßen und zu Wasser sind versperrt. Eine motorisierte Schützendivision der DDR-Volkarmee, Pionier- und Panzereinheiten sowie mehrere Hundertschaften von Bereitschaftspolizei, Offiziersanwärtern und Polizei haben zwischen 2.00 und 3.00 Uhr mit der Besetzung der 81 Grenzübergänge begonnen. Im Morgengrauen sind dann auch Einheiten der Betriebskampfgruppen – einer SED-Miliz mit Infanteriewaffen – an der innerberliner Grenze erschienen: Ihre Angehörigen sind um 1.00 Uhr aus den Betten geholt worden. Seit 2.00 Uhr sind alle S-Bahn-Verbindungen zwischen den beiden Stadthälften unterbrochen, wobei Aufsichtsbeamte – wiewohl Angestellte der DDR-Reichsbahn – auf einer Reihe von Bahnhöfen, die nach Ost-Berlin oder ins Umland Zurückreisende über Lautsprecher informieren, daß sie damit rechnen müssen, nicht wieder nach West-Berlin einreisen zu können… Zur selben Zeit rattern die Fernschreiber aus dem DDR-Nachrichtenbüro ADN

Titelblatt der „Frankfurter Illustrierten" vom 23. Juli 1961.

bereits den Text einer Erklärung der Regierungen der Staaten des Warschauer Vertrags vom Vortag in alle Welt, daß die DDR-Regierung ermächtigt wird, an der Grenze zu West-Berlin Verhältnisse herzustellen, die ihren Sicherheitsinteressen entsprechen. Das ist als Blankoscheck für militärische Maßnahmen zur Abschnürung West-Berlins gemeint und auch so verstanden worden.

Anlaß für den Mauerbau waren die zahlreichen Flüchtlinge aus der DDR, die aus politischen und/oder wirtschaftlichen Gründen über die nur wenig kontrollierte, für Personenverkehr offene Grenze zwischen der DDR und West-Berlin den Weg in die Bundesrepublik Deutschland nahmen. Allein seit Anfang 1961 hatten sich 155 000 in den Notaufnahmelagern gemeldet, um im westlichen Teil Deutschlands eine neue Existenz aufzubauen. Immer wieder war der Kreml von seinen Statthaltern in der DDR bedrängt worden, er solle dieses Schlupfloch in den Westen inmitten seiner Herrschaftszone nicht weiter dulden. Seit Anfang Juni 1961 verkündete die SED-Propaganda nach einem ergebnislosen Treffen zwischen dem Kreml-Chef Chruschtschow und dem neuen US-Präsidenten Kennedy in Wien, daß die Sowjetunion mit der DDR einen separaten Friedensvertrag abschließen werde, welcher der DDR die Souveränität auch über die Straßen- und Luftverbindungen zwischen West-Berlin und der Bundesrepublik verleihe. Ängstliche Gemüter fürchteten daher eine neue Blockade oder den Rückzug der Westmächte aus ihren Berliner Sektoren. In West-Berlin waren daraufhin ungewöhnlich viele Möbelwagen zu sehen, und in der DDR setzte eine Art Torschlußpanik ein. Die Zahl der DDR-Flüchtlinge schnellte derart in die Höhe, daß sich in der DDR-Wirtschaft ein Mangel an qualifizierten Facharbeitern bemerkbar machte. Die Androhung, daß dies Auswirkungen auf die Exporte in die UdSSR haben könne, veranlaßte Moskau, sich mit dem Problem „Schlupfloch Berlin" näher zu befassen. Anfang August gab eine Beratung führender Köpfe des Warschauer Vertrags grünes Licht für die Schließung der Grenze zu den Westsektoren. Dem war allerdings eine wesentliche Konzession des Westens vorausgegangen, die in ihrer Tragweite weder in Bonn noch im Berliner Senat erkannt wurde. Präsident Kennedy hatte nämlich am 25. Juli erklärt, daß die USA auch notfalls zu einem Krieg bereit wären, um drei Dinge in West-Berlin zu verteidigen: die militärische Anwesenheit der Westmächte; ihren freien Zugang zu den Westsektoren; das Recht der dortigen Bevölkerung auf freie Wahl ihres politischen Systems – vom Ostteil der Stadt war mit keinem einzigen Wort mehr die Rede gewesen.

Vor diesem Hintergrund wird das Verhalten der drei Westmächte verständlich, die zur Enttäuschung vieler Deutscher zwar verbal gegen die Verletzung des Vier-Mächte-Status von Berlin protestierten, aber nicht mit militärischer Gewalt vorgehen. Einige symbolische, aber nutzlose Gesten zielen auf die psychologische Aufrüstung der Westberliner – so z. B. die Entsendung des legendären Generals Clay, des Vaters der Luftbrücke von 1948, als Sonderbotschafter nach West-Berlin. Aber als es im Oktober 1961 in der Berliner Friedrichstraße am Checkpoint Charly zu deutlichen Drohgebärden zwischen US- und Sowjetpanzern kommt, wird die Mini-Krise über Clays Kopf hinweg zwischen Chruschtschow und Kennedy beigelegt. Nachdem die Supermächte mit dem 13. August 1961 ihre schwelende Berlin-Krise ad acta gelegt haben und sich an das Ausräumen weiterer Krisenfelder machen, steht die bundesdeutsche Politik vor der Aufgabe, ihrerseits neue Konzepte einer zukünftigen Ost- und innerdeutschen Politik zu entwerfen.

Der Westberliner Oberbürgermeister Willy Brandt bei einer Protestkundgebung am 14. August 1961 vor dem Rathaus Schöneberg.

US-Panzer vor dem Grenzübergang Checkpoint Charlie an der Friedrichstraße in Berlin.

Attentat auf Kennedy

In Anbetracht der im nächsten Jahr anstehenden Präsidentschaftswahlen befinden sich US-Präsident John F. Kennedy, der eine Wiederwahl anstrebt, und seine Gattin auf einer Rundreise im Bundesstaat Texas, wo er wenig beliebt ist. Texas ist ein ziemlich heißes Pflaster für den 1917 in der Bostoner High Society geborenen Politiker, dem die Wall-Street-Gruppe der amerikanischen Wirtschaft näher steht als die aufstrebende Gruppe der neureichen Ölmilliardäre. Seine Reaktion in der Krise, die im Oktober 1962 durch die Stationierung sowjetischer Mittelstrecken-Raketen auf Kuba ausgelöst wurde und beinahe zu einem nuklearen Weltkrieg geführt hatte, honorierten die Amerikaner zwar als „festes Auftreten gegen sowjetkommunistische Unverschämtheit". Doch seine Politik, den Kalten Krieg in eine Tauwetterphase überzuleiten, indem er eine Aufteilung der Welt in Einflußzonen der Supermächte akzeptierte, wurde von vielen Amerikanern nicht verstanden. Auch seine Parteinahme für die Amerikaner schwarzer Hautfarbe und die Anerkennung ihrer Forderung nach Gleichberechtigung kostete den Präsidenten in den zum Rassismus neigenden Südstaaten viele Sympathien. Das macht sich u.a. deutlich an der Popularitätskurve des Präsidenten bemerkbar: von 84 Prozent im Oktober 1962 sinkt sie im August 1963 auf 61, im September auf 53 und im Oktober auf 47 Prozent. Schon im November 1960 hatte der Demokrat Kennedy die Wahl nur knapp gegen seinen Konkurrenten, den Republikaner Nixon, gewonnen.

Wider Erwarten sind die Aufenthalte in Houston und Fort Worth, den ersten Stationen der Texasreise, recht erfolgreich. Der Charme des jugendlich strahlenden Präsidentenehepaars hat Zehntausende in seinen Bann gezogen und zum Jubeln gebracht. In Dallas aber prangt am Morgen des angekündigten Präsidentenbesuchs in der größten Lokalzeitung eine schwarzgeränderte Anzeige, in der ein selbsternannter „Ermittlungsausschuß frei und amerikanisch denkender Bürger" zwölf Anklagepunkte gegen Kennedy formuliert, die in dem Vorwurf gipfeln, er habe die Monroe-Doktrin verraten und den „Geist von Moskau" an ihre Stelle gesetzt. Darüberhinaus werden 250 000 Flugblätter in der Stadt verteilt, die unter der Überschrift „Gesucht wegen Verrats" Kennedys Porträt zeigen. Trotz dieser Drohgebärden fährt der amerikanische Präsident am 22. November 1963 mit seiner Gattin, begleitet vom Gouverneur des Bundesstaats Texas und dessen Gemahlin, im Fond eines offenen Wagens durch die Straßen der Dreiviertelmillionen-Stadt. Um 12.30 Uhr ist die Innenstadt bereits passiert, und die Gouverneursgattin faßt ihre Eindrücke über den

Amateuraufnahme von Kennedys Ermordung.

Kennedy bei seiner Vereidigung zum als 35. Präsidenten der USA im Januar 1962.

entdeckt, außerdem drei am Boden liegende Patronenhülsen. Der Lagerverwalter stellt inzwischen fest, daß einer seiner Angestellten seit der Mittagspause nicht mehr an seinem Arbeitsplatz weilt – ein gewisser Lee Harvey Oswald, 24 Jahre alt, mit einer bewegten politischen Vergangenheit im linken Spektrum. Als nach ihm gefahndet wird, entdeckt man ihn bereits in der Polizeizelle. Bei der Verlegung des mutmaßlichen Attentäters in ein anderes Gefängnis gelingt es einem Barbesitzer, sich im Getümmel der Fotografen dem Attentäter zu nähern und ihn nieder-

Kennedys Witwe und seine Kinder bei seinem Begräbnis am 25. November 1963.

Der im Weißen Haus in Washington aufgebahrte Sarg des ermordeten Präsidenten.

freundlichen bis jubelnden Empfang der am Straßenrand Stehenden dahingehend zusammen, daß der Präsident wohl nicht behaupten könne, Dallas mit seinen Einwohnern liebe ihn nicht – da peitschen Schüsse auf. Ein Schuß trifft den Präsidenten im Nacken, schlägt quer durch den Hals und verletzt anschließend noch den vor ihm sitzenden Gouverneur. Die neben dem Präsidenten sitzende Jacqueline Kennedy sieht, wie ihr Mann sich mit einer Reflexbewegung an den Hals zu greifen scheint, aber dabei schon zur Seite fällt. In diesem Augenblick trifft ihn ein zweiter Schuß in den Hinterkopf. Das Ganze dauert kaum sechs Sekunden. Um 13.00 Uhr wird der sofort in ein Krankenhaus gebrachte 35. US-Präsident für tot erklärt.

Zu diesem Zeitpunkt hat die Polizei von Dallas bereits eine genaue Vorstellung vom Aussehen des Attentäters, denn mehrere Augenzeugen haben im fünften Stock eines Hauses in einem Eckfenster einen Mann gesehen, den sie trotz der Entfernung so genau erkannt haben, daß eine genaue Personenbeschreibung herausgegeben werden kann. Als einem Polizisten um 13.15 Uhr ein zu der Beschreibung passender Mann über den Weg läuft, will er ihn ansprechen, wird aber sofort niedergeschossen. Der Polizistenmörder wird verhaftet. Daß er auch der Attentäter ist, ergibt sich erst ein wenig später. Das Lagerhaus, aus dem die Schüsse gefallen sind, wird durchsucht, und dabei im fünften Stockwerk hinter einem Fenster ein Präzisionsgewehr

zuschießen, angeblich, um Kennedys Witwe zu ersparen, zum Prozeß gegen Oswald noch einmal nach Dallas kommen zu müssen. Ärztliche Kunst im besten örtlichen Krankenhaus – es ist das Parkland Memorial Hospital, dasselbe, in das auch Kennedy eingeliefert worden ist – kann Oswald nicht mehr retten.

Der Rächer, Jack Ruby, kommt vor ein Gericht in Dallas, wird auch zum Tode verurteilt, entschläft jedoch 1967 friedlich an einem Krebsleiden im Parkland Memorial Hospital. Die amtliche Version von dem Einzeltäter Oswald, der übrigens niemals das Attentat zugegeben hat, beherrscht noch immer die amerikanischen Geschichtsbücher.

Das Ende des Prager Frühlings

Auf dem internationalen Flughafen Prag-Ruzyne hat am Abend des 20. August 1968 der tägliche Flugverkehr sein normales Ende gefunden, der Flugplan sieht erst gegen 5.00 Uhr des folgenden Tages die nächste Landung vor. Da meldet der Kontrollturm plötzlich dem Flugplatzdispatcher drei sowjetische Transportmaschinen, die, obwohl ihnen die Landeerlaubnis verweigert wird, um 22.13 Uhr kurz hintereinander landen. Der Chef vom Dienst läßt angesichts des Überfalls sofort die Kommandozentrale des Flughafens lahmlegen, um weitere Landungen zu verhindern. Aber aus den Rümpfen der Sowjetmaschinen ergießt sich nicht nur ein Strom von Fallschirmjägern und Militärtechnik, sondern auch die ganze technische Ausrüstung, die man zum Notbetrieb eines Luftkreuzes braucht. So können weitere Maschinen fast im Minutenabstand landen. Zur gleichen Zeit bewegen sich von den Grenzen der Tschechoslowakei zu Ungarn, der Sowjetunion, Polen und der DDR Panzerkolonnen in das Innere des Landes auf vorher festgelegte Ziele – zumeist handelt es sich dabei um die großen und mittleren Städte, aber auch um einsam gelegene Kommunikationszentren – zu.

Die Tschechen sind viel zu überrascht, um militärischen Widerstand zu leisten. Das Präsidium des Zentralkomitees der Kommunistischen Partei der Tschechoslowakei erfährt während einer Sitzung im Gebäude des Zentralkomitees zwischen 23.00 und 24.00 Uhr von der Invasion. Es bittet erst den parteilosen Staatspräsidenten General Svoboda von seinem Amtssitz auf dem Hradschin zu sich, um nach dessen Eintreffen eine Stellungnahme zu beraten, die um 1.30 Uhr des 21. August mit sieben zu vier Stimmen verabschiedet wird. Sie verurteilt den Akt der Agression mit scharfen Worten, ruft aber die Bürger auf, sie sollten „Ruhe bewahren und den einrückenden Truppen keinen Widerstand leisten." Daß viele Führungsgrößen der Supermacht UdSSR und ihrer im Warschauer Pakt zusammengeschlossenen Satellitenstaaten dem innenpolitische Reformkurs der CSSR mißtrauisch gegenüberstanden, war allgemein bekannt, mit dieser brutalen Lösung, mitten im Frieden und ohne jede Vorwarnung in ein befreundetes und verbündetes Land einzufallen, hatten zumindest die Tschechen und Slowaken aber doch nicht gerechnet.

Da die Tschechoslowakei als einziges aller Länder des Warschauer Paktes eine echte parlamentarisch-demokratische Tradition besaß, traten in der Tauwetterperiode unter dem

„Fest zusammen", Tschechisches Protestplakat gegen den Einmarsch der sowjetischen Truppen.

Demonstrationen auf dem Wenzelsplatz in Prag gegen den Einmarsch der Truppen des Warschauer Paktes.

Kremlchef Chruschtschow hier auch selbst aus den Reihen der KP unabhängige Köpfe auf, die Reformen verlangten. Wirtschaftstheoretiker und Schriftsteller gingen voran, Apparatschiks aus den oberen Machtetagen folgten. Symbolfigur der Reformbewegung wurde der Slowake Alexander Dubček, der als neuer Erster Sekretär der Kommunistischen Partei gleich nach seinem Amtsantritt im Januar 1968 von einem „Sozialismus mit menschlichem Antlitz" sprach. Ein im April 1968 verabschiedetes Aktionsprogramm der KP teilte mit, was im einzelnen darunter zu verstehen sei: Pressefreiheit, Versammlungsfreiheit, Dezentralisierung, Korrekturen am starren Schema der Planwirtschaft, Rehabilitierung der Opfer stalinistischer

Panzer in den Straßen Prags.

Willkür, Reisefreiheit, vermehrte Kontakte mit westlicher Kultur, Zulassung privater Initiative in Kleinhandel und kleiner Warenproduktion, Lockerung der Kollektivierung in der Landwirtschaft. In Anlehnung an das traditionelle Musikfestival „Prager Frühling" übertrug die Weltpresse diesen Begriff auf den politischen Reformprozeß. Bei den Sowjets erregte ein solcherart beschaffenes Programm zur Liberalisierung großes Mißtrauen. Konferenzen der Führungskräfte des Warschauer Pakts bezogen zunächst noch die Prager Reformer ein, denen man nahelegte, in ihrer Liberalisierung nicht allzu weit zu gehen. Namentlich wurde immer wieder die heilige Kuh des Marxismus-Leninismus, die „führende Rolle der Partei" (hinter der sich die Diktatur der führenden Apparatschiks verbirgt) beschworen. Die Prager Reformer beabsichtigten auch keineswegs eine Aufgabe dieser führenden Rolle, sahen sie aber inhaltlich verändert: die Partei sollte die Initiative bei der Modernisierung der Gesellschaft übernehmen. Der Popularitätsgewinn der Kommunisten, der sich besonders bei den Feiern zum 1. Mai 1968 zeigte, gab ihnen dabei Recht.

Doch die Forderungen einiger Schriftsteller überschritten die Grenzen des damals Machbaren: Das von Ludvík Vaculík Ende Juni in Umlauf gesetzte „Manifest der 2000 Worte" rief zu einer breitgefächerten außerparlamentarischen Opposition auf. Obwohl die Prager Reformer das Schriftstück verurteilten, sahen Moskau und seine Trabanten ihre politische Toleranzgrenze überschritten. Noch gab es einige Versuche, Prag auf eine Linie festzulegen, die die Liberalisierung z. T. zurücknehmen würde, aber Kompromißformeln suchende Kommuniqués wurden grundsätzlich von den beteiligten Seiten unterschiedlich interpretiert. So fiel in Moskau der Entschluß zur Invasion: Schließlich hätte nach der Breschnew-Doktrin der Warschauer Pakt gemeinsam die Verpflichtung, für die Aufrechterhaltung des Sozialismus in seinen Mitgliedsländern einzutreten. Die Prager Reformer werden nach dem 21. August verhaftet und nach Moskau gebracht. Unter der Androhung der Aufrechterhaltung der militärischen Besatzung wird ihre Zustimmung zu personellen Veränderungen, zur Aufhebung der Pressefreiheit, zum Verbot einiger und straffer Kontrolle aller gesellschaftlichen Organisationen sowie zur Stationierung sowjetischer Truppen in der Tschechoslowakei erzwungen. Der „Sozialismus mit menschlichem Antlitz" ist der sowjetischen Macht- und Staatsräson zum Opfer gefallen.

Die Panzer der Interventionstruppen werden von der Bevölkerung blockiert. Prag, 21. August 1968.

Tschechisches Protestplakat: Die Rote Armee als Befreier 1945 und als Unterdrücker 1968.

Der erste Mensch auf dem Mond

Emblem des Apollo-11-Projekts der NASA.

„Dies ist ein kleiner Schritt für einen Menschen, aber ein großer Sprung vorwärts für die Menschheit!" erklärt US-Astronaut Neil Armstrong, als er die letzte Stufe der Außentreppe der Mondfähre „Eagle" verläßt und auf die Mondoberfläche tritt. Es ist der 20. Juli 1969, 22.56 Uhr nach der im Raumfahrt-Kontrollzentrum Houston geltenden Zeit. Vor etwa einer Million Zuschauern vor Ort in Florida hat sich „Apollo 11" am Morgen des 16. Juli 1969 mit den drei Astronauten Armstrong, Aldrin und Collins in die Lüfte erhoben und ist drei Tage später in die Mondumlaufbahn eingetreten. Am 20. Juli trennt sich die Fähre „Eagle" von der Kommandokapsel, in der Collins auf der Mondumlaufbahn verbleibt. Um 15.17 Uhr Houstoner Zeit setzt die „Adler" auf dem Mond im Mare Tranquilitatis auf. Neben der epochalen Tatsache der Landung ist auch die Güte der Funk- und Televisions-Kommunikation sensationell, welche die Verbindung zwischen den beiden Menschen auf dem Mond und der etwa einer Milliarde Menschen auf Erden, die das Ereignis am Bildschirm miterleben, herstellt. Von der Raumflugzentrale in Houston gemahnt, kehren Armstrong und Aldrin nach einem Ausflug von 33 m über die Mondoberfläche zur Fähre „Eagle" zurück und verlassen den Erdtrabanten. Die Rückkehr zur Erde verläuft programmgemäß und findet ihr Ende mit der Wasserung der Kapsel im Pazifik am 24. Juli. Angekündigt wurde das Vorhaben einer amerikanischen Mondlandung in einer Rede des US-Präsidenten Kennedy vor dem amerikanischen Kongreß am 25. Mai 1961 mit den Worten: „Ich glaube, daß diese Nation noch vor Ablauf des Jahrzehnts einen Menschen zum Mond und sicher zur Erde zurückbringen sollte". In der 1958 zur Koordinierung aller zivilen amerikanischen Raumfahrtprojekte gegründeten NASA liefen die Arbeiten zum „Projekt Apollo" an. Schon zum Jahresende 1961 fiel die Entscheidung über die prinzipielle Methode einer menschlichen Landung auf dem Mond: zunächst Start in eine Erdumlaufbahn, von dort aus Flug zum Mond in eine lunare Umlaufbahn, Absetzen einer Mondfähre aus dieser Umlaufbahn zur Landung auf dem Mond, Aus- und Wiedereinstieg, Rückstart der Fähre zur Raumkapsel in der lunaren Umlaufbahn, Andocken, Übersteigen der Mondmannschaft in die Raumkapsel, Abstoßen der Fähre, Rückkehr der Kapsel zur Erde. Mit die-

Ansicht der gelandeten Raumfähre auf dem Mond vom Raumschiff aus.

sem Ziel vor Augen arbeiteten bis zu 400 000 Menschen an „Apollo", das als Raumschiff mit seinen drei Modulen – Versorgungsmodul (u.a. mit einem Raketenmotor für nötige Kurskorrekturen), Kommandokapsel, Mondfähre – aus nicht weniger denn neun Millionen meist speziell gefertigter Einzelteile bestand. Für „Apollo" wurde eigens ein neuer Raumfahrtbahnhof angelegt, der in Anlehnung an einen Luftwaffen-Raketenstartplatz bei Cape Canaveral entstand und nach Kennedys Ermordung ihm zu Ehren den Namen „Kennedy-Raumflugzentrum der NASA", kurz Cape Kennedy, erhielt.

Eine eigene dreistufige Antriebsrakete – „Saturn V" – von 3000 t Gewicht, 111 m Höhe und 10 m Durchmesser wurde für das „Apollo"-Unternehmen von dem weltbekannten Großraketen-Konstrukteur Wernher von Braun entwickelt. Simuliert und trainiert wurde allerdings zunächst mit kleineren Saturn-Raketen. Bei einer dieser Simulationen verbrannten am 27. Januar 1967 drei Astronauten in der Kapsel „204" in Sekundenschnelle, als ein Kurzschluß in einer der Leitungen einen Funken erzeugte, der die mit reinem Sauerstoff gefüllte Kapsel sofort zur brennenden Todesfalle machte. Dieser tragische Zwischenfall verzögerte das ganze Programm um anderthalb Jahre, weil sämtliche Komponenten noch einmal von Grund auf überprüft wurden. 1968 brachte dann die Kapsel „Apollo 8" in einem sechstägigen Unternehmen erstmals Menschen in eine lunare Umlaufbahn. Langzeitflüge hatten vorher klargemacht, daß Menschen zumindest so lange in der Schwerelosigkeit leben konnten, wie sie für einen Flug zum Mond und zurück benötigen würden. Daß sich ein Mensch im All außerhalb eines Raumschiffes aufhalten könne, war in der Zwischenzeit im März 1965 durch den Kosmonauten Leonow mit seinem Ausstieg aus „Wos-chod 2" und im Juni desselben Jahres durch den Astronauten White, der „Gemini 4" verließ, bewiesen worden. „Apollo 9" und „Apollo 10" beförderten im März bzw. Mai 1969 die drei Module komplett in eine Erd- bzw. eine Mondumlaufbahn. Bei „Apollo 10" lief alles schon so perfekt, daß nur noch die Landung der Mondfähre ausgestanden hatte, was dann „Apollo 11" erfolgreich übernahm. Es folgen noch sechs „Apollo"-Missionen, von denen „Apollo 13" wegen eines winzigen Defekts um ein Haar mit einer Katastrophe endet – die anderen sind ein Erfolg und tragen zu einer immer besseren Erforschung des Mondes bei.

Astronaut Edward White bei seinem „Weltraumspaziergang" am 3. Juni 1965.

10. Juli 1969: Astronaut Aldrin betritt den Mond.

Der Fall von Saigon

Um 11.30 Uhr Ortszeit wird am 30. April 1975 die blau-rote Flagge der „Provisorischen Revolutionsregierung Südvietnams“ auf dem Saigoner Doc-Lap-Palast, dem Sitz des geflüchteten Präsidenten der nicht mehr bestehenden „Republik Vietnam“, gehißt. Nach fast dreißig Jahren, geprägt von kriegerischen Auseinandersetzungen, wird das geteilte Vietnam wiedervereinigt, was allerdings nach dem Verständnis der westlichen Welt nicht unbedingt positiv gesehen wird, denn die Kommunisten haben den Sieg davongetragen.

Angefangen hatte alles mit der vietnamesischen Liga für die Unabhängigkeit Vietnams (Vietminh), die 1941 gegen die französische Kolonialherrschaft ins Leben gerufen worden war. Führer dieser Bewegung war Ho Chi Minh, der bereits 1930 die Kommunistische Partei Vietnams gegründet hatte. Ihre Guerillakämpfe richteten die Vietminh sowohl gegen die Franzosen als auch gegen die japanischen Besatzer während des Zweiten Weltkriegs. Den nach dem Zusammenbruch Japans entstandenen Freiraum nutzte Ho Chi Minh, um im September 1945 die „Demokratische Republik Vietnam“ auszurufen, die zunächst von Frankreich im März 1946 den Status eines freien Staates innerhalb der französischen Union zugestanden bekam. Aber Frankreich fiel rasch wieder in seine alte Kolonialpolitik zurück, und einige hohe Militärs sorgten dafür, daß es bald zu blutigen Auseinandersetzungen kam und französische Söldner in kürzester Zeit in Kämpfe gegen die Vietminh verstrickt waren. Nach über 92 000 Toten und schweren militärischen Niederlagen gegen die vietnamesischen Guerillas zogen die Franzosen 1954 die Konsequenz und traten mit der Volksrepublik Vietnam in Verhandlungen. Vereinbart wurde im Genfer Abkommen die vorläufige Teilung Vietnams in eine kommunistische Einflußzone im Norden und eine französische im Süden. Vorläufig, denn für Juni 1956 waren gesamtvietnamesische Wahlen und die Wiedervereinung geplant.

Dazu sollte es aber nicht kommen, denn nun traten die USA auf den Plan. Ausgehend von der „Domino-Theorie“, die besagte, daß nach dem Verlust eines asiatischen Landes an den Kommunismus zwangsläufig immer die Nachbarn auch dem Kommunismus anheimfallen müßten, hatten sie bereits die Franzosen in ihrem Kampf gegen die Vietminh mit Militärberatern und kräftigen Finanzhilfen unterstützt. Obwohl selbst gerade mit ihrem Engagement in Korea gescheitert, zeigten sie nun keinerlei Verständnis für die Rückzugsabsichten der Franzosen und stärkten der südvietnamesischen Regierung den Rücken, die ebenso wie die USA von dem Genfer Abkommen nichts wissen wollte. Ngo Dinh Diem, mit amerikanischer Hilfe 1954 an die Regierung gelangt, wandelte zwar den 1949 von den Franzosen gegründeten „Staat Vietnam“ 1955 in eine Republik um, regierte aber ansonsten mit polizeistaatlichen Methoden, was ihn in der Bevölkerung keineswegs beliebter machte, sondern selbst die gemäßigte Opposition ins kommunistische Lager trieb. 1963 wurde er Opfer eines Putsches, aber auch seine Nachfolger konnten sich nur dank der amerikanischen Unterstützung halten. Da angekündigte Reformen wie Bodenreform, Pressefreiheit und Beseitigung der Korruption in Heer und Verwaltung nicht durchgeführt wurden, fand die neue Regierung, seit 1965 unter General Thieu, genausowenig Rückhalt in der Bevölkerung wie die vorhergehende.

Da absehbar war, daß eine Wiedervereinigung nicht auf friedlichem Wege zu erreichen war, gingen die Kommunisten in Nordvietnam erst einmal daran, ihren Teilstaat zu konsolidieren und ab 1955 die dringend anstehende Landreform durchzuführen. 1960 wurde dieser Festigungsprozeß mit einer neuen Verfassung abge-

Die Leidtragenden des Krieges!

Napalmangriff der US-Luftwaffe im April 1967.

schlossen. Nun begann die nordvietnamesische Regierung, Kader nach Südvietnam zu schikken, welche der Landbevölkerung den Kommunismus näherbrachten. Noch 1960 wurde die Nationale Befreiungsfront für Südvietnam als Dachorganisation der Guerillakämpfer (Vietcong) gegründet. 1964 waren rund 2/3 der südvietnamesischen Dörfer unter kommunistischer Kontrolle, was die USA bewog, mit militärischen Aktionen – hauptsächlich Bombenangriffen auf strategische und wirtschaftliche Ziele – gegen Nordvietnam vorzugehen, um die Nachschubwege der Kommunisten zu zerstören. Ganze Landstriche wurden unbewohnbar gemacht und die Bevölkerung zwangsumgesiedelt, um den Guerillas ihre Stützpunkte zu entziehen. Obwohl 1969 über eine halbe Million amerikanischer Soldaten in Vietnam standen und modernste Kriegstechnik eingesetzt wurde, konnten die Amerikaner keinen entscheidenden Sieg über die Kommunisten, die von der UdSSR und China unterstützt wurden, erringen. Nicht nur international wuchs die Kritik am amerikanischen Engagement in Vietnam, sondern auch in den Vereinigten Staaten. Zum einen schien es vielen fragwürdig, ob eine direkte Beteiligung der US-Streitkräfte an diesem Menschen und Material verschleißendem Stellvertreterkrieg wirklich nötig sei, zum anderen entsetzten doch auch viele die moralischen Entgleisungen amerikanischer Soldaten im Dschungelkrieg, die sich an Massakern von Zivilisten und anderen Grausamkeiten beteiligten. Im Frühjahr 1968 wurden in Paris Friedensverhandlungen aufgenommen, die zunächst jedoch keine Ergebnisse brachten. Gleichzeitig begannen die USA aber, ihre Truppenpräsenz abzubauen und dafür den Aufbau einer südvietnamesischen Armee zu fördern.

Im Januar 1973 kam endlich ein Waffenstillstandsabkommen zustande, das den völligen Abzug der amerikanischen Truppen und die Bildung eines „Nationalen Versöhnungsrates" vorsah, an dem auch die von der Befreiungsfront gebildete Provisorische Regierung Südvietnams teilnehmen sollte. Widerwillig fügte sich die südvietnamesische Regierung zunächst dem amerikanischen Druck und unterzeichnete das Waffenstillstandsabkommen, doch verhinderte dies nicht, daß nach dem Abzug der Amerikaner südvietnamesische Truppen und Nationale Befreiungsfront weiterkämpften, bis die südvietnamesische Armee, zahlen- und ausrüstungsmäßig zwar überlegen, an Kampfmoral und -disziplin aber weit unterlegen, zusammenbrach. Vierzehn Monate später wurde mit der Gründung der „Sozialistischen Republik Vietnam" die Wiedervereinigung offiziell vollzogen.

Offsetplakat der Art Worker's Coalition, USA, 1969: Q(uestion). And babies? A(nswer). And babies. Es zeigt Opfer des Massakers im Dorf My Lai, bei dem von US-Soldaten im März 1968 über 100 Zivilisten, darunter auch Kleinstkinder, ermordet wurden.

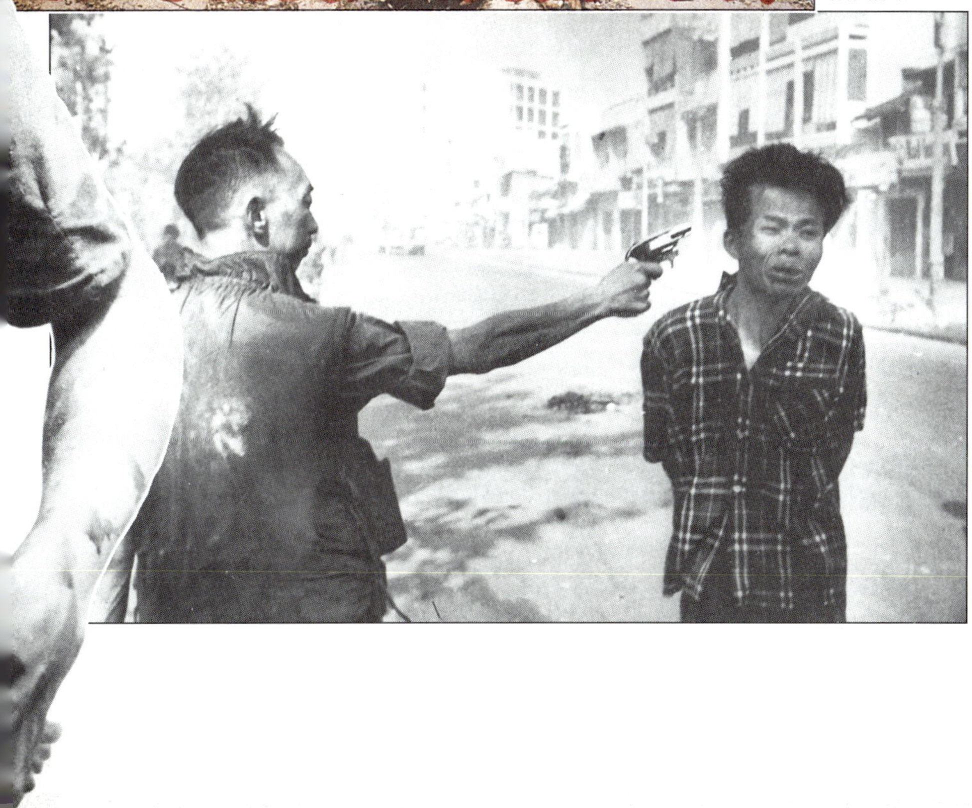

Exekution eines Offiziers der Vietcong-Truppen in Saigon durch den südvietnamesischen Polizeichef Nguyen Ngoc Loan am 1. Februar 1968 durch einen Pistolenschuß.

Revolution im Iran

Regierungsfeindliche Massenkundgebungen sind im Iran seit den sechziger Jahren nichts Neues, ebensowenig die Methode, sie notfalls unter Einsatz von Schußwaffen durch Soldaten auflösen zu lassen. Neu ist an der großen Demonstration am 14. Januar 1979, daß sich die Soldaten nicht nur weigern, auf die Demonstranten zu schießen, sondern sich auch noch mit ihnen verbrüdern. Zwei Tage später verläßt Reza Pahlewi, seit 1941 Herrscher des Irans, sein Land, nachdem ihm seine hohen Militärs erklärt haben, nicht mehr für seine Sicherheit garantieren zu wollen. Eine seit Jahresanfang amtierende Regierung aus Intellektuellen, die bis vor wenigen Monaten noch selbst Verfolgte des Schah-Regimes waren, bemüht sich zwar noch, die Revolution in gemäßigte Bahnen zu lenken, doch gegen die von der schiitischen Geistlichkeit unter Führung ihres Ayatollahs Khomeini geschürte Massenhysterie ist sie machtlos. Die folgenden Wochen sind gekennzeichnet von Hetzjagden auf Prominente des Schah-Regimes. Das Chaos regiert. Zwei Wochen wartet Khomeini, das Oberhaupt der schiitischen Gläubigen noch in seinem Pariser Exil, dann kehrt er Anfang Februar – von der Bevölkerung frenetisch bejubelt – in den Iran zurück.Erstmals im 20. Jahrhundert ist eine auf religiösen Fundamenten ruhende Revolution erfolgreich. Antiamerikanismus, Fortschrittsfeindlichkeit, Nationalismus und Islam verbanden sich dabei zu einer Ideologie von großer Zugkraft – und Khomeini als geistliches Oberhaupt der Schiiten ist ihre Symbolfigur.

Seit der Schah 1962/63 eine Reformpolitik eingeleitet hatte, die den Iran durch Industrialisierung und Bodenreform an den Standard der westlichen Welt annähern sollte, hatte der Groß-Ayatollah Khomeini diese Maßnahmen kritisiert. Weniger tadelte er dabei die totalitären Methoden des Schahs, der seinem Land diese Neuerungen mit Gewalt oktroyierte, als die Gefahren einer Verweltlichung und Abkehr vom Koran mit seinem rigiden Moralkodex. Pahlewi orientierte sich, seit ihm seine von den USA ausgebildeten Militärs 1953 nach einem nationalistischen Putsch wieder auf den Thron geholfen hatten, sehr stark an den Vereinigten Staaten und holte sich einen Stab von amerikanischen Beratern für sein Reformprogramm ins Land. In ihrem Eifer, dem Iran die Segnungen der westlichen Zivilisation beizubringen, zeigten sie wenig Gespür für iranische Traditionen und Mentalität und berücksichtigten auch nicht den Einfluß des islamischen Glaubens. Die Verbindung von westlicher Überheblichkeit, technischem Fortschritt, autokratischen Herrscherallüren des Schahs und mangelnder Berücksichtigung religöser Traditionen schuf einen günstigen Nährboden für den schiitischen Fundamentalismus, der zu einer Anti-Schah-Bewegung mit Khomeini an der Spitze wurde. Des Landes verwiesen, hörte er nicht auf, das Schah-Regime zu verteufeln und sein Ideal einer Islamischen Republik, in der die Gesetze des Koran ein harmonisches Leben garantierten, zu propagieren.

Inzwischen kamen viele Iraner zu der überzeugung, daß Khomeini mit seiner Opposition gegen die „weiße Revolution" im Recht gewesen sei, denn die Folgen der Verwestlichung, Industrialisierung und Militarisierung der iranischen Gesellschaft wurden in den siebziger Jahren immer spürbarer: Landflucht, Verslumung der Großstädte, überschwemmung des Landes mit amerikanischer, das einheimische Kleingewerbe ruinierender Massenware, Pornografie und Drogen wurden zur Realität. Und wenn der Ayatollah mit seiner Prognose recht gehabt hatte, warum sollte dann nicht auch seine Zukunftsvision stimmen? Bei Demonstrationen für Khomeini in der heiligen Stadt Ghom forderte Polizei- und Militäreinsatz im Januar 1978 über 100 Tote, was Proteste in anderen Städten auslöste und die Stimmung immer stärker anheizte. Seit Sommer 1978 schwankte der Schah zwischen Konzessionen an die Geistlichkeit und die „Nationale Front," der vornehmlich aus Intellektuellen und Geschäftsleuten bestehenden liberalen, nicht religös motivierten Opposition, und brutaler Unterdrückung der Massenkundgebungen. Das entspannte die Atmosphäre keineswegs, sondern machte Khomeini in seinem Exil, wo er mit der „Nationalen Front"

Ayatollah Khomeini im Jahre 1979.

Der prunkliebende Schah Reza Pahlevi 1967.

eine gemeinsame Iranisch-Islamische Nationalbewegung zur Aufrichtung einer Islamischen Republik gründete, nur noch unnachgiebiger. Dem Aufruf der Mullahs zu einem Generalstreik im September 1978 war bei den stark verwestlichten Arbeitern auf den iranischen Erdölfeldern vor allem deshalb Erfolg beschieden, weil die vom Schah unterdrückte kommunistische Tudehpartei ihren Einfluß voll zugunsten des Aufrufs der Geistlichkeit einsetzte. Dem völlig vom Volk gelösten Schah-Regime stand eine breite Einheitsfront höchst divergierender Kräfte gegenüber, die sich zunächst nur über ihr Nahziel einig waren – den Sturz des Schahs. Für die Ausgestaltung einer Islamischen Republik als Fernziel brachten sie höchst unterschiedliche Vorstellungen ein. Entscheidung für die weitere Zukunft wurde, daß seit Herbst 1978 die Geistlichkeit die Führung in der breiten Front der Opposition übernommen hatte.

Um eine weitere Eskalation der innenpolitischen Krise im Iran zu verhindern, favorisierten auch die USA die Bildung einer neuen Regierung aus gemäßigten Oppositionellen unter Beseitigung des Schah-Regimes, wobei sie jedoch völlig den rigorosen, von Intoleranz und Fanatismus geprägten Fundamentalismus unterschätzten und auch die Geistlichkeit mit einbezogen. So konnte Khomeini ungehindert nach seiner Rückkehr in den Iran sofort die höchste politische Autorität ausüben und eine ihm genehme Regierung einsetzen, mit der er direkt auf sein Ziel lossteuerte, einen theokratisch regierten Staat. Zu spät erkannte die Welt, daß „der Khomeini-Siegeszug ein Schlafwagen in das Mittelalter" war, wie den Vorgang ein Exil-Iraner bereits bei Khomeinis Abreise aus Paris am 31. Januar 1979 treffend beschrieb.

Iranische Frauen folgen im März 1988 dem Aufruf Khomenis zu einer Massenkundgebung in Teheran, um den 2000. Tag seit Beginn des Krieges mit dem Irak zu feiern.

Ausschreitungen in der Zeit zwischen dem 16. und 31. Januar 1979 in Teheran.

Antiamerikanische Demonstration am 16. Januar 1980 in Teheran anläßlich des 1. Jahrestags der Flucht des Schahs. Die Demonstranten fordern, mit Duldung Khomeinis, die Auslieferung des Schahs.

Der Fall der Berliner Mauer

Am 9. November 1989 um 18.00 Uhr beginnt eine Pressekonferenz im Internationalen Pressezentrum der DDR-Regierung. Der Sprecher des Politbüros des SED-Zentralkomitees, Günter Schabowski, bemüht sich, den Vertretern der Weltpresse das neue Image einer weltoffenen Informationspolitik der SED- und DDR-Führung zu vermitteln, was unter Ulbricht und dessen Nachfolger Honecker undenkbar gewesen wäre. Es dreht sich alles um die Frage, wie die DDR mit der tiefen gesellschaftlichen und politischen Krise fertigwerden könne, in die sie durch ihre verknöcherte, unzeitgemäße Politik geraten ist. Schabowskis emotionslose Schilderung der Debatte um ein Aktionsprogramm der personell teilweise erneuerten SED-Führung zieht sich ermüdend hin, bis er zu dem Problem der Reisefreiheit für DDR-Bürger in westliche Länder kommt. Mangels touristischer Bewegungsfreiheit und Unzufriedenheit mit den wirtschaftlichen und politischen Verhältnissen in ihrem Staat hatten viele Bürger die DDR endgültig verlassen und sich in der Bundesrepublik angesiedelt. Seitdem Ungarn am 11. September 1989 dazu übergegangen war, DDR-Bürger ohne Formalitäten über die österreichische Grenze ausreisen zu lassen, hatten allein 80 000 diese Möglichkeit genutzt und dabei in Kauf genommen, niemals wieder in ihre Heimat zurückkehren zu dürfen.
Als Schabowski nun nach geplanten Maßnahmen gefragt wird, mit denen die seit Wochen grassierende Ausreisewelle („Ausreißwelle" wird sie auch zutreffend genannt) aus der DDR verlangsamt werden könne, antwortet er, daß unbürokratisch und kurzfristig Ausreise-Visa erteilt werden sollten. Auf deutliche Skepsis bei den Pressevertretern reagiert Schabowski seinerseits mit Verwunderung: „Ich denke, Sie kennen das? Nein? Oh, Entschuldigung, dann sage ich es Ihnen." Und er zieht einen Zettel aus der Tasche und liest den Text eines Beschlusses der DDR-Regierung vom selben Tag vor, demzufolge die Bürger des ostdeutschen Staates, ohne eine Begründung abgeben zu müssen, Anspruch auf ein Ausreisevisum hätten und Ausreisen über alle Grenzübergangsstellen zur Bundesrepublik und West-Berlin erfolgen könnten. Als die verblüfften Medienvertreter überrascht nachfragen, wann denn diese Regelung in Kraft treten werde, stottert der Vertreter des höchsten politischen Entscheidungsgremiums der DDR verlegen, er denke, daß das ab sofort gelte. Über Einzelheiten könne er sich nicht äußern, „weil ich nicht ständig auf dem laufenden bin, sondern kurz bevor ich hier 'rübergekommen bin, diese Information in die Hand gedrückt bekam."
Darauf glühen natürlich die Telefonleitungen zu Nachrichtenagenturen und Pressezentralen, und die westdeutschen Rundfunk- und Fernseh-Nachrichtensendungen stürzen sich auf die Meldung. Da die große Mehrheit der Ostberliner ihren Informations-Bedarf bei bundesdeutschen Fernsehstationen befriedigt, breitet sich das Gerücht „Die Grenze ist offen!" schnellstens aus. Ab 20.00 Uhr sammeln sich die ersten hundert Ostberliner an den bekanntesten Grenzkontrollstellen Bornholmer Brücke, Sonnenallee, Invalidenstraße, Chausseestraße und berichten den Grenzern, Schabowski habe doch der Weltöffentlichkeit mitgeteilt, „die Grenze ist ab sofort offen". Die Grenzoffiziere wissen von nichts und auch auf dem verzweifelt bemühten Dienstweg sind keinerlei Informationen, Weisungen oder gar Befehle über vorschriftsmäßiges Verhalten in solcher Situation zu erhalten. Am Übergang Chausseestraße ordnet ein beherzter Offizier gegen 20.30 Uhr an, die Personenschleusen zum Ausreise-Eintrag in die Personalausweise und zum anschließenden Passieren freizuge-

Berlin in der Nacht vom 9. zum 10. November 1989 am Brandenburger Tor.

Westberliner begrüßen die Besucher aus Potsdam nach der Öffnung des Grenzübergangs an der Glienicker Brücke am 10. November 1989.

ben. Mit einem ersten Schub gelangen etwa 60 Ostberliner hinüber nach West-Berlin. Fassungslos meldet es die Westberliner Polizei ins Polizeipräsidium, das die Nachricht an die Rundfunksender West-Berlins weitergibt. Ab 21.30 Uhr berichtet der Sender RIAS live von der Chausseestraße. Daraufhin wird auch der Grenzübergang an der Bornholmer Brücke von seinem Kommandanten geöffnet. Auf der anderen Seite der Mauer treffen die Ostberliner auf herbeigeeilte Westberliner, die sich selbst überzeugen wollen, daß das seit Jahrzehnten für unmöglich Gehaltene doch Wirklichkeit geworden ist: Die Berliner Mauer ist offen. Wildfremde Menschen fallen sich in die Arme, Sektkorken knallen batterieweise, die Gaststätten quellen über von Besuchern, deren Trunkenheit weniger auf die reichlich spendierten „Lagen" zurückzuführen ist als auf die Freude. Eine 28 Jahre lang durch Stacheldraht und Beton getrennte Millionenstadt befindet sich im Rausch! Da die Berliner Mauer weltweit als Symbol der deutschen Teilung bekannt ist, wird ihrer plötzlichen Durchlässigkeit natürlich die meiste Aufmerksamkeit gewidmet. Erst in den nächsten Tagen wird zur Kenntnis genommen, daß auch die innerdeutsche Grenze offen ist. Mehr als vier Millionen DDR-Deutsche fallen am 11. und 12. November 1989 – dem ersten Wochenende ihrer Reisefreiheit – in die Bundesrepublik und West-Berlin ein. Die Mehrheit von ihnen kehrt zwar nach Ostdeutschland zurück, aber der Kontakt mit dem westlichen Wirtschaftssystem macht die breite Masse nicht empfänglicher für Vorstellungen von einem „Sozialismus mit menschlichem Antlitz", wie ihn nicht nur die neue SED-Führung propagiert, sondern wie ihn auch die verschiedenen Intellektuellengruppen im Sinn haben, die sich jetzt in der DDR als Opposition formieren und öffentlich artikulieren.

Wie wenig die DDR-Bevölkerung noch am „Sozialismus mit menschlichem Antlitz" interessiert war, zeigte beispielsweise der Empfang von Bundeskanzler Kohl in Magdeburg am 6. März 1990.

Vom Verband der Kunst- und Kulturschaffenden der DDR am 4. November 1989 veranstaltete Protestkundgebung in Ost-Berlin.

Zusammenbruch der UdSSR

„Soldaten und Offiziere Rußlands! Ich wende mich an euch in dieser für Rußland, für das ganze Land tragischen Minute: Geht nicht in das Netz betrügerischer Versprechungen und demagogischer Phrasen von militärischer Pflicht! Seid keine blinde Waffe für den verbrecherischen Willen einer Gruppe von Hochstaplern, die die Verfassung und die Gesetze der UdSSR verletzt haben! Soldaten! Ich wende mich an euch: Denkt an eure Nächsten, an eure Freunde, an euer Volk! Im schweren Moment

Gorbatschow und Jelzin während einer Sondersitzung des russischen Parlaments nach dem mißglückten Putsch am 23. August 1991.

der Entscheidung vergeßt nicht, daß ihr den Treueeid auf das Volk geleistet habt, auf das Volk, gegen das man eure Waffen benutzen will. Man kann einen Thron aus Bajonetten errichten, aber man kann darauf nicht lange sitzen. Es gibt keine Rückkehr zur Vergangenheit." Der Präsident der Russischen Föderativen Sowjetrepublik (RSFSR), Boris Jelzin, kann diesen Aufruf an Sowjetarmee, Bereitschaftspolizei und Staatssicherheitsdienst, den er am Vormittag des 19. August 1991 in seinem Regierungssitz am Moskauer Kutusow-Prospekt unterzeichnet hat, nur als Flugblatt an die Adressaten, die mit Panzern vor seinem Regierungssitz aufgefahren sind, verteilen lassen. Rundfunk, Fernsehen und sämtliche Zeitungsredaktionen Moskaus befinden sich zu diesem Zeitpunkt in den Händen eines Staatskomitees für den Ausnahmezustand in der UdSSR, das am frühen Morgen um 6.00 Uhr Ortszeit über den Rundfunk mitteilen ließ, der sowjetische Präsident Gorbatschow sei krankheitshalber an der Ausübung der Geschäfte des Staatsoberhaupts verhindert und sein Stellvertreter Janajew habe sein Amt übernommen. Gleichzeitig ist der Ausnahmezustand ausgerufen worden, wodurch die Tätigkeit aller politischen Organisationen verboten, Demonstrationen und Streiks untersagt und die Freiheiten der Massenmedien aufgehoben sind. Ziel der Putschisten ist es, das Auseinanderbrechen des sowjetischen Systems zu verhindern.

Als Michail Gorbatschow im März 1985 Generalsekretär der Kommunistischen Partei der Sowjetunion (KPdSU) und damit mächtigster Mann des Landes geworden war, ging er unter den Schlagworten „Glasnost" (Transparenz) und „Perestroika" (Umbau) energisch daran, die verkrusteten Strukturen der Partei- und Wirtschaftsbürokratie aufzubrechen. Mit dem Bemühen um Erneuerung gingen bis dahin in der östlichen Supermacht unbekannte Freiheiten für Meinungsäußerungen und Organisationsformen einher, die auch dem bereits unter den Zaren und dann unter den Sowjets drakonisch unterdrückten Nationalismus wieder Artikulationsmöglichkeiten bot. Seit 1987 wurde in den drei baltischen Sowjetrepubliken wie auch in Georgien und Moldawien der Ruf nach Unabhängigkeit mit wachsender Respektlosigkeit vor der Moskauer Zentrale laut, wobei die

Michail Gorbatschow wird auf der konstituierenden Sitzung des Kongresses der Volksdeputierten in Moskau am 25. Mai 1989 zum Staatspräsidenten gewählt.

1991

Nach der Verhängung des Ausnahmezustands: Schützenpanzer am 20. August 1991 auf einem Flugplatz drei Kilometer vom Kreml entfernt.

einheimischen kommunistischen Spitzenfunktionäre sich mit an der Spitze der Bewegung befanden. Doch konnten die Querelen mit dem Nationalismus den innersowjetischen Demokratisierungsprozeß nicht verhindern, der mit der Verfassungsänderung vom 1. Dezember 1988 den sowjetischen Wählern erstmals eine Wahl zwischen mehreren Kandidaten einräumte.

Bei den Wahlen zum ersten Volksdeputiertenkongreß im März 1989 wurde Boris Jelzin von der Moskauer Bevölkerung mit 89,6 % der Stimmen gewählt und ein Jahr später erhielt er für den Volksdeputierten-Kongreß der RSFSR in seiner Heimatstadt Swerdlowsk 72 %. Er wurde Präsident des russischen Volksdeputierten-Kongresses und im Juni 1991 in einer Direktwahl mit 57,3 % der Stimmen zum Präsidenten der Russischen Föderation gewählt. Mit gutem Gespür für die Entwicklung war er, während Michail Gorbatschow noch immer nachdrücklich auf die reformerische Potenz einer gewandelten KPdSU setzte, auf dem XXVIII. Parteitag mit mediengerechtem Eklat aus der Partei ausgetreten. Gorbatschows verzweifeltem Bemühen, durch die Demokratie fördernde Verfassungsänderungen den Einzelrepubliken größere Rechte zukommen zu lassen und die Sowjetunion behutsam in eine Föderation selbstbestimmter Nationen und Nationalitäten umzuwandeln, begleitete Jelzin als vom Volk gewählter russischer Präsident – Gorbatschow war 1989 und im März 1990 als Sowjetpräsident nur von parlamentarischen Körperschaften gewählt worden – mit Maßnahmen, die Schritt für Schritt in Gesetzgebung, Verwaltung, Wirtschaft und Sicherheit russische Verantwortung vor gesamtstaatliche sowjetische setzten.

Gorbatschows Abhänger stellen sich am Morgen des 21. August den Panzern entgegen, die das Gelände des Außenministeriums verlassen wollen.

Am 20. August 1991 sollte nach Gorbatschows Plänen der neue Föderationsvertrag für eine „Union der souveränen Sowjetrepubliken" zwischen zehn Einzelrepubliken (von den einst 15 optierten fünf für gänzliche Unabhängigkeit) unterzeichnet werden, was die Putschisten durch ihren reaktionären Staatsstreich verhindern wollen. Nach drei Tagen bricht der Putsch ruhmlos zusammen, der gefangen gehaltene Gorbatschow trifft wieder in Moskau ein. Allerdings muß er in den nächsten Tagen erfahren, daß ihm keinerlei Handlungsspielraum mehr bleibt: Jelzin hat den Putschisten nicht widerstanden, um Gorbatschow wieder in den Sattel eines Sowjetpräsidenten zu helfen! Noch votiert zwar der sowjetische Volksdeputierten-Kongreß am 5. September für einen Bund unabhängiger Republiken mit zentralen und föderativen Staatsorganen, aber Jelzin initiiert drei Monate später, am 8. Dezember einen Slawischen Bund aus Rußland, der Ukraine und Belorußland (Belarus), der die Sowjetunion als nicht mehr existent betrachtet. Der Slawische Bund einigt sich dann mit acht weiteren ehemaligen Sowjetrepubliken, die alle seit August ihre Unabhängigkeit erklärt haben, am 21. Dezember 1991 auf die Schaffung einer losen „Gemeinschaft Unabhängiger Staaten". Gorbatschow, im März 1985 angetreten, eine Supermacht in die Modernität zu führen, ist damit Präsident eines nicht mehr existenten Staates. Er zieht die einzig mögliche Konsequenz und gibt sein Präsidentenamt am 25. Dezember 1991 auf.

Zeittafel

1962 Algerien wird unabhängig. Seit 1954 war es immer wieder zu Konflikten zwischen Frankreich und der algerischen Unabhängigkeitsbewegung gekommen.

1962 Kuba-Krise wegen der Stationierung sowjetischer Raketen auf Kuba.

1963 Deutsch-französischer Freundschaftsvertrag.

1963 Beginn der amerikanischen Luftangriffe auf Nord-Vietnam.

1964 Entmachtung des sowjetischen Staatschefs Nikita Chrustschows.

1966 Beginn der "Kultur-Revolution" in China, in der vom Maoismus abweichendes Denken brutal verfolgt wird.

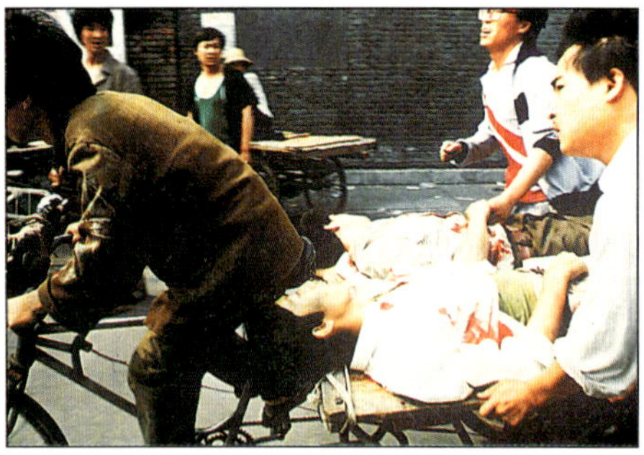

Abtransport von Verwundeten durch die Bevölkerung bei der brutalen Auflösung einer Massendemonstration für Demokratie und Menschenrechte am 4. Juni 1989 durch chinesisches Militär.

1967 Errichtung einer Militärdiktatur in Griechenland, König Konstantin flüchtet nach Italien, 1973 wird die Monarchie offiziell abgeschafft.

1967 Israel besiegt in einem nur sechs Tage dauernden Krieg seine arabischen Nachbarn und besetzt die Sinaihalbinsel, Jerusalem und Teile von Jordanien.

1967 Der Versuch der Ostregion Nigerias, sich als Biafra selbständig zu machen, wird von Nigeria in einem dreijährigen Bürgerkrieg grausam unterdrückt.

1968 Studentenunruhen in Frankreich. Im gleichen Jahr tritt Präsident de Gaulle zurück und Georges Pompidou wird sein Nachfolger.

1968 Ermordung des amerikanischen Bürgerrechtlers Martin Luther King (Friedensnobelpreisträger 1964).

1968 Brutale Unterdrückung des Prager Frühlings durch Einmarsch von Truppen der Warschauer-Pakt-Staaten.

1969 Beginn der bürgerkriegsartigen Auseinandersetzungen zwischen Katholiken und Protestanten in Nordirland.

1970 USA und UdSSR ratifizieren Atomsperrvertrag (Nichtweiterverbreitung von Atomwaffen), der insgesamt von 98 Staaten unterzeichnet wird.

1970 Die Bundesrepublik erkennt mit der Unterzeichnung des Warschauer Vertrags mit Polen de facto die Oder-Neiße-Linie als polnische Westgrenze an.

1971 Ost-Pakistan wird unabhängig.

1972 USA und UdSSR unterzeichnen SALT-Abkommen zur Begrenzung strategischer Waffen.

1972 Unterzeichnung des deutsch-sowjetischen Vertrags in Moskau im Rahmen der Entspannungspolitik zwischen den Supermächten.

1973 Großbritannien, Dänemark und Irland treten der Europäischen Gemeinschaft (EG) bei.

1973 Grundvertrag zwischen Bundesrepublik Deutschland und DDR. Die Bundesrepublik hat sich de facto mit der Existenz zweier deutscher Staaten abgefunden.

1973 Die Bundesrepublik und die DDR werden in die UNO aufgenommen.

1973 Krieg Ägyptens und Syriens gegen Israel, den die Angreifer verlieren. Die arabischen Erdölproduzenten drosseln daraufhin Erdölproduktion, um Industrienationen gegen Israel einzunehmen.

1973 Die Ölkrise verstärkt die Erforschung anderer Energiequellen, vor allem der Kernkraft.

1973 KSZE-Konferenz in Helsinki.

1973 Die kommunistischen "Roten Khmer" beginnen, Kambodscha zu erobern. 1975 fällt die Hauptstadt Pnom Penh. Die Opfer ihres Terrors werden auf mindestens 4 Millionen Menschen bei einer Gesamtzahl von 7-8 Millionen Einwohnern geschätzt.

1973 Militärputsch in Chile beendet die seit 1970 unter Präsident Allende eingeleitete Verstaatlichung der Industrie und Aufteilung des Großgrundbesitzes. Allende wird ermordet, es folgt eine Militärdiktatur.

1973 Nordirland entscheidet sich in Volksabstimmung für Verbleib bei Großbritannien, die IRA-Anschläge gehen weiter.

DDR-Staatschef Honecker begrüßt Gorbatschow bei seiner Ankunft in Berlin zur Teilnahme an den Feierlichkeiten zum 40. Jahrestag der DDR am 6. Oktober 1989.

1975 Der "Caudillo" Franco stirbt, Spanien wird wieder Monarchie und König Juan Carlos leitet einen Demokratisierungsprozeß ein.

1975 Ende des Vietnam-Kriegs durch Zusammenbruch der südvietnamesischen Armee.

1975 Beginn des Bürgerkriegs zwischen Christen und Moslems im Libanon (bis 1991).

1976 Khadafi erklärt Libyen zur "Libyschen Arabischen Republik" auf der Grundlage des Korans, wobei seine Herrschaft immer autokratischere Züge annimmt.

1977 Beginn von Friedensverhandlungen zwischen Israel und Ägypten mit Unterstützung der USA. Der ägyptische Präsident Sadat und der israelische Ministerpräsident Begin erhalten 1978 den Friedensnobelpreis. 1979 wird ein Friedensvertrag unterzeichnet.

Straßenschlacht in Paris während der Studentenunruhen in Paris im Mai 1968.

1979 US-Präsident Carter und L. Breschnew, Staatschef der UdSSR, unterzeichnen das SALT-II-Abkommen.

1979 Krieg zwischen Kambodscha und Vietnam. Vietnam siegt und setzt eine neue Regierung ein, die das Terrorregime der Roten Khmer beseitigt.

1979 Die Revolution im Iran fordert mindestens 60 000 Tote.

1980 Golfkrieg zwischen Iran und Irak (bis 1988).

1980 Die UdSSR interveniert militärisch in Afghanistan.

1980 Streiks in Polen führen zur Gründung der oppositionellen Gewerkschaft "Solidarität" mit Lech Walesa als Symbolfigur.

1981 In Polen wird auf Druck der UdSSR der Kriegszustand verhängt und eine Militärdiktatur errichtet.

1981 Der ägyptische Präsident Sadat fällt einem Bombenattentat zum Opfer.

1984 Die indische Regierungschefin Indira Gandhi, Tochter Nehrus, wird von Sikhs ihrer Leibwache ermordet.

1986 In Tschernobyl kommt es zur bisher größten Atomreaktorkatastrophe der Geschichte.

1989 Eine Demonstration für mehr Demokratie auf dem Platz des Himmlischen Friedens in Peking wird blutigst aufgelöst.

1989 Die DDR feiert aufwendig den 40. Jahrestag ihres Bestehens.

1989 Die Maueröffnung in Berlin wird zum Auftakt des Zusammenbruchs des Ostblocks.

1990 Die DDR tritt der Bundesrepublik bei.

1991 Golfkrieg zwischen multinationalen Truppen und dem Irak wegen der Besetzung Kuweits. Trotz militärischer Niederlage bleibt Dikator Saddam Hussein weiter im Amt.

1991 Auflösung des Warschauer Paktes.

1991 Die drei Baltischen Staaten werden unabhängig.

1991 Ausbruch des offenen Bürgerkriegs in Jugoslawien.

1991 Unterzeichnung des START-Vertrags zwischen US-Präsident Bush und dem sowjet. Staaatschef Gorbatschow: Reduzierung der strategischen Atomwaffen.

1991 Der Bundestag entscheidet, daß Berlin wieder - wie bis 1945 - Hauptstadt Deutschlands werden soll.

1991 Erste Friedensgespräche zwischen Israel, Syrien, dem Libanon und Jordanien.

1991 UdSSR zerfällt, Bildung der GUS-Staaten.

Symbolischer Händedruck zwischen US-Präsident Carter, dem ägyptischen Präsidenten Sadat und dem israelischen Ministerpräsidenten Begin anläßlich der Unterzeichnung des Friedensvertrags zwischen Israel und Ägypten am 26. März 1979.

Zeittafel

Nelson Mandela feiert im Mai 1994 mit Anhängern seinen Wahlsieg.

Jan. 1992 Blauhelme nach Kroatien: Nach Anerkennung Sloweniens und Kroatiens als unabhängige Staaten durch die EU werden UNO-Blauhelme zur Friedenssicherung in die umkämpften Gebiete Kroatiens entsendet.

März 1992 Ende der Apartheid: Die Reformpolitik des südafrikanischen Präsidenten Frederik de Klerk wird mit dem Referendum für die Abschaffung der Rassentrennung von 68,7% der weißen Südafrikaner bestätigt.

April 1992 Mit der Anerkennung Bosnien-Herzegowinas als eigenständigem Staat durch die Europäische Gemeinschaft bricht der Krieg auch dort aus. Die Minderheit der bosnischen Serben strebt an, Moslems und Kroaten aus ihren Wohngebieten zu vertreiben und ruft die "Serbische Republik Bosnien-Herzegowina" aus, die sich Restjugoslawien, bestehend aus Serbien und Montenegro, anschließen soll.

Okt. 1992 Tod von Willy Brandt.

Nov. 1992 Der Demokrat Bill Clinton wird Nachfolger George Bushs als Präsident der USA.

Jan. 1993 Die Tschechoslowakei spaltet sich in die Tschechische und die Slowakische Republik.

Jan. 1993 Mit der Unterzeichnung des START-II-Vertrages verpflichten sich die USA und Rußland dazu, die Gesamtzahl der strategischen Atomgefechtsköpfe um jeweils knapp 2/3 abzubauen.

Jan. 1993 Der des Totschlags angeklagte frühere Staatschef der DDR, Erich Honecker, wird aufgrund seines schlechten Gesundheitszustands auf freien Fuß gesetzt und erhält die Ausreisegenehmigung für Chile.

Mai 1993 Brandanschlag Rechtsradikaler auf ein Wohnhaus in Solingen: 5 Türkinnen sterben.

Juni 1993 Für Anschläge auf die türkischen Ferienzentren Antalya und Kusadasi wird die für einen unabhängigen sozialistischen Kurdenstaat kämpfende Arbeiterpartei "PKK" verantwortlich gemacht.

Sept. 1993 Gaza-Jericho-Abkommen unterzeichnet: Den Palästinensern wird eine begrenzte Autonomie in den von Israel besetzten Gebieten Gazastreifen und Westjordanland eingeräumt.

Sept. 1993 Nationalkommunisten verbarrikadieren sich im "Weißen Haus" in Moskau und rufen das Volk zum Widerstand gegen den russ. Präsidenten Jelzin auf, doch können die Anhänger Jelzins den Putsch niederschlagen.

Sept. 1993 Sinn Fein, die politische Vertretung der IRA, und die gemäßigte Partei der nordirischen Katholiken einigen sich auf eine Friedensstrategie für Nordirland.

Nov. 1993 Vertrag von Maastricht: Die Europäische Gemeinschaft wird zur Europäischen Union. Angestrebt wird eine intensivere Zusammenarbeit in der Außen- und Wirtschaftspolitik.

Jan. 1994 Indianeraufstände im mexikanischen Bundesstaat Chiapas werden von der Regierung niedergeschlagen.

April 1994 Das Flugzeug der Präsidenten von Ruanda und Burundi wird abgeschossen. Darauf bricht in Ruanda ein Bürgerkrieg zwischen den verfeindeten Volksgruppen der Hutu und der Tutsi aus. Eine Massenflucht nach Tansania und Uganda wird ausgelöst. In den Flüchtlingsla-

Roman Herzog wird im Juli 1994 als neuer Bundespräsident vereidigt.

1992 - 1995

Die von Greenpeace-Aktivisten besetzte Ölplattform „Brent Spar" wird von einem Shell-Versorgungsschiff mit Wasserkanonen beschossen.

gern sterben Tausende an Ruhr und Cholera.

April 1994 Erste freie Wahlen in Südafrika: Nelson Mandela wird Präsident, Frederik de Klerk Vizepräsident.

April 1994 In Marrakesch (Marokko) findet die Abschlußkonferenz des GATT (Allgemeines Zoll- und Handelsabkommen) statt: Das Welthandelssystem soll grundlegend reformiert werden.

Mai 1994 Die brit. Königin Elisabeth II. und der franz. Präsident Mitterand eröffnen den Tunnel unter dem Ärmelkanal

Mai 1994 Roman Herzog wird zum Präsidenten der Bundesrepublik Deutschland gewählt.

Mai 1994 Erich Honecker stirbt in Chile.

Juni 1994 Die Bürgerkriegsparteien in Somalia schließen einen Friedensvertrag. Nach wie vor kommt es aber weiterhin zu bewaffneten Auseinandersetzungen, u. a. auch zu einem Überfall auf die in Belet Huen stationierte UNO-Friedenstruppe.

Juli 1994 Der seit 1948 herrschende Kriegszustand zwischen Israel und Jordanien wird beendet.

Juli 1994 Die letzten russischen Streitkräfte verlassen Deutschland.

Aug. 1994 Die Irisch-Republikanische Armee "IRA" verkündet einen bedingungslosen Waffenstillstand.

Sept. 1994 Die letzten Soldaten der Westalliierten USA, Großbritanniens und Frankreichs werden mit einem großen Zapfenstreich am Brandenburger Tor in Berlin verabschiedet.

Dez. 1994 Einmarsch russischer Truppen in die sich als unabhängig betrachtende tschetschenische Republik. In den folgenden Monaten schwere Kämpfe.

Jan. 1995 Beim Erdbeben in Kobe/Japan werden Hunderttausende obdachlos.

März 1995 Giftgasanschlag in der Tokioter U-Bahn: Verantwortlich gemacht wird die Aum-Sekte.

April 1995 Jaques Chirac wird neuer Staatspräsident von Frankreich und löst François Mitterand ab.

Juni 1995 Greenpeace-Aktivisten verhindern die Versenkung der "Brent Spar"-Ölbohrplattform des Ölkonzerns Shell in der Nordsee

Juni 1995 Gescheiterter Anschlag auf den ägyptischen Präsidenten Mubarak, hinter dem die moslemisch-extremistische Untergrundorganisation "Dschaama Islamia" vermutet wird.

Aug. 1995 Bosnische Serben erobern die UN-Schutzzone Srebrenica und Zepa.

Aug. 1995 NATO-Luftangriffe auf serbische Stellungen, nachdem bei einem Angriff der bosnischen Serben auf Sarajewo Zivilisten getötet wurden.

Sept. 1995 Frankreich hält gegen weltweiten Widerstand an unterirdischen Atomtests auf dem Mururoa-Atoll fest und beginnt am 5. September mit einer neuen Versuchsreihe.

Euphorie in Kroatien nach Einnahme der Serben-Hochburg Knin durch die kroatische Armee.

Register

Bildquellennachweis:
Umschlagmotive: NDR, Hamburg: Ulrich Wickert; dpa, Frankfurt: Mahatma Gandhi; Boris Jelzin; Frederic de Klerk und Nelson Mandela; Archiv für Kunst und Geschichte, Berlin: alle übrigen Motive.
Innenteil: dpa, Frankfurt: Mahatma Gandhi: S. 198 unten, Junkers JU-52: S. 185 unten, Nelson Mandela: S. 234 oben, Roman Herzog: S. 234 unten, Brent Spar: S. 235 oben, Kroatische Offensive: S. 235 unten; alle übrigen Motive: Archiv für Kunst und Geschichte, Berlin.